Bilder, die lügen

X für U

Haus der Geschichte
der Bundesrepublik Deutschland (Hg.)

Bilder, die lügen

Bouvier Verlag Bonn

Bilder, die lügen
Begleitbuch zur Ausstellung
im Haus der Geschichte
der Bundesrepublik Deutschland, Bonn
27. November 1998 bis 28. Februar 1999

Herausgeber:
Stiftung Haus der Geschichte
der Bundesrepublik Deutschland
Direktor: Professor Dr. Hermann Schäfer

Redaktion:
Dr. Hans Walter Hütter
Petra Rösgen

Bildredaktion:
Tarek Chafik

Ausstellungsfotos:
Haus der Geschichte
Michael Jensch, Stephan Klein, Axel Thünker

Umschlaggestaltung:
Schleiner + Partner, Freiburg

Die Deutsche Bibliothek – CIP-Einheitsaufnahme

Bilder, die lügen :
[Begleitbuch zur Ausstellung im Haus der Geschichte
der Bundesrepublik Deutschland, Bonn, 27. November
1998 bis 28. Februar 1999] /
[Hrsg.: Stiftung Haus der Geschichte der Bundesrepublik
Deutschland]. –
Bonn : Bouvier, 1998

IBSN 3-416-02848-1

Gestaltung:
Klaus Bertelmann, Bonn

Produktion:
Vectur & Icon GmbH, Bonn

Reproduktion:
PPP GmbH, Köln

Druck und buchbinderische Verarbeitung:
Neue Stalling GmbH & Co. KG, Oldenburg
Printed in Germany

Inhalt

Vorwort

Hermann Schäfer

Wenn „der Schwanz mit dem Hund wedelt", ist dies nicht nur eine biologische Unmöglichkeit – es ist Indiz einer verkehrten Welt. In Barry Levinsons ebenso humorvollem wie beklemmendem Film *Wag the dog* geschieht ebendies: Um von einem Sexskandal im Weißen Haus abzulenken – auch weil entscheidende Wahlen anstehen –, inszeniert ein routinierter Hollywood-Regisseur einen virtuellen Krieg. Brennende Städte, flüchtende Frauen, tote Kinder – alles flimmert digital-genial inszeniert über die Bildschirme der Nation. Es dauert nicht lange und Amerika ist in Alarmbereitschaft. Im kalifornischen Studio werden alle Register technischer und inhaltlicher Manipulation gezogen. Der Zuschauer schwankt zwischen Bewunderung für die perfekt erzeugte Illusion und moralischer Verurteilung der Akteure. Selbst virtuelle Kriege fordern reale Opfer: Regierungsbeamte liquidieren den Produzenten, weil er den Erfolg seiner Arbeit nicht geheim halten mag. Mit ihm verschwindet die Erinnerung an die große Lüge, der Krieg geht als erfolgreicher Waffengang in die Geschichte der Vereinigten Staaten ein.

Der 1997 entstandene Film *Wag the dog* beruht auf Larry Beinharts Roman *American Hero* (1993). Hat die Wirklichkeit diesen amerikanischen Helden heute eingeholt? Die Ironie, mit welcher der Macht der Medien begegnet wird, kann auch schaudern lassen vor der Macht der Bilder und ihren zynischen Verfälschungen. Einerseits werden in einer Welt scheinbar unendlicher technologischer Manipulationsmöglichkeiten Zuverlässigkeit und Integrität des „Bildmachers" immer wichtiger. Andererseits muß der Betrachter immer stärker die Glaubwürdigkeit jeder Information prüfen. Die Skandale der letzten Jahre haben eindrucksvoll belegt, daß Sorgfaltspflicht und Seriosität als Sterne am Firmament der Nachrichtenindustrie oftmals von anderen Himmelskörpern – Sensationslust und Gewinnstreben – überstrahlt werden.

Auch wenn der immense Zeitdruck der Branche besondere Probleme birgt, dürfen wir unsere Erwartungen an die „Bildmacher" in dieser Hinsicht nicht zurückschrauben. Im Gegenteil: Sie zu wecken – wo nötig – und zu steigern – wo möglich – sowie auf Bildmanipulationen aufmerksam zu machen und die kritische Wahrnehmung der Betrachter zu schärfen, ist Ziel unserer Ausstellung und dieser Publikation zum Thema „Bilder, die lügen".

Bilder sind heute allgegenwärtig, sie beherrschen unseren Alltag. Vor kaum mehr als 160 Jahren war die Betrachtung von Bildern ein Luxus, der wenigen vorbehalten war. Dies änderte sich erst mit der Bilderwelt der Fotografie. Die weitverbreitete Fortschrittsgläubigkeit des 19. Jahrhunderts fand ihre Entsprechung in der Gewißheit der Zeitgenossen, daß Fotografien Realität abbilden. Doch schon von Beginn an erkannten hellsichtige Beobachter, die sich nicht von der Faszination fortspülen ließen, daß auch dieses Medium – nicht mehr und nicht weniger als das geschriebene Wort – manipulierbar war. Während jedoch die kritische Grundhaltung zu schriftlichen Berichten weit stärker ausgeprägt war, maßen viele Beobachter der Fotografie absoluten Wahrheitsgehalt bei. Übrigens üben Geschichtsstudenten bis heute in den ersten Semestern im Pflichtprogramm Quellenkritik, die wenigsten ihrer Dozenten ziehen dabei jedoch auch bildliche Quellen heran. Die Objektivität der Bilder scheint vielen Menschen technisch verbürgt. Von diesem Vertrauensvorsprung zehren Fotografien und Fotografen noch heute.

Fotografien beeinflussen auch Bilder im Kopf. Wer „sich ein Bild macht", denkt; er entschlüsselt und verschlüsselt Informationen, reduziert Realität, abstrahiert und kombiniert. Fotografien verfügen sowohl über ein aufklärendes als auch über ein verfälschendes Potential. Auch auf diese Zwiespältigkeit will „Bilder, die lügen" aufmerksam machen.

Die Lust an Visualisierung ist dramatisch angestiegen. Das Fernsehen wurde zum Leitmedium – für viele eine Sucht. Es überschwemmt uns täglich mit einer ansteigenden Flut an Bildern, von denen die wenigsten einen wahrnehmbaren neuen Informationsgehalt aufweisen. Ob es sich um Naturkatastrophen in Lateinamerika oder bürgerkriegsähnliche Auseinandersetzungen in asiatischen Nachfolgerepubliken der Sowjetunion handelt – die Bilder bedürfen immer der Erklärung, um von Zuschauern richtig eingeordnet werden zu können. Journalisten sollten idealiter diese Rolle übernehmen. Aber können sie überhaupt in einer Einspielung von 90 Sekunden Hintergründe ausreichend beleuchten, zum Beispiel von Religionskonflikten, deren Ursprünge Jahrhunderte zurückliegen? Der Nutzer medial vermittelter Bilder ist auf begleitende Texte angewiesen. Erst das Zusammenspiel von Bild und Text ermöglicht, Inhalte zu interpretieren und Informationen zu sammeln. Daß Bilder einer Erklärung bedürfen, eröffnet zugleich weitere Manipulationsmöglichkeiten.

Die technologische Revolution der Bildmanipulation ist ein weiterer Faktor, der uns in der Gegenwart zu noch größerer Wachsamkeit zwingt. Digitale Bildbearbeitung – inzwischen am heimischen Computer möglich – eröffnet ungeahnte und fantastische Perspektiven. Gewiß hat das Bemühen um Schönung der Realität die Fotografie von Beginn an begleitet, doch inzwischen ist die Grenze zum Original fließend geworden. Digitale Kameras verfügen über diverse Aufnahmemodi, die bereits während der Betätigung des Auslösers die abgelichtete Realität verfremden – der Urlaubshimmel wird blauer, die Sonne strahlender, um nur die harmlosesten Veränderungen anzuführen.

Die Wahrnehmung der Menschen hat mit diesem qualitativen Sprung in der Technologie nicht Schritt gehalten. Noch immer glaubt die Mehrheit der Bevölkerung unkritisch an den Wahrheitsgehalt von Fotografien. Ausstellung und Publikation wollen auch die Sinne schärfen und Zweifel säen. Bewußt werden solche Fallbeispiele in den Mittelpunkt gestellt, bei denen die Täuschungsabsicht nachweisbar war: Doch die Grauzone ist unüberschaubar und wird mit voranschreitender Technik sowie intensiviertem Kampf um Exklusivität und Vermarktungsrechte immer größer.

Die Wechselausstellungen des Hauses der Geschichte der Bundesrepublik Deutschland widmen sich stets neuen, historisch aktuellen Themen und stellen sich damit immer neuen Herausforderungen. Daß es uns bisher darüber hinaus gelungen ist, zu jeder großen Wechselausstellung eine eigene Begleitpublikation vorzulegen, ist inzwischen nahezu selbstverständlich. Dieses umfangreiche und attraktive Programm mag von außen betrachtet als Normalfall erscheinen, der Erfolg beruht auf harter Arbeit und Kreativität. Keine Ausstellung wäre entstanden, wenn nicht alle Arbeitsbereiche des Museums tatkräftig mitarbeiteten. Daß das Haus der Geschichte immer wieder mit pointierten Ausstellungsthemen aufwarten kann, liegt nicht zuletzt an unserer politische Unabhängigkeit gewährenden Stiftungsform: Den Gremien – Kuratorium, Arbeitskreis gesellschaftlicher Gruppen und Wissenschaftlicher Beirat – gebührt großer Dank für ihre ausgeprägte Bereitschaft zur vertrauensvollen Kooperation. Zwei langjährige Mitglieder des Wissenschaftlichen Beirates haben „Bilder, die lügen" von Beginn an besonders intensiv begleitet und viele wichtige Hinweise gegeben, Prof. Dr. Friedrich P. Kahlenberg und Prof. Dr. Hermann Weber, dem ich besonders danke für seinen Buchbeitrag, der am Beispiel der Bildpropaganda im Stalinismus auch die Mitverantwortung von Historikern aufzeigt. Eine Hauptlast der Arbeiten für „Bilder, die lügen" trug das Ausstellungsteam um Dr. Thomas Brehm, ihm als Projektleiter danke ich namentlich und stellvertretend für alle im Hause.

Ohne zahlreiche Leih- und Ratgeber aus dem In- und Ausland ist eine Ausstellung dieser Art nicht zu realisieren. Für ihre Unterstützung bei diesem Ausstellungsprojekt danke ich herzlich; hervorheben möchte ich in diesem Zusammenhang die Beratung und Hilfe des Forschungszentrums Informationstechnik GmbH (GMD) bei der Realisierung des Ausstellungsthemas „Z wie Zukunft" sowie Ulrich Wickert und ARD-aktuell beim NDR, die den Besuchern ein Blue-box-Fernseherlebnis in der Ausstellung bieten. Auch unserem russischen Kooperationspartner – dem Staatlichen Historischen Museum, Moskau – gebührt herzlicher Dank.

„Bilder, die lügen" will aufrütteln und verunsichern. Wenn unsere Nutzer (!) – Besucher wie Leser –, nachdem sie das „Lügen ABC" betrachtet haben, sich bei nächster Gelegenheit über die Entstehung der unterschiedlichen Bilder – auch der Bilder in den Köpfen – mehr Gedanken machen, dann haben Ausstellung und Publikation ihr Ziel erreicht.

Macht der Bilder

Jürgen Reiche

„Bilder im Kopf" heißt eine Ausstellung, die 1986 in Hamburg gezeigt wurde. „Marilyn Monroe mit wehendem Kleid", „Albert Einstein mit ausgestreckter Zunge" – fast jeder hat die Bilder vor Augen –, und auch in Hamburg existierten diese Bilder nur in der Vorstellung der Besucher. Sie waren nicht ausgestellt, sondern wurden über einen Text in der Erinnerung abgerufen.

Szenenwechsel: Malunterricht in einer Berliner Vorschulklasse. Die Aufgabe lautet: „Male einen Bauernhof". Das Ergebnis: In einer Reihe von Zeichnungen grasen gut erkennbar weiß gefleckte lila Kühe neben dem Gehöft.

Eine Ausstellung ohne Bilder, lila Kühe auf grüner Wiese?! Die Wahrnehmungsmuster von Kindern unterscheiden sich nicht wesentlich von denen der Erwachsenen. Fast alle Menschen erleben diese Welt durch den Augen-Blick. Seit frühester Kindheit lernen wir, die Welt in Bildern zu verstehen. Ständig werden Menschen mit Bildern konfrontiert: Wir unterliegen der suggestiven Kraft der Bilder, ihrer einfachen, eingängigen Sprache. Bilder geben Orientierung. Ihre Sprache ist international. Selbst wenn wir die Augen geschlossen haben, denken wir in Bildern.

Ein Bild, das lebhaft und nachhaltig in Erinnerung bleiben soll, muß ausdrucksstark sein und uns nur oft genug begegnen: das herausragende Ereignis, skandalös, schön oder traurig, die abenteuerliche Geschichte, Sieg oder Niederlage, das sinnliche Vergnügen, der skurrile Gegenstand, das originelle Porträt, ein gutes oder schlechtes Bild, der besondere Augenblick kann dann zur Ikone im Gedächtnis werden.

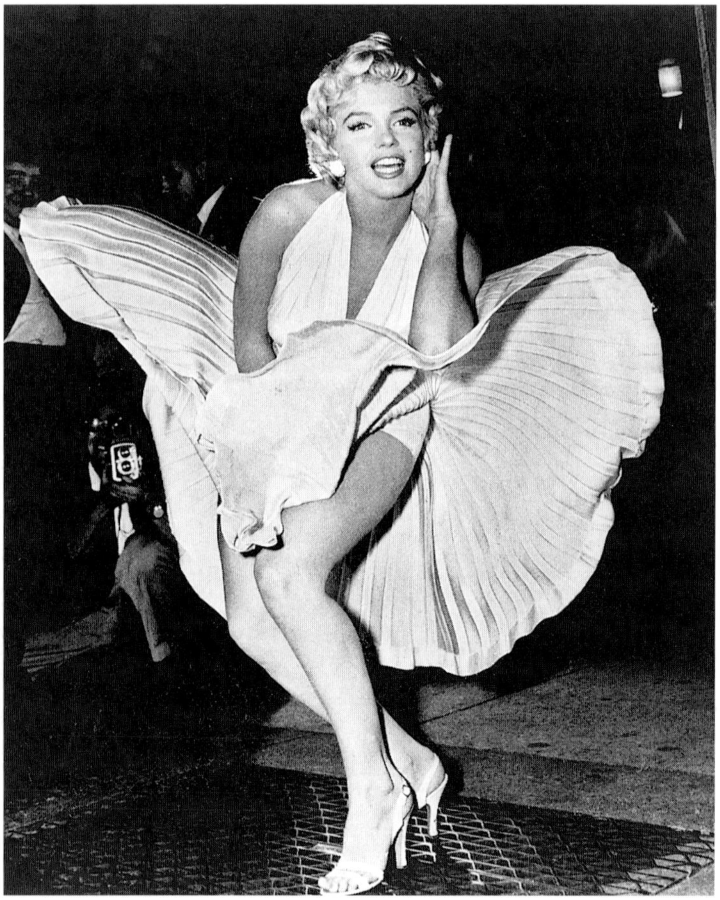

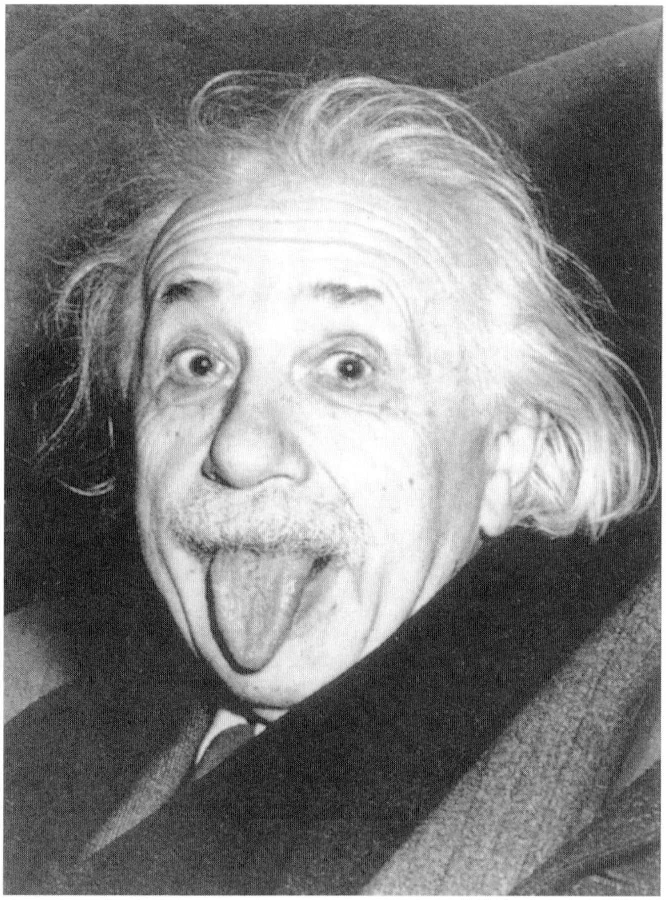

Bild und Gedächtnis

Jede Kultur besetzt und verbindet ihre Welt der Gedanken und Wahrnehmungen durch Bilder und Symbole. Mit ihnen versuchen die Menschen, sich einen allgemein verständlichen Erfahrungs- und Erwartungshorizont aufzubauen.

Unsere Erinnerung an die Vergangenheit lebt in Bildern, ebenso wie die Wahrnehmung der Gegenwart und die Vision der Zukunft. Menschen sind Bildsammler und -jäger und nehmen ständig Bilder in sich auf. Sie sehen und entschlüsseln sie, ordnen das Gesehene den Erfahrungen zu und erweitern ihren Erfahrungshorizont. Bilder, die der Mensch sich von der Wirklichkeit macht, bringt er in Einklang mit seinen Erfahrungen. Das Gehirn registriert die Wahrnehmungen, akzeptiert diese oder lehnt sie ab. In ihrer Summe sind sie Dokumentationen einer oder der Wirklichkeit – das Abbild einer eigenen individuellen Welt, zugleich immer auch Teil einer kollektiven Reproduktion von Wirklichkeit.

Ständige Bildwiederholungen konturieren die Inhalte, schaffen Realität und Geschichte. Kulturelle, politische und gesellschaftliche Rahmenbedingungen prägen das kollektive Gedächtnis. Dabei ist der Einzelne wie die Gemeinschaft abhängig von dem Rahmen, aus dem der zu erinnernde Stoff geschöpft werden kann.

Es gibt die Welt und die Bilder von der Welt. Gibt es für den Betrachter keine Möglichkeit, den Wahrheitsgehalt der Bilder zu überprüfen, oder will er sie nicht überprüfen, ist er den Bildern von der Welt ausgeliefert. So haben die Berliner Schüler offenbar mehr Schokoladenreklame als Kühe in freier Natur zu Gesicht bekommen: Sie nehmen die Werbung als Ausschnitt der Wirklichkeit. Doch wieviel mehr wissen die Erwachsenen von der Wirklichkeit?

Menschen beschäftigen sich mit der Macht der Bilder, seit es Bilder gibt. Ihre Bedeutung und die Wirkungsmacht, die ihnen innewohnt, wurden früh erkannt. Bilder der Macht waren die Folge. Seit der Antike übernahmen Herrscherportraits, Zeichen der Herrschaft auf Münzen oder Siegel die Funktion, Größe und Präsenz des Herrschenden zu demonstrieren. Das immer wiederkehrende Abbild und die wiederholte Bilderzählung, meist mit starker Gestik und großem Pathos inszeniert, diente der Verbreitung und

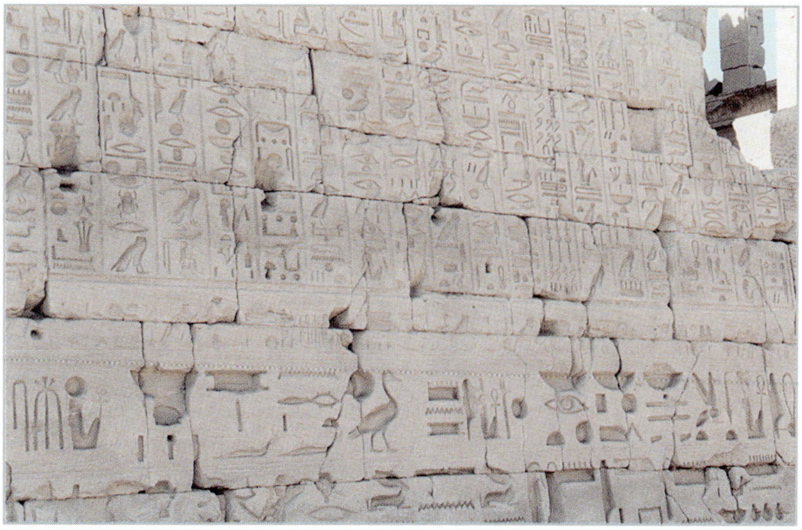

Hieroglyphen am Karnak-Tempel in Luxor, Ägypten.

nachhaltigen Legitimation der Führung, der herausgehobenen sozialen Stellung – auch über den Tod des oder der Abgebildeten hinaus. Je stereotyper die Bildwelt, je ausdrucksstärker das einzelne Bild, desto dauerhafter bleiben die Inhalte im Gedächtnis haften. Die Kirche zum Beispiel hat diese Einsichten perfekt umgesetzt. Die wirkungsmächtigsten und dauerhaftesten Bilderwelten unseres Kulturkreises entstammen der christlichen Religion. In der Zeit eines weit verbreiteten Analphabetismus hatten Bilder die Funktion, den Glauben zu verkünden und zu festigen. Einzelbilder wurden durch die Variation eines Generalthemas zu einem ganzheitlichen Weltbild zusammengefügt. Die so erzeugten Vorstellungen von Himmel und Hölle, Sündenfall und Erlösung beeinflußten das Denken und prägten das Leben der Menschen.

Die Formeln „Wir glauben, was wir sehen" und „Wir sehen, was wir glauben" sind allerdings nicht auf die Kirche zu beschränken: Bilder werden zu Ikonen, Personen zu Mythen und Geschichten zu Legenden stilisiert. Kirche und Staat instrumentalisieren gleichermaßen die Macht, die von Bildern ausgeht, und profitieren von der Bildgläubigkeit der Menschen.

Mit der Entwicklung der Fotografie in der ersten Hälfte des 19. Jahrhunderts beginnt eine neue Ära im Umgang mit und der Wahrnehmung von Bildern. War bis zu diesem Zeitpunkt deutlich erkennbar, daß Bilder in Form von Gemälden, Handzeichnungen oder druckgraphischen Darstellungen Artefakte waren – der Künstler entwarf sein Bild von dieser Welt –, so war die Fotografie von Anfang an mit dem Nimbus der Objektivität umgeben.

Mit der Fotokamera schien erstmals eine präzise Reproduktion der Wirklichkeit möglich. Das Foto konnte offenbar bezeugen, daß ein Ereignis sich tatsächlich so und nicht anders zugetragen hatte, daß ein Zustand so und

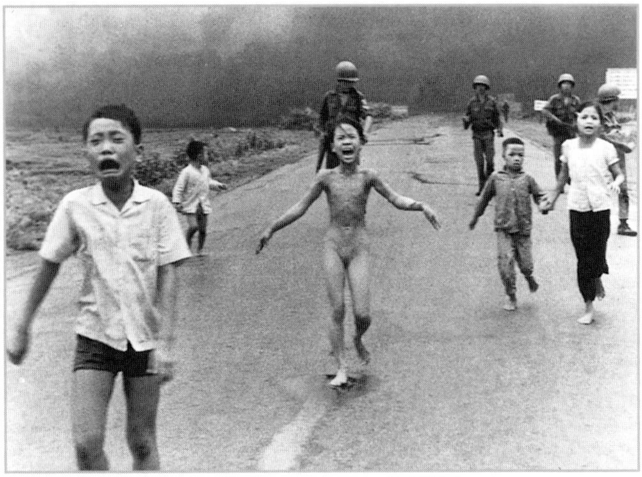

8. Juni 1972: Flucht aus dem Dorf Trang Bang nach einem Napalmangriff, Foto von Huynh Cong Ut.

nicht anders gewesen war. Eine neue Welt entstand, die nicht mehr durch Hörensagen und Aufzeichnungen überliefert wurde, sondern sich vermeintlich objektiv reproduzieren ließ. Mit dem Fotojournalismus kam ein zusätzliches Nachrichtenelement auf den Markt, das Zeitungen und Zeitschriften ein neues Erscheinungsbild und eine neue Qualität verlieh. Die Presse wirbt seither mit der Authentizität der Bilder, die Leser werden zu Augenzeugen der Geschichte auf der ganzen Welt.

Die ständige Präsenz ausgewählter Bilder manifestierte Bildikonen und führte über den abgebildeten Gegenstand hinaus zu kollektiven Einsichten. Der Name der jungen Vietnamesin, die während des Vietnamkriegs unbekleidet und schreiend eine von Napalm verwüstete Straße entlangläuft, ist nur wenigen bekannt, das Foto jedoch weltweit unvergessen. Es rückt das Grauen des Krieges von der Vergangenheit in die Gegenwart. Oder ein Beispiel aus der deutschen Zeitgeschichte: Wird nicht der Mauerbau und der Freiheitsdrang der Menschen in der DDR am

15. August 1961: Ein Volkspolizist flieht aus Ost-Berlin, Foto von Peter Leibing.

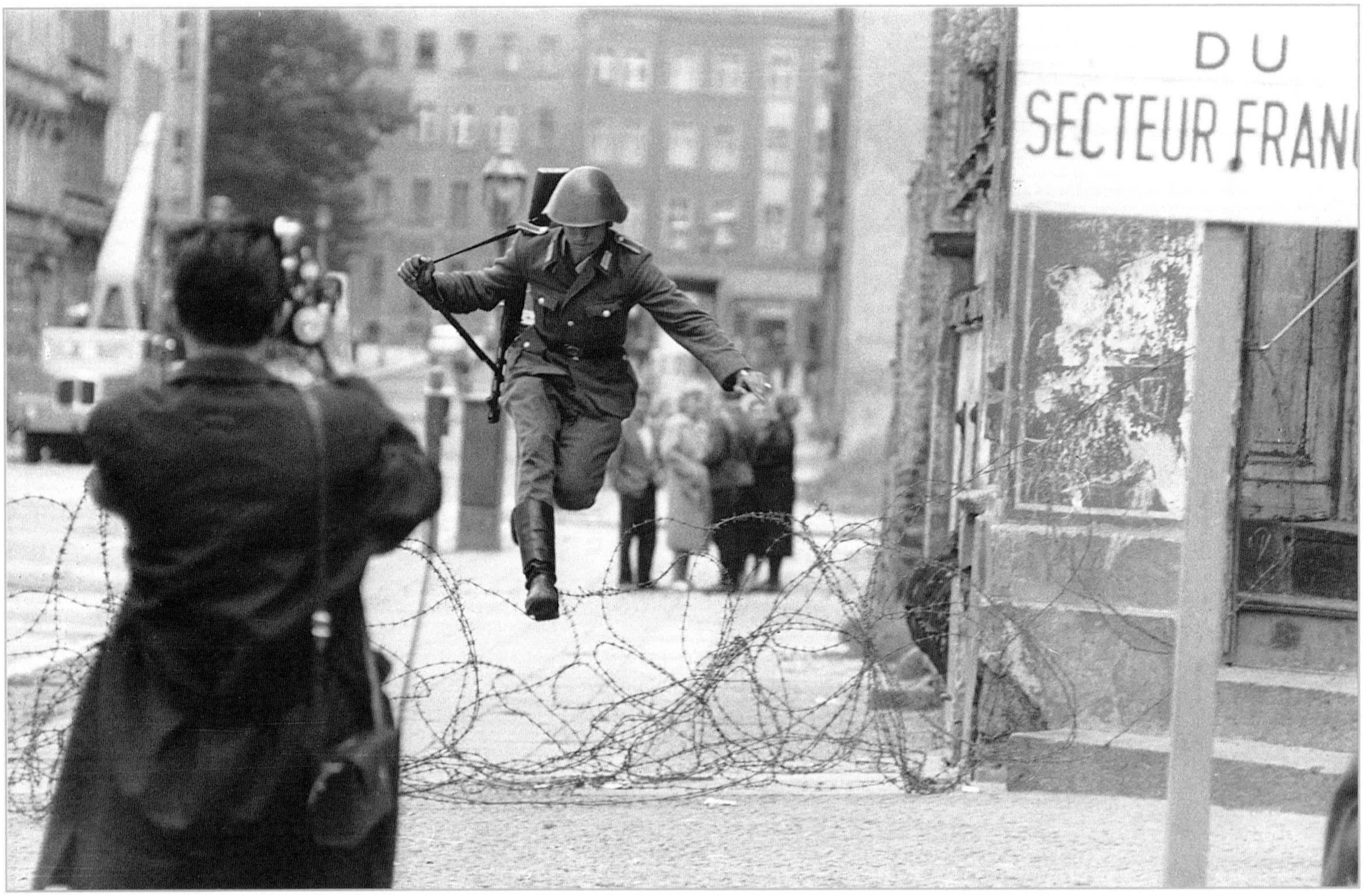

ehesten durch den Volkspolizisten versinnbildlicht, der über den Stacheldrahtzaun in den Westen springt?

Fortwährende Kommunikation – die Pflege der Bilder – fördert die Erinnerung. In Presse, Funk und Fernsehen werden deshalb immer wieder die gleichen Bilder beschworen. Aus Augen-Blicken werden so Propagandabilder und Metaphern für den Zeitgeist. Auch „Marilyn Monroe mit wehendem Kleid" und „Albert Einstein mit ausgestreckter Zunge" gehören zu dieser Kategorie. Die Menschen nehmen diese Bilder auf und sträuben sich nicht gegen das Denken und Wahrnehmen in Stereotypen. Im Gegenteil – wir sind froh über jede Form der Simplifizierung: Marilyn Monroe, die frivole Blondine, Albert Einstein, der coole Alte. Zu wenig bemühen wir uns um ein eigenes differenziertes Bild von der Wirklichkeit.

Matthias Wähner hat über die Oberflächlichkeit, mit der die meisten Menschen oft Bildern und Informationen begegnen und ihnen unkritisch Glauben schenken, Kunst gemacht. Er irritiert den Betrachter, zeigt historische Bildikonen, deren Veränderungen erst auf den zweiten Blick stutzig machen. Wer ist der Mann neben John F. Kennedy? Wer kniet neben Willy Brandt in Warschau? Der Fotokünstler stellt das Bildgedächtnis auf die Probe: Doch es geht um mehr. Reagieren wir abgestumpft angesichts sich ständig wiederholender Bilder? Wie sensibilisiert ist der Betrachter in bezug auf seine Wahrnehmung von Abbild und Wirklichkeit?

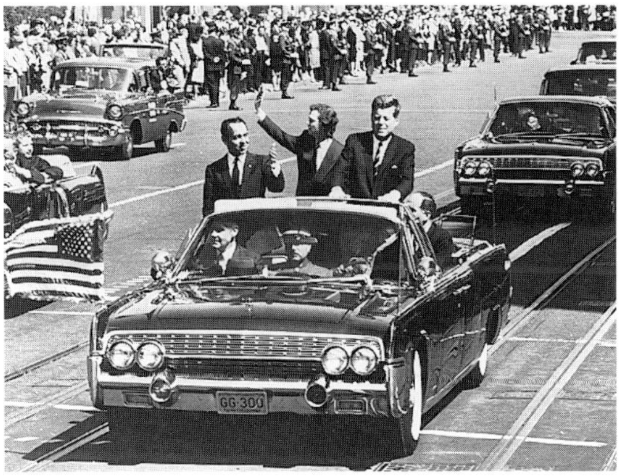

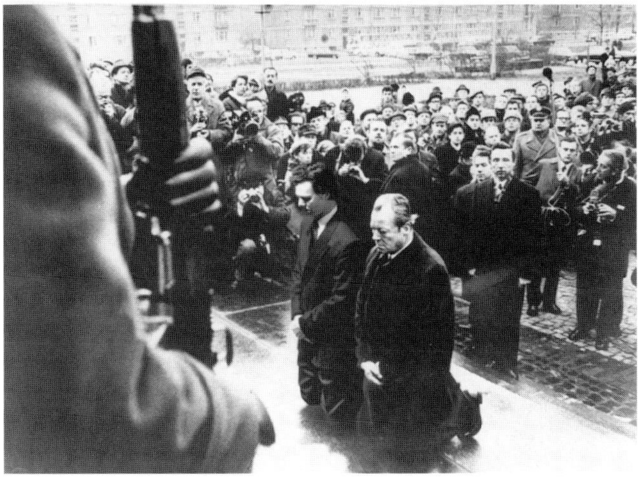

Montagen mit Matthias Wähner, 1994.

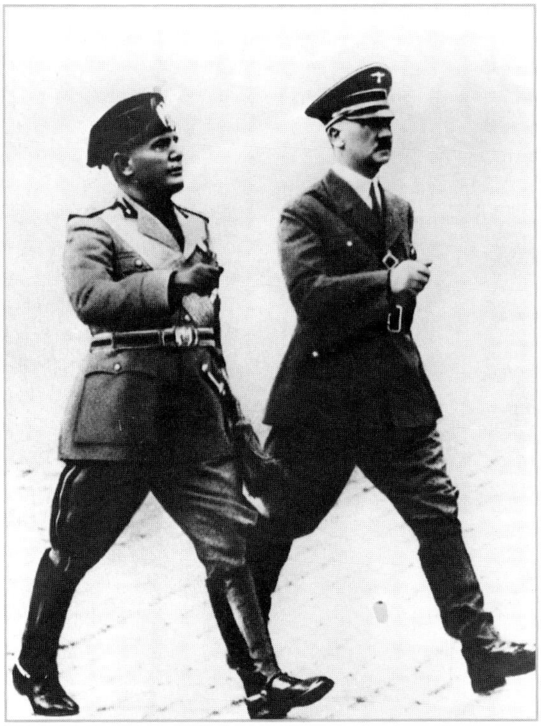

Besonders absolutistische Herrschaftsformen und moderne Diktaturen haben die Rolle der Bilder als Instrument der Machtausübung erkannt und zielstrebig genutzt: Die Verfügungsgewalt über den „Bilderhaushalt" einer Nation kann über Wohl und Wehe der Menschen, über politische Stabilität und Chaos entscheiden. Im 20. Jahrhundert haben Nationalsozialismus und Stalinismus ihre Ideologie auf erschreckende Weise vor Augen geführt. Sie haben daraus ein System entwickelt, perfektioniert und rigoros umgesetzt. Eine flächendeckende, lückenlose Zensur sorgte dafür, daß kein unautorisiertes Bild veröffentlicht werden konnte. Welcher Text? Welches Bild? Die Entscheidung war vorgegeben. Bilder wurden in den Dienst der Staatsidee gestellt, sie waren Mittel der Propaganda: so der historische Händedruck in Potsdam vom 21. März 1933 zwischen Hitler und Hindenburg, der als Legitimation des eigenen Machtanspruches durch die alte Machtelite verstanden werden sollte, oder ein Bild Hitlers nach dem Attentat auf das Führerhauptquartier im Juli 1944, das sein Überleben bezeugen mußte.

Lächerlich wirken heute die einstudierten Posen Hitlers und des italienischen Diktators Mussolini. Die Macht, die von diesen Bildern ausging, ist kaum noch nachvoll-

Hitler und Mussolini im September 1937 in München.

ziehbar. Schon die äußere Erscheinung der Akteure berührt merkwürdig. Charles Chaplin hat in seinem Film *Der große Diktator* eindrucksvoll die Selbstinszenierung der beiden Diktatoren dechiffriert und der Lächerlichkeit preisgegeben: Die Wirkungskraft der Bilder war mit einem Mal dahin.

Wie konnten die Menschen überhaupt solchen Bildern erliegen? Wie konnte ein solches Weltbild Anerkennung und Anhänger finden? „Die Macht des Bildes liegt in seiner Unmittelbarkeit, und hier liegt auch seine Gefahr“, schrieb die Fotografin Gisèle Freund. Selbst Konzentrationslager erschienen im Nationalsozialismus offiziell als

Mussolini mit dem Schwert des Islam in Tripolis, 29. Juni 1942.

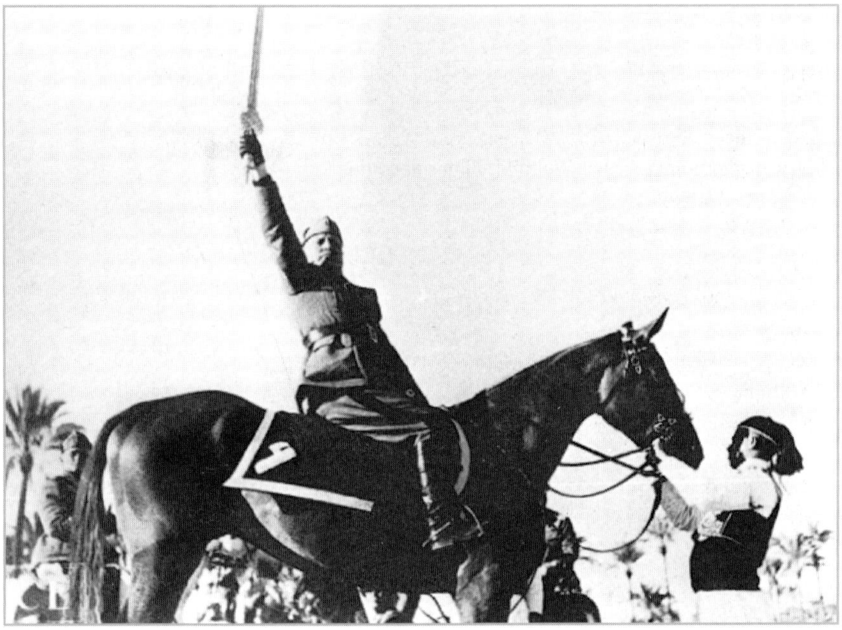

Stilisierung des „Duce“.

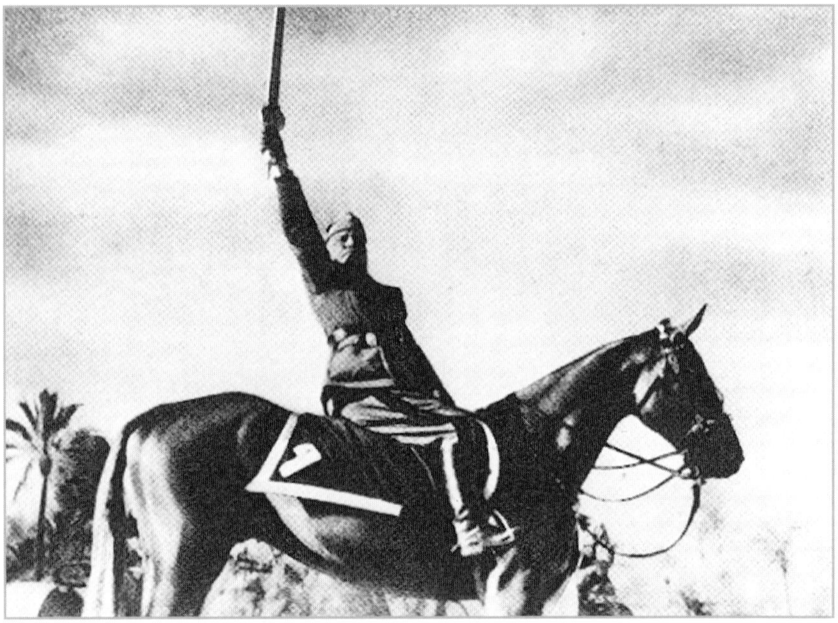

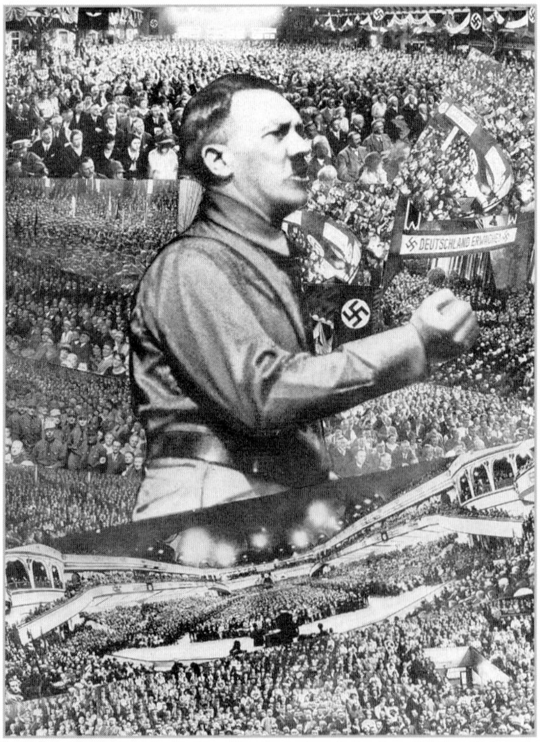

Collage im *Illustrierten Beobachter*, 9. August 1930.

sinnvolle industrielle Komplexe. In einem bebilderten Artikel über das KZ-Dachau schilderte die *Münchner Illustrierte Presse* 1933 die Vorzüge des Lagers, in dem „Menschen zur Arbeit und zur Disziplin erzogen werden". Auch für Entspannung war gesorgt, wie ausgelassene Badeszenen belegen sollten. Verschwiegen wurde allerdings, daß der Fotograf nicht Häftlinge, sondern Aufseher aufgenommen hatte. Weitere Beispiele sind hinlänglich bekannt: Die Verfolgten werden als Täter stigmatisiert, die Täter als Opfer verharmlost.

Mit der Niederlage Deutschlands verschwand 1945 auch die Bilderwelt des „Dritten Reiches" und mit ihr ein verlogenes, gigantomanisches Weltbild. Bilder der Alliierten traten an ihre Stelle. Die wahren Täter wurden mit den wahren Opfern konfrontiert, Verbrechen aufgeklärt. Der Film *Todesmühlen*, zu dessen Aufführungen die Amerikaner Zehntausende Deutsche zwangen, zeigte das wahre Ausmaß der Schrecken und Verbrechen. Margrit Bourke White veröffentlichte in der Zeitschrift *Life* Bilder von toten Nationalsozialisten und festgenommenen Kriegsverbrechern. Die Fotografin Lee Miller wurde sogar in der Badewanne Hitlers in seiner Privatwohnung am Münchener Prinzregentenplatz vorgestellt. Der Führermythos war entweiht, die Botschaft unmißverständlich: Der Satan ist erschlagen, die Schlange zertreten – ihr braucht keine Angst mehr vor Deutschland zu haben. Welche Bilder von Auschwitz wären wohl überliefert worden, hätte die Geschichte einen anderen Verlauf genommen?

Bilder und Bilderwelten kommen und gehen, sie verschwinden aus dem Blickfeld der Öffentlichkeit und oft auch aus dem öffentlichen Bewußtsein. Sie werden unterdrückt, verdrängt oder vergessen. Die Vereinigten Staaten von Amerika versuchten, Lehren aus der verlorenen „Schlacht der Bilder" in Vietnam zu ziehen, indem sie den alten Bildern neue Bilder aus einem anderen Krieg entgegenstellten. Im Golfkrieg 1991 wurde die Bildberichterstattung rigoros kontrolliert und gelenkt. Das Bildmaterial suggerierte jetzt einen moralisch einwandfreien und „sauberen" Krieg. Das (Bild-)Trauma Vietnam sollte überwunden und vergessen werden.

Nach dem Ende des Kalten Krieges und der Überwindung der deutschen Teilung ist die Bilderwelt der DDR ins Abseits geraten und manches auch schon aus der Erinnerung gelöscht. Die „Konkurrenz" glaubwürdiger Bilder diesseits und jenseits des Eisernen Vorhangs hat der Westen für sich entschieden. Spätestens mit der Darstellung der ungelenk inszenierten Feierlichkeiten zum 40. Jahrestag der Gründung der DDR, die sich gegen die bewegenden Bilder mit DDR-Flüchtlingen aus der Prager Botschaft zu behaupten hatten, war die Stabilität gefährdet. Den Bildern von Menschenmassen, die sich über die geöffneten Grenzübergänge nach West-Berlin und Westdeutschland bewegten, konnte der DDR-Staatsapparat nichts mehr an stabilisierenden Bildern entgegensetzen. Dieses Mal war nicht nur eine „Schlacht" im Kalten Krieg verloren gegangen, sondern ein ganzes Weltbild ins Wanken geraten. Selbst die Propaganda konnte die alten Bilder nicht länger aufpolieren. Persönliche wie kollektive Erinnerungen verblaßten gegenüber der Aufklärung und den glaubwürdigen Gegenbildern. Die DDR war auf Dauer desavouiert.

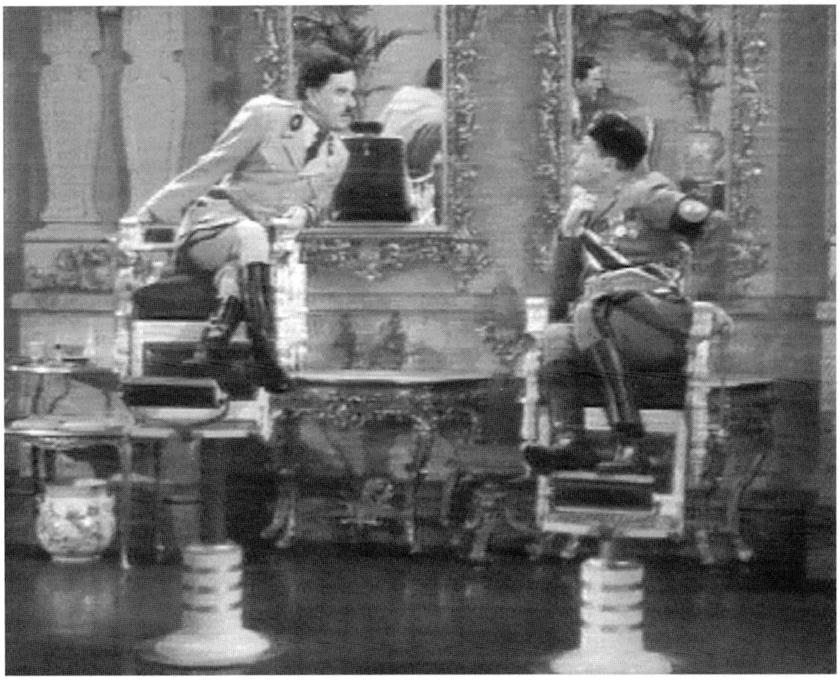
„Hitler" und „Mussolini"
in Chaplins *Der große Diktator.*

Wird die Kommunikation gestört oder ändert sich der Bezugsrahmen, ist Verdrängung die Folge, erst dann beginnt das Vergessen. Die Vergangenheit entsteht also erst dadurch, daß man sich auf sie bezieht. Auch Museen verstehen sich als Dienstleister des Erinnerns. Sie zeigen kollektiv Bekanntes und konfrontieren mit überraschend neuen Informationen. Sie klären auf, rekonstruieren Wirklichkeit und Geschichtsbilder und stoßen an Grenzen bei dem Versuch, Geschichte so darzustellen, „wie es gewesen ist". Von der Vergangenheit kann in der Gegenwart immer nur das existent sein, was eine Gesellschaft mit ihrem jeweiligen Bezugsrahmen rekonstruieren kann und will. Die Nähe zur Wirklichkeit, die objektive Darstellung hängt auch hier ab von der Seriosität der verantwortlichen Gestalter und Autoren, von ihrer Unabhängigkeit und ihrer Fähigkeit, zu differenzieren und zu abstrahieren.

Abbild und Wirklichkeit

Das 20. Jahrhundert ist das Jahrhundert der Bilder. Die tägliche Flut von Bildern, die bewußt oder unbewußt wahrgenommen wird, prägt die Vorstellung von der Realität. So entsteht eine Idee von der Gegenwart und der Vergangenheit. Verblüffend ist, in welchem Ausmaß die Abhängigkeit von den Bildern, die vorgegeben werden, gewachsen ist, aber auch die Leichtgläubigkeit, mit der wir ihnen begegnen.

Besonders das Foto und das bewegte Bild im Film überraschen immer wieder durch die schnelle und vermeintlich präzise Reproduktion von Wirklichkeit. Foto- und Filmjournalisten bedienen sich des Mediums und nutzen es aus. Wir zweifeln zwar oft an der Seriosität mancher Zeitungen, Zeitschriften und Sender, doch glauben Leser und Zuschauer den Bildern. „So ließ eine irrationale kollektive Leichtgläubigkeit die allergrößte Lüge entstehen. Es ist eine Fotografie, also ist es wahr", schreibt Christian Gaujolle anläßlich eines Kongresses in Arles im Juli 1998 zum Thema „Bilder des Wirklichen, Bilder des Virtuellen". „Und bis in die jüngste Zeit, in der man begonnen hat, die Glaubwürdigkeit der Medien anzuzweifeln, galt besonders: Das ist ein Pressefoto, also ist es erst recht wahr."

Wir sollten es besser wissen. Kein Bild ist authentisch, kein Foto objektiv. Der Fotograf entscheidet subjektiv. Er reißt den Bildausschnitt aus dem Zusammenhang, befindet über Ort und Zeit, bestimmt Blickwinkel und Objekt – er inszeniert. In einem Foto gibt es keine präzise Information, keine objektive Wirklichkeit außer der Tatsache, daß es sich um ein Foto und kein Gemälde oder eine Zeichnung handelt. Seine oft beschworene Unschuld hat das Medium nie besessen. Die Geschichte des Fotojournalismus selbst beginnt mit einer Lüge: Die ersten veröffentlichten Fotos zeigen den Krim-Krieg (1853–1856) nicht von seiner grausamen Seite, sondern fast als gemütliches Beisammensein. Das Bild, seit Jahrhunderten im Dienst von Ideologen und Mittel zur Macht, wurde ein weiteres Mal mißbraucht und instrumentalisiert.

Der allgemein verbreitete Glaube, daß Abbildungen der Wirklichkeit wahr sind, förderte die Manipulation und verleitete dazu, Bilder zu fälschen. Schon lange bevor computergestützte Bildbearbeitungsprogramme entwickelt wurden, erfreute sich die Retusche großer Beliebtheit. Fotografien wurden nachbearbeitet, wann immer das Original nicht das gewünschte Resultat erbrachte. Das Entfernen eines Muttermals oder das Korrigieren lästiger Hautfalten waren harmlos im Vergleich zu den politisch motivierten Korrekturen. Je nach Einstellung des Fotografen, den politischen Interessen oder Abhängigkeiten der Herausgeber einer Zeitung oder Zeitschrift, die Fotos veröffentlichten, wurde der Ausschnitt über die Realität oft noch einmal zurechtgerückt, wurden Details ausgeblendet oder neue hinzugenommen. In ungezählten Fällen versuchten politisch Handelnde, per Retusche nachträglich Korrekturen an der Geschichte vorzunehmen. Namen wurden ausradiert, Gesichter geschwärzt und manchmal tauchten Personen an Orten auf, an denen sie nie gewesen waren. Oft hatte es die Bilderwelt allerdings schwer, mit den politischen Machenschaften und Verbrechen dieser Welt Schritt zu halten.

Eine besonders perfide Art der Herrschaftspraxis durch Bildmanipulation dokumentiert eine moderne Version der „Damnatio memoriae", ein zielgerichteter Schlag gegen unliebsame Personen, der Versuch, ihr Bild aus dem öffentlichen Gedächtnis zu löschen. Zahlreiche Beispiele von schockierender Brutalität und Menschenverachtung lassen sich aus der Welt des Stalinismus nachweisen. Das bekannteste ist die weitverbreitete Aufnahme einer Massenkundgebung auf dem Swerdlow-Platz mit Lenin und Trotzki. Auf Anweisung Stalins wurde Leo Trotzki aus dem

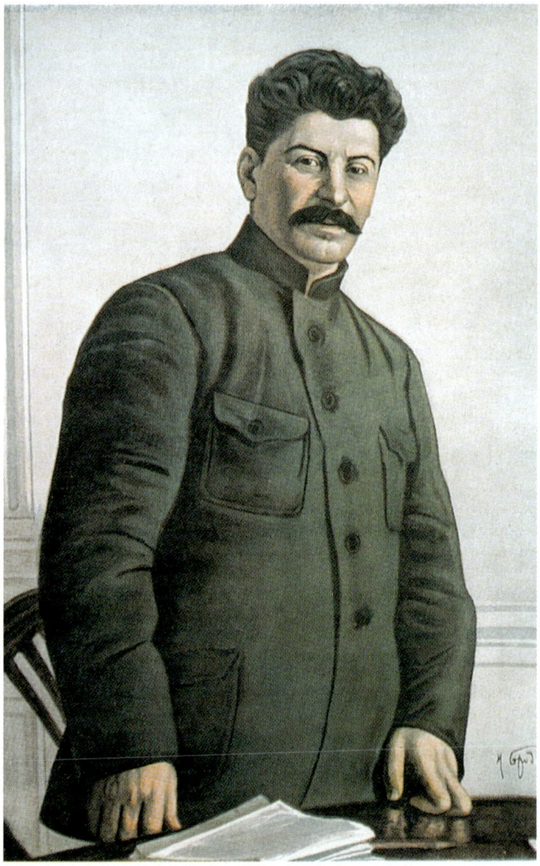

Stalin-Gemälde von Isaak Brodski, 1929.

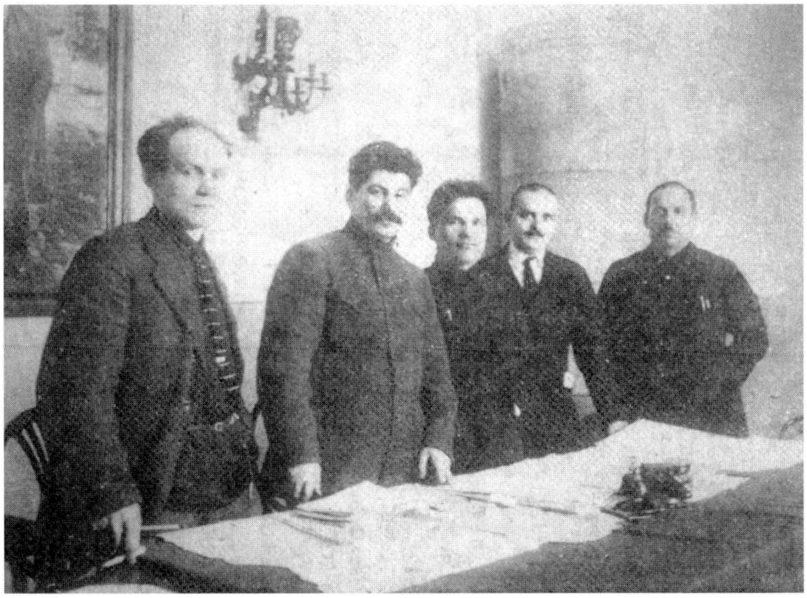

Nikolai Antipow, Josef Stalin, Sergej Kirow, Nikolai Schwernik, Iwan Akulow.

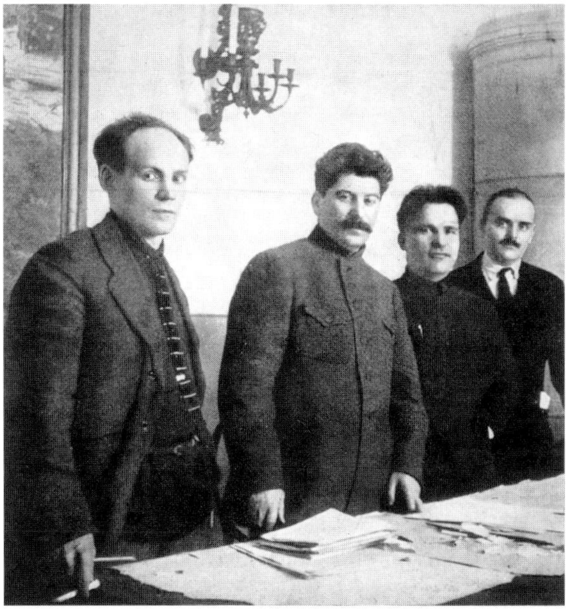

Nikolai Antipow, Josef Stalin, Sergej Kirow, Nikolai Schwernik, 1926.

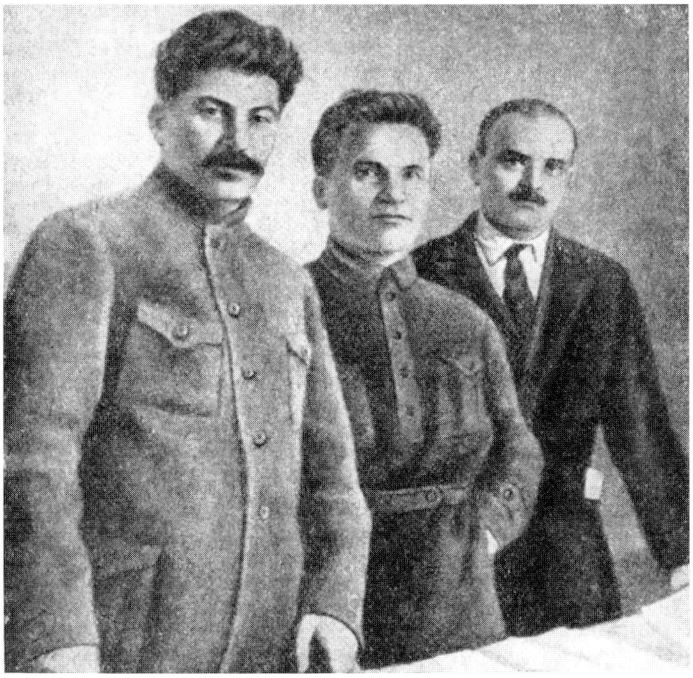

Josef Stalin, Sergej Kirow, Nikolai Schwernik, 1940.

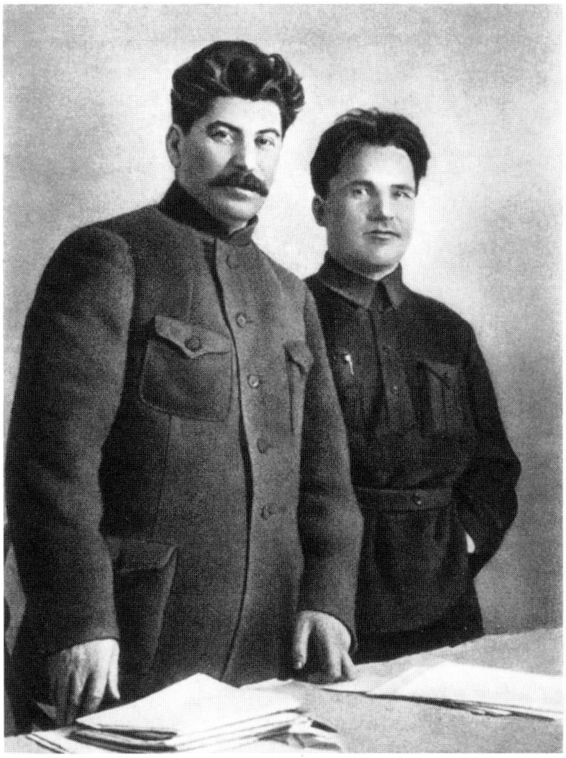

Josef Stalin, Sergej Kirow, 1949.

Bild entfernt, die physische Exekution folgte Jahre später im mexikanischen Exil. Daß diese makabere Form stalinistischer „Säuberung“, die im übrigen auch in Maos Riesenreich China eifrige Nachahmer fand, groteske Züge annehmen konnte, belegt die wechselhafte Geschichte von Abbildungen Stalins mit Iwan Akulow, Nikolai Antipow, Sergej Kirow und Nikolai Schwernik.

Eher kontraproduktiv waren Fälschungen immer dann, wenn es an gebotener Sorgfalt fehlte oder die technischen Fertigkeiten nicht ausreichten. Eine Blamage ist das Bild von der tschechoslowakischen Führungsspitze, aus dem Alexander Dubcek nach der Zerschlagung des Prager Frühlings 1968 entfernt worden war: Ein herrenloser, rechter Schuh wurde verräterisch im Bild vergessen. Dieses Beispiel ist kein Einzelfall. Die Qualität gefälschter Bilder ließ oft zu wünschen übrig, doch darf man ihre nachhaltige Wirkung deshalb nicht unterschätzen.

Bilder können heilen, sie können krank machen, verführen, aufhetzen und zur Beruhigung beitragen. Der suggestiven Kraft der Bilder, die ihrer scheinbaren Objektivität entspringt, unterliegen wir heute ebenso wie die Menschen vor 50 oder 100 Jahren.

Mit den technischen Möglichkeiten der Bilderproduktion in der hoch technisierten Welt wird die Zahl der Eindrücke und Erfahrungen immer unüberschaubarer. Zehntausende Bilder prasseln heute täglich auf uns ein, ob Fernsehen, Zeitungen, Zeitschriften, Comics oder Werbung – auf Schritt und Tritt werden wir mit Bildern konfrontiert. Dabei hat das Leben in unserem optischen Zeitalter erst begonnen. Die Bilderflut wächst zur Springflut an, und der nahezu ungebrochene Glaube an den Wahrheitsgehalt der Bilder läßt Manipulation und Täuschung besonders wirksam werden. Wer um die technischen Möglichkeiten weiß, wird nicht mehr mit Gewißheit sagen können, was echt oder manipuliert ist, was wahr ist oder gelogen. Die Dämme sind gebrochen. Aufhorchen läßt vor allem der schnelle technische Fortschritt in der Bildbearbeitung. Bilder werden „synthetisch" hergestellt, Bilderwelten künstlich geschaffen. Hollywood ersetzt die Realität – der unglaubliche Stoff des Kinohits *Wag the dog* aus dem Jahr 1997 kann Wirklichkeit werden.

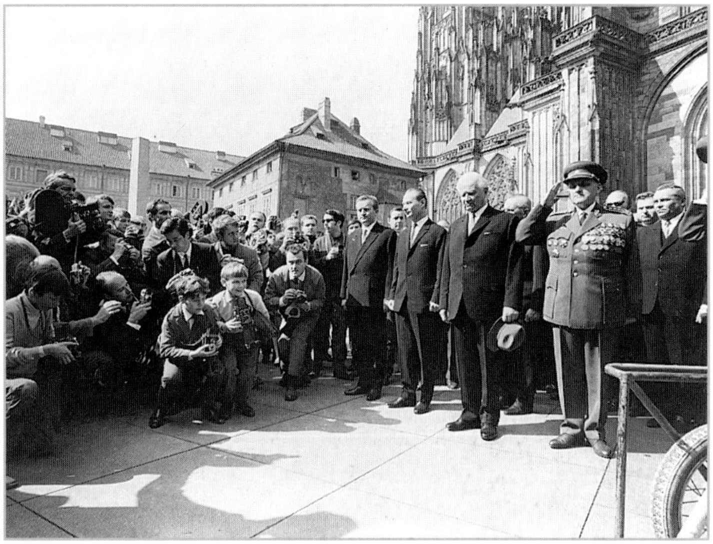

Originalfoto mit Alexander Dubcek, 30. März 1968.

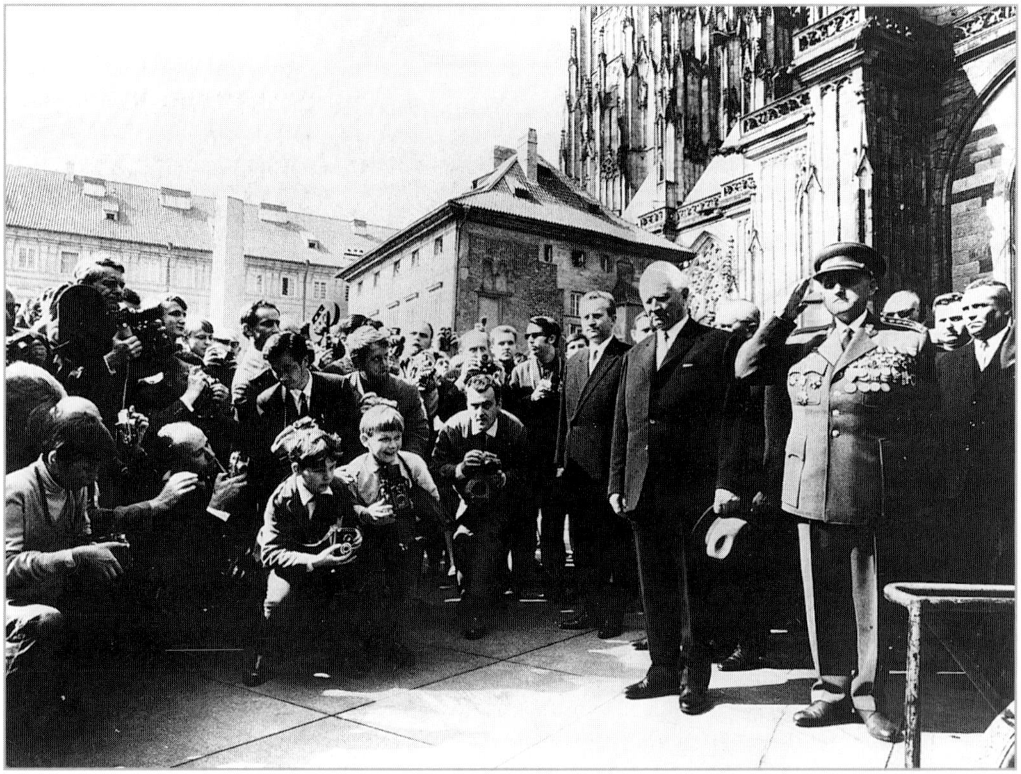

Der Prager Frühling findet mit dem Einmarsch der Warschauer-Pakt-Truppen ein jähes Ende. Nach Dubceks politischer Entmachtung verschwindet er aus dem Gruppenbild. Die rechte Schuhspitze ist an der Schnittkante übersehen worden.

Es wird immer leichter, Bilder zu produzieren, aber auch zu manipulieren. Die Verlockungen des Marktes sind groß. „Wer die Bilder beherrscht, beherrscht auch die Köpfe", so eine Erkenntnis, die Bill Gates zugeschrieben wird und die auch andere zu Höchstleistungen anspornt. Demokratie, Verführung und Demagogie liegen dicht beieinander. Zum einen werden viele Menschen schnell und gleichwertig informiert – Bilder sind Massenware, jeder hat Zugang –, zum anderen nehmen die Gefahren der Beeinflussung und Fehlinformation immer weiter zu. Dank digitaler Technik, der Anwendung moderner Medien und der Popularität des Internet sind Authentizität und Autorenschaft meist nicht mehr nachzuprüfen.

Der Fantasie, der Kreativität, aber auch der Skrupellosigkeit sind keine Grenzen gesetzt. Was ist noch wahr in einer von Medien beherrschten Welt, die oft nach dem Grundsatz verfährt „Wenn die Geschichte stimmt, sind die Fakten nicht so wichtig"? Hat Prinzessin Stephanie ihr drittes Kind bekommen? Hat Sandra Bullock sich nackt fotografieren lassen? Kämpft Kuwait wieder gegen den Irak?

Alle sind zum kritischen Umgang mit dem Medium „Bild" aufgerufen. Wir dürfen uns kein X für ein U vormachen lassen, dürfen den Augen nicht mehr trauen, sondern müssen den Verstand aktivieren. Eine Kennzeichnungspflicht für korrekte Bilder, für authentisches Material ist gefordert – keine „lila Kuh" darf uns die Wirklichkeit ersetzen.

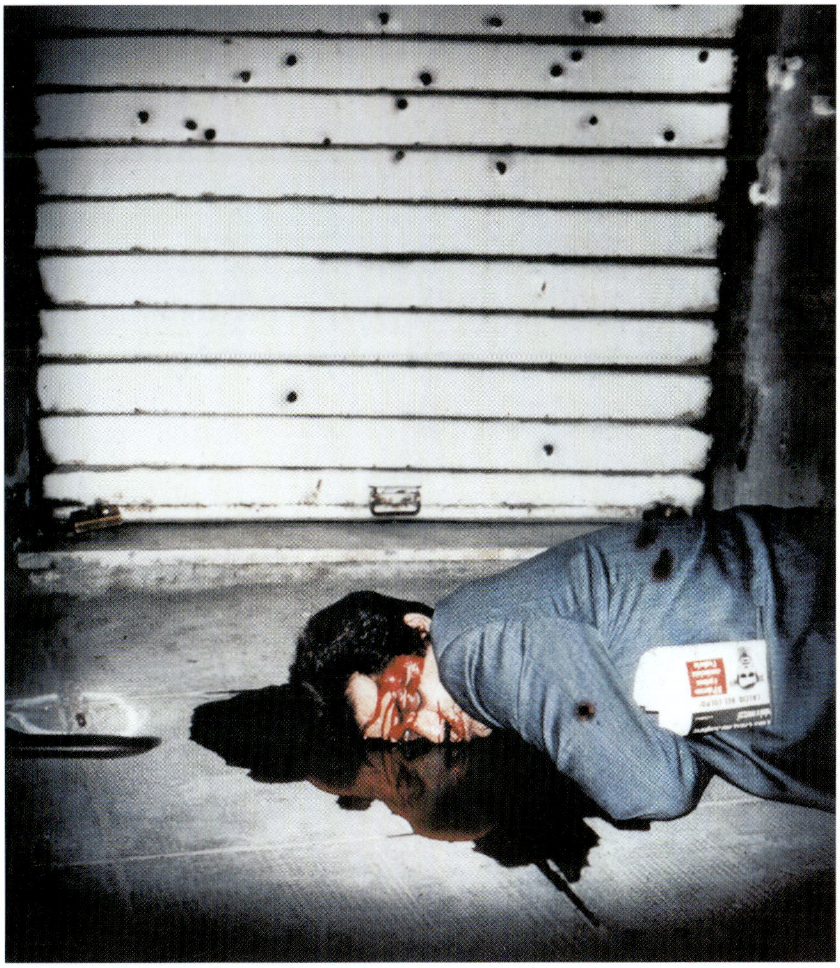

Der Spiegel 34/1996 veranschaulicht Möglichkeiten digitaler Bildbearbeitung: Der Mord wird – fast unmerklich – dramatisiert.

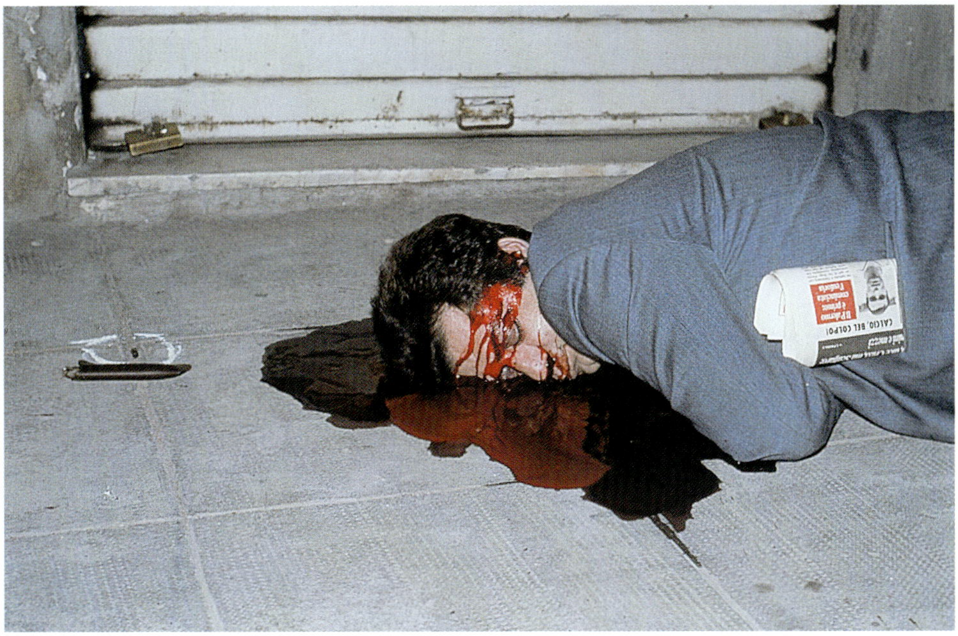

Originalbild eines ermordeten Mafioso, 1984.

Ziel, Konzeption und Gestaltung der Ausstellung

Thomas Brehm

„Bilder, die lügen" sind im allgemeinen Verständnis zunächst Bilder, die verfälscht wurden. Nicht die gestalterische oder künstlerische Bearbeitung des Bildes ist in diesem Zusammenhang von Interesse, sondern allein die dokumentarische Aussage. Die Ausstellung präsentiert drei Grundmuster von „Bildern, die lügen" – die Veränderung des Bildmaterials, den verfälschenden Text- und Kontextbezug sowie das Lügen mit Bildern. Entscheidend ist in allen Fällen die Funktion des Bildes als „objektiver" Beleg für eine Behauptung. Zweitrangig ist, welches Medium die Bilder vermittelt – ob Gemälde, Zeichnung, Fotografie oder Film. Fotografie und Film haben insofern besondere Bedeutung, als sie über eine hohe technische Abbildungsqualität der Realität verfügen. Der Betrachter hält für wahr, was er sieht, unterscheidet zunächst nicht zwischen medialer Vermittlung und realer, sinnlicher Erfahrung.

Zahlreiche Beispiele von Bildfälschungen sind aus der jüngsten Geschichte bekannt. Insbesondere in totalitären Systemen wurden und werden auf diese Weise moderne Formen der „Damnatio memoriae", der aus der Antike bekannten „Auslöschung der Erinnerung", praktiziert. In Mißkredit geratene Personen wurden aus dem kollektiven Gedächtnis eliminiert, das einschlägige Bildmaterial so bearbeitet, als hätten diese Personen nicht existiert. So zeigt eine Aufnahme der tschechoslowakischen Staats- und Parteiführung aus der Zeit des „Prager Frühlings" 1968 auch KP-Chef Alexander Dubcek. Nachdem Truppen des Warschauer Paktes im August 1968 die reformkommunistischen Bestrebungen in der CSSR niedergeschlagen hatten, war auf einer neuerlichen Veröffentlichung dieses Fotos Dubcek entfernt – bis auf eine Schuhspitze, die den Eingriff verrät. Die Machthaber korrigierten in diesem wie in anderen Fällen die Geschichte rückwirkend in ihrem Sinne.

Die technischen Möglichkeiten digitaler Bildbearbeitung eröffnen neue Dimensionen, welche die Frage nach dem „objektiven" Ausgangsbild veraltet erscheinen lassen. Der Nachweis der Bildfälschung ist nur noch schwer möglich, die Verführung durch das technisch Machbare groß. Softwareprogramme zur Bildbearbeitung haben Schere und Retuscheutensilien abgelöst. Entscheidend bleibt

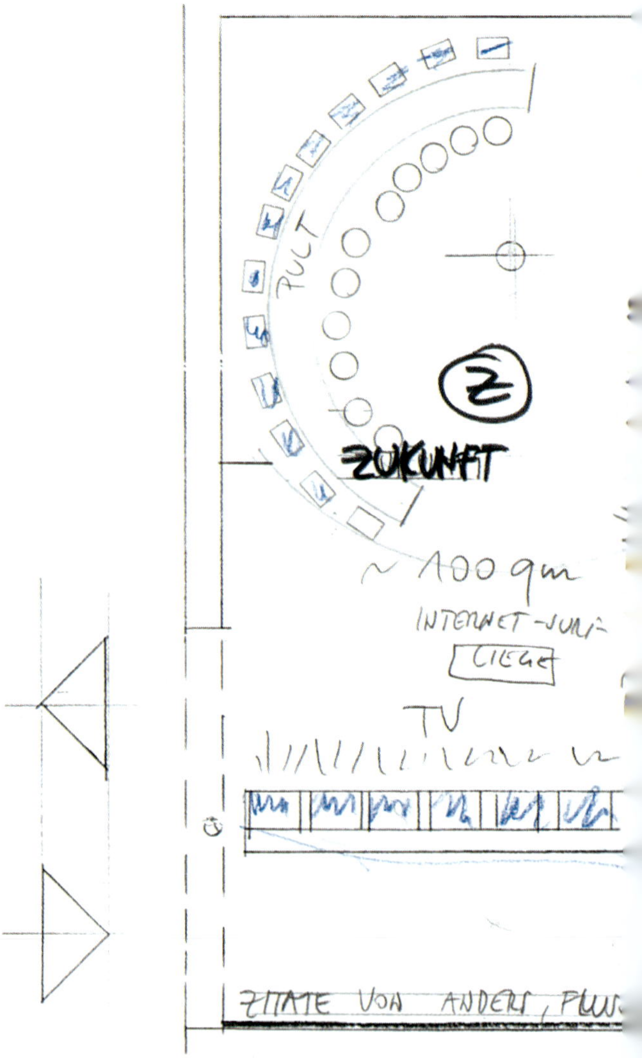

Ausstellungsskizze vom 26. April 1998.

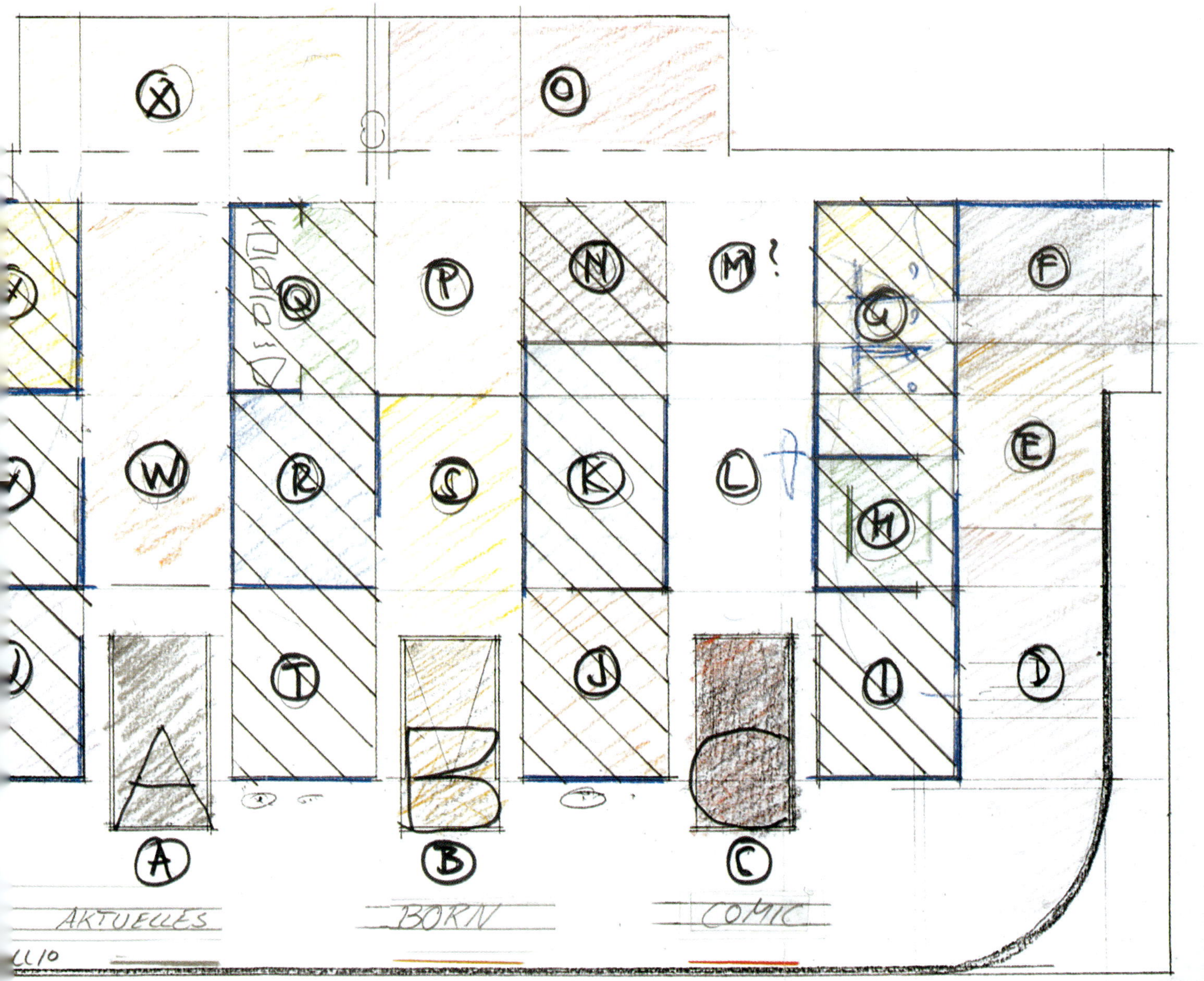

die Absicht. Wird Bildmaterial bewußt verfälscht, um den visuellen Beleg für eine Behauptung zu liefern, lügen die Bilder. „Exklusives" Bildmaterial wird im Kampf um Auflagenhöhen und Einschaltquoten immer wichtiger.

Bilder lügen aber nicht nur, wenn direkt in das Bildmaterial eingegriffen wird. Manipulationsmöglichkeiten ergeben sich auch in den Textinformationen, die sie begleiten. Zwar entfalten Bilder eine mehr oder minder starke suggestive Kraft, ihr unmittelbarer Informationsgehalt ist jedoch meist diffus, wie zum Beispiel die erfundenen Fernsehbeiträge Michael Borns zeigen: Angekündigt ist ein Beitrag über ein PKK-Terrorkommando. Der Zuschauer sieht Filmsequenzen mit einigen Männern, die eine Schachtel mit Schrauben, einem knetbaren Material und einer Batterie füllen. Die Bilder als solche sind echt und technisch nicht bearbeitet. Erst wenn der Ton hinzugeschaltet wird, entfaltet sich die Lüge: Die „Terroristen" sprechen über den Bau eines Sprengsatzes und über geplante Anschläge in touristischen Zentren an der türkischen Adriaküste. Tatsächlich handelt es sich jedoch um eine von Michael Born mit Laiendarstellern gedrehte Inszenierung, die er als authentische Dokumentation über terroristische Umtriebe unter anderem an *stern TV* verkaufte.

Weniger offensichtlich, aber nicht weniger wirksam sind die verschiedenen Abstufungen manipulierender Bildunterschriften und falscher Kontextbezüge. Konkurrenz der Medien untereinander und oftmals enormer Zeitdruck bedingen in einigen Fällen mangelnde redaktionelle Sorgfalt. Nachlässigkeit kann fast fließend über Fahrlässigkeit in Lüge übergehen. Auch in diesen Fällen sind die Absicht, die dahinter steht, und das Wissen um die falsche Zuordnung entscheidend.

Die Lüge mit Bildern bildet schließlich ein drittes Grundmuster der Manipulation. Menschen denken in Bildern, sind bestrebt, sich von der Welt ein ordnendes Bild zu machen. Erzeugung und Manipulation dieser Vorstellungswelten ist Ziel insbesondere von politischer Propaganda. Sie schafft reale Bilder als Ergebnis geschickter Inszenierungen, stilisiert politische Führer zu gottgleichen Wesen und ersetzt die Realität durch eine kontrollierte, auf ein bestimmtes Ziel gerichtete, medial vermittelte Scheinwelt. Viele Einzelbilder erzeugen im Bewußtsein des Wahrnehmenden ein Gesamtbild. Je besser und umfassender die mediale Gesamtinszenierung angelegt ist und sich abschirmen läßt von Informationen, die diesen Schein gefährden oder entlarven könnten, desto nachhaltiger ist die Wirkung dieser totalitären Propaganda. Der nationalsozialistische Führermythos ist in diesem Zusammenhang eines der beeindruckendsten und erschreckendsten Beispiele. Bezeichnend ist, daß Filmregisseure wie Ernst Lubitsch und Charles Chaplin – also selber Meister der Inszenierung von Bildern – die Mechanismen der Täuschung durchschauten und den propagandistischen Popanz der NS-Zeit in ihren Filmen *Sein oder Nichtsein* und *Der große Diktator* bloßlegten.

Die Ausstellung entfaltet von „A wie Aktuelles" bis „Z wie Zukunft" ein Kaleidoskop von Fallbeispielen aus Geschichte, Politik und Medienalltag. Diese Buchstaben-Exempel veranschaulichen die Bandbreite des Themas. Vollständigkeit ist dabei nicht das Ziel, vielmehr eine Präsentation, die den Besucher zum Nachdenken und zur Auseinandersetzung mit dem Gezeigten anregen soll. Die Beispiele stehen immer Pars pro toto, der Besucher kann sie aus seiner eigenen Erfahrungswelt beliebig ergänzen. Jeder Fall wird in seinem spezifischen historischen Kontext erläutert. Eine wesentliche Rolle spielen dabei immer auch die Entlarvung, die technische Umsetzung sowie die Rezeption. Eine Voraussetzung für den Erfolg von Lügengeschichten jeder Art ist deren prinzipielle Glaubwürdigkeit. Nur was der Rezipient als richtig zu akzeptieren bereit ist, kann ihm auch vermittelt werden. Keine noch so gute Bildfälschung läßt sich erfolgreich verbreiten, wenn ihre Botschaft außerhalb der realen Vorstellungswelt des Betrachters liegt. *Hat Kohl Madonna geküßt?* lautet 1997 der Titel einer Dokumentation zu den Möglichkeiten digitaler Bildbearbeitung. Die Bildmontage von Alt-Bundeskanzler Helmut Kohl und Popstar Madonna mag angesichts ihrer handwerklichen Perfektion verblüffen, an einen intimen Moment zwischen beiden dürfte keiner ernsthaft glauben.

Eng verknüpft mit der Rezeptionsgeschichte ist die Absicht der Fälscher. Neben persönlichen Motiven liegen den Fälschungen kommerzielle und politische Motive zugrunde. Machterringung und Machterhalt, ideologische Zwänge und politische Opportunität spielen ebenso eine Rolle wie die ökonomischen Bedingungen des Wettbewerbs in den Medien.

Diese beiden Aspekte – Intention und Rezeption – verweisen auf die historischen Dimensionen der Ausstel-

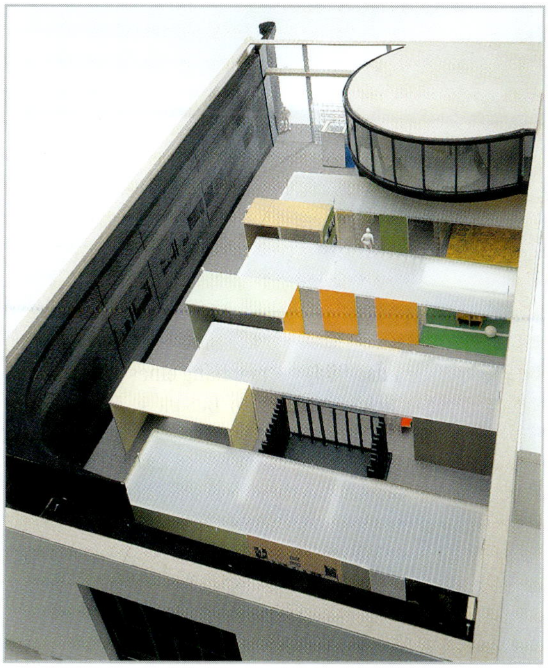

Ausstellungsmodell, oben links: Eingang zur Ausstellung.

lung. Die Fallbeispiele werden in alphabetischer Folge präsentiert und verweisen auf ihre geschichtlichen Rahmenbedingungen. So informiert beispielsweise „K wie Kalter Krieg" über das deutsch-deutsche Verhältnis in den fünfziger und sechziger Jahren.

Den Ausstellungsgestaltern, Götz, Schulz, Haas, Büro für Architektur, mit Franz Lamprecht stellte sich die Aufgabe, dem „ABC der Lügen" einen Raum zu schaffen, der einerseits die Eigenständigkeit der Fallbeispiele wahrt, andererseits Verbindungslinien zwischen ihnen zieht – bezogen auf Grundmuster, Intentionen und historische Bezüge. Der Besucher soll den Bildern der Ausstellung aufmerksamer begegnen als den Bildern seiner Alltagswelt. Dazu muß ihm zunächst etwas von der gewohnten Sicherheit seiner visuellen Orientierung genommen werden.

Der Eingangsbereich führt den Besucher in die Welt der Bilder und stimmt ihn mit verschiedenen aktuellen wie historischen Beispielen auf das Thema ein. Die ersten drei Ausstellungsmodule – „A wie Aktuelles", „B wie Born" und „C wie Comic" – stellen die Grundstruktur der Ausstellung vor. Das weitere „Lügen-ABC" ähnelt einem Labyrinth, in dem der Besucher sich seines Weges vergewissern muß. Diese Raumgestaltung unterstützt auf subtile Weise das Hauptziel der Ausstellung: Der Besucher soll sich der Bilder bewußt und zu kritischem Sehen angeregt werden – und im Idealfall nach dem Ausstellungsrundgang dem ersten Bild, das er sieht, grundsätzlich mißtrauen. Der Betrachter soll Bilder in erster Linie wieder als das wahrnehmen, was sie sind, und ihr Vermögen, die reale Welt abzubilden, kritisch befragen.

A wie Aktuelles

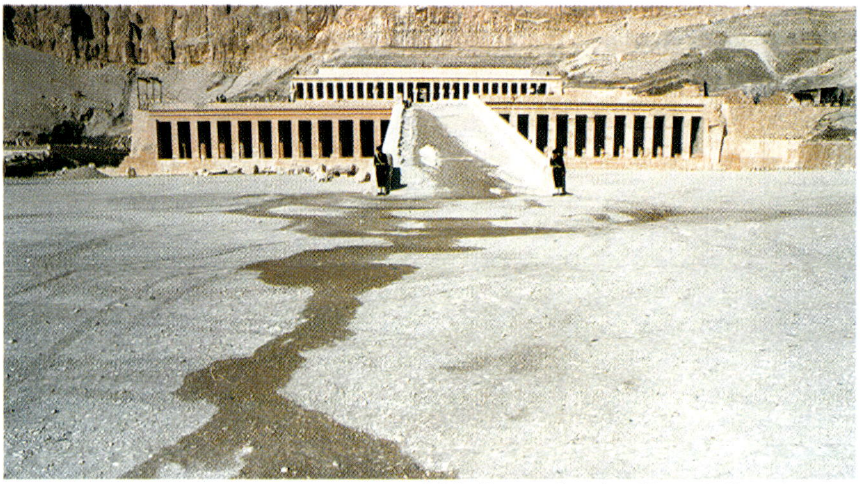

Originalfoto von Associated Press, 17. November 1997.

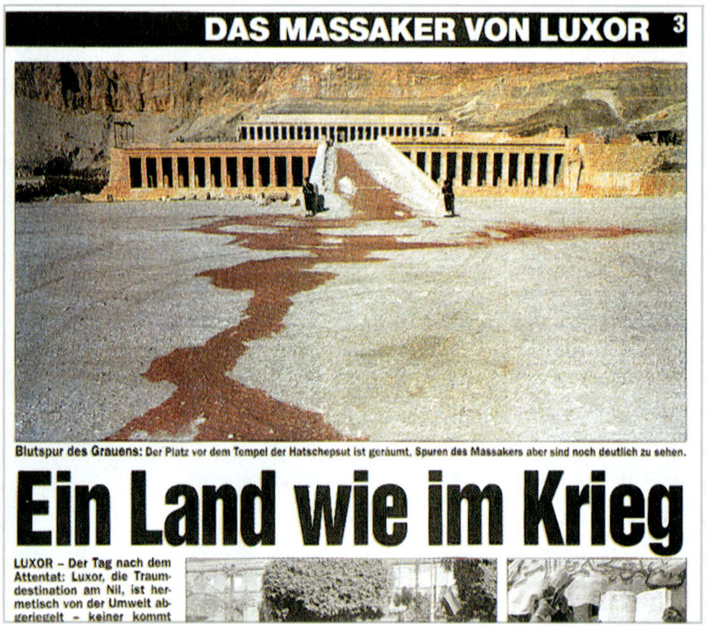

DAS MASSAKER VON LUXOR 3

Blutspur des Grauens: Der Platz vor dem Tempel der Hatschepsut ist geräumt, Spuren des Massakers aber sind noch deutlich zu sehen.

Ein Land wie im Krieg

LUXOR – Der Tag nach dem Attentat: Luxor, die Traumdestination am Nil, ist hermetisch von der Umwelt abgeriegelt – keiner kommt

Digitale Manipulation macht aus der Wasserpfütze eine Blutlache.
Blick, 19. November 1997.

„Ein Land wie im Krieg" lautet die Schlagzeile des Schweizer Boulevardblattes *Blick* über einem Bericht aus dem ägyptischen Theben nach dem Bombenattentat vom 17. November 1997. Ein Bild vom Ort des Geschehens illustriert den Artikel: Eine breite Blutspur zieht sich bis hin zum Tempel der Hatschepsut und unterstreicht das entsetzliche Ausmaß des Terroranschlags islamischer Fundamentalisten; die Mittagsnachrichten des Schweizer Fernsehens DRS zeigen das gleiche Bild. Vier Tage nach der Veröffentlichung des Fotos wird das Boulevardblatt von der konkurrierenden *SonntagsZeitung* der Manipulation des ursprünglichen Bildmaterials bezichtigt; eine Beschuldigung, die sich schnell bestätigt. Die *Blick*-Redaktion hat eine im Original zu erkennende Pfütze digital bearbeitet und mit roter Farbe gefüllt – aus Wasser wird Blut. Der *tages-anzeiger* findet harsche Worte für diesen eklatanten Fall der Bildfälschung: „Im redaktionellen Teil einer Zeitung (oder des TV) sind undeklarierte Bildmanipulationen nicht mit einem hohen Berufsstand vereinbar. Die falsche Blutspur auf dem Schauplatzfoto des Massakers von Luxor ist plump, unlauter und unverantwortlich." Die *Neue Zürcher Zeitung* beschäftigt sich ebenfalls mit dieser Manipulation und konstatiert mit Blick auf den zunehmenden Konkurrenzdruck in der Medienlandschaft, daß im harten Wettbewerb „gefühlsstarke Bilder ein wichtiges Verkaufsargument" seien.

Die „Jagd nach Sensationen" und der Zwang zur Aktualität wird im Zeitalter der neuen Medien zum Credo in vielen Redaktionen, insbesondere der Boulevardpresse. Mit der Liberalisierung des Fernsehmarkts nimmt der Konkurrenzdruck zwischen den Fernsehsendern zu: Um hohe Einschaltquoten zu erzielen, tritt in einigen Fällen die seriöse Berichterstattung zugunsten der Sensation zurück. Der mit einer riesigen Blutlache illustrierte Bericht über ein Attentat verkauft sich offensichtlich besser als ein unbebilderter Tatsachenbericht. Und wenn kein reißerisches Bild zum Thema vorliegt, können die Redaktionen das Bilddokument mittels digitaler Technik selbst schaffen. Verantwortlich für diese Entwicklung sind dabei keinesfalls ausschließlich die Medien, wie der Journalist Georg Heller unterstreicht: „Wenn es keinen Bedarf an Sensationen gäbe, würden sich Sensationen nicht so gut verkaufen. Die Macher der *Bild*-Zeitung, der Boulevardblätter, des kommerziellen Fernsehens sind nicht schlechter als ihre Leser und Zuschauer. Die Verkäufer von Gewalt und Sex sind nicht unmoralischer als ihr Millionenpublikum."

Nur wenige Monate nach der Fälschung im Schweizer *Blick* erscheint in Deutschland eine Bildmanipulation, die für vergleichbares Aufsehen sorgt: Eine Fotografie vom 14. Mai 1998 zeigt US-Präsident Bill Clinton, Bundeskanzler Helmut Kohl und Ministerpräsident Bernhard Vogel anläßlich ihres Besuchs im thüringischen Eisenach vor einer großen Menschenmenge. Das Originalbild der Agentur Reuters zeigt ein Plakat mit der Aufschrift „Ihr habt auch in schlechten Zeiten dicke Backen". Unmittelbar nach dem Besuch des amerikanischen Präsidenten veröffentlicht die Thüringer Landesregierung eine Broschüre, in der das Foto publiziert wird, diesmal jedoch ohne Plakat. Die *Bild*-Zeitung wundert sich am 2. Juni 1998: „Nanu, wo ist denn das Plakat geblieben?". Auch die *Süddeutsche Zeitung* greift die Fälschung auf und versucht, den Regierungssprecher Hans Kaiser über die Hintergründe der Manipulation zu befragen. Kaiser lehnt jede Stellungnahme ab; es bleibt unklar, wer für die nachträgliche Bearbeitung des Bildes verantwortlich ist. Das kritische Plakat hat das harmonische Gesamtbild gestört, daher erstellt die Presseabteilung der Landesregierung digital die geeignete Abbildung.

In beiden geschilderten Fällen leidet die Glaubwürdigkeit. Der von Georg Heller formulierte Grundsatz journalistischer Sorgfalt, „die Menschen möglichst kompetent, möglichst unabhängig und möglichst unverfälscht über das zu informieren, was geschieht", wird hinsichtlich der heute vorhandenen Möglichkeiten der Bildfälschung in zunehmendem Maße nicht mehr eingelöst. Angesichts der rasanten Entwicklung in der digitalen Medientechnik unterstreicht der Filmpublizist Kay Hoffmann, daß „neue Glaubwürdigkeitsstrategien gefordert sind, die weniger von dem authentischen Bild ausgehen dürfen, sondern von dem Vertrauen in bestimmte Bildermacher, sprich Korrespondenten, und durch die Offenlegung im Prozeß der Bildherstellung gestützt werden." *Se*

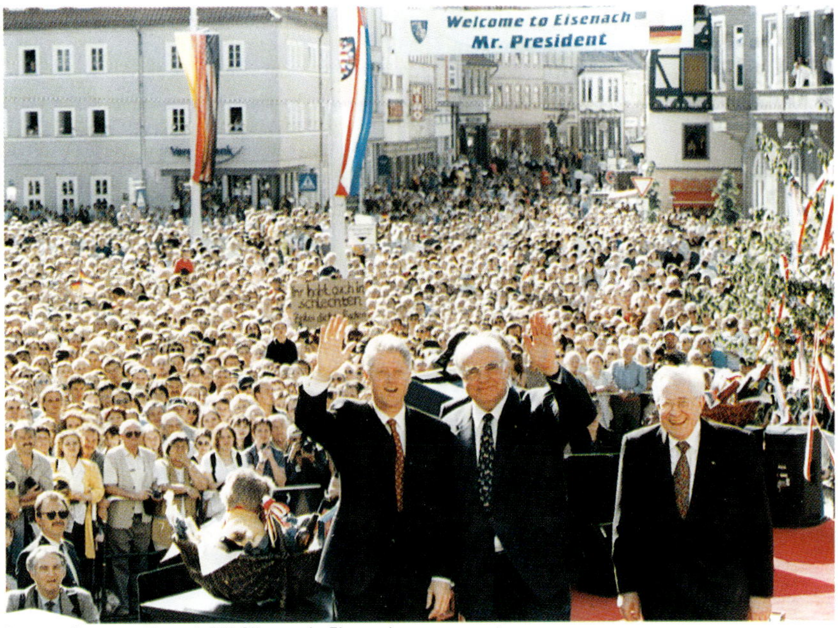

Reuters-Foto zum Besuch Bill Clintons in Eisenach.

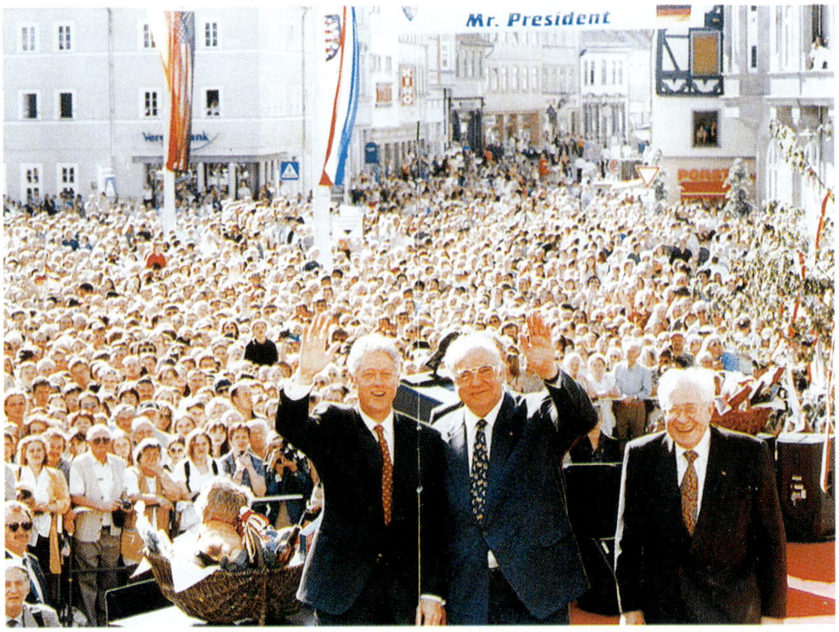

Retuschiertes Foto in der Broschüre *Für den Mutigen werden Träume wahr*, herausgegeben von der Thüringer Landesregierung, 1998.

B wie Born, Michael

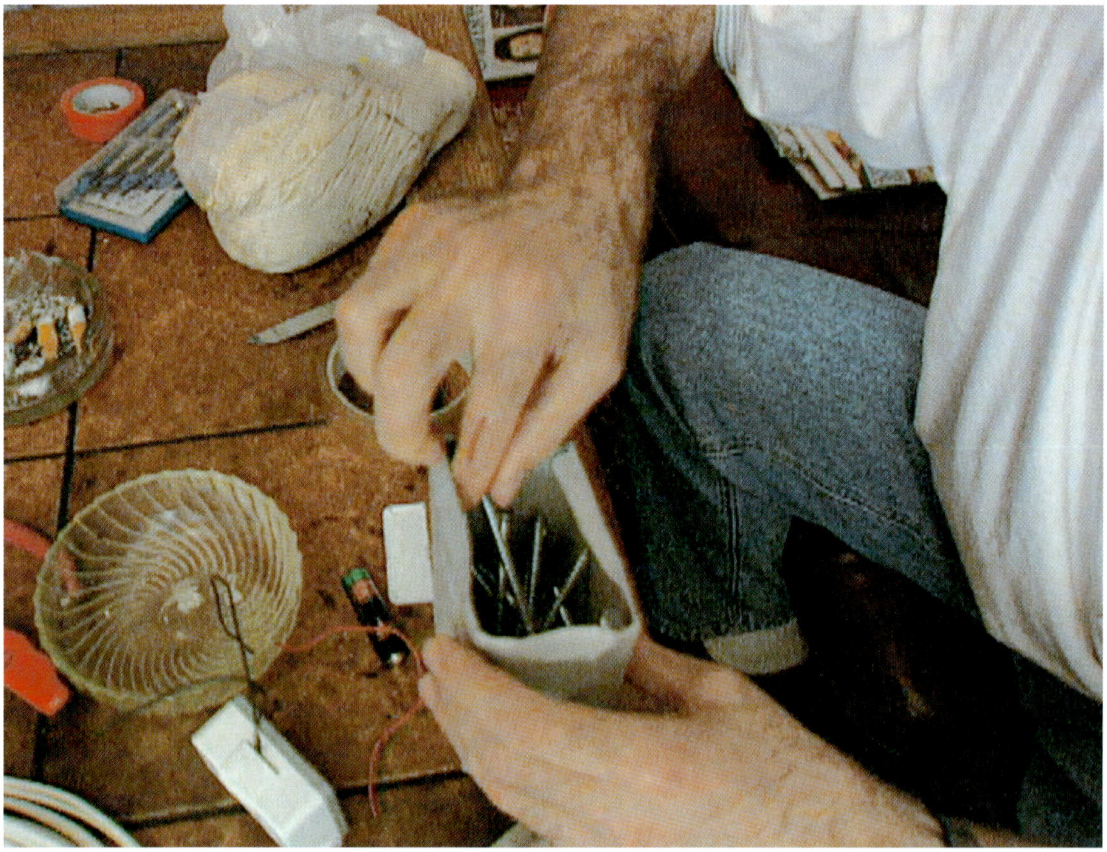

Standbild aus Borns PKK-Film: „PKK-Terroristen“ bereiten einen Anschlag vor. Aus Fensterkitt wird Plastiksprengstoff, Schrauben sollen die zerstörerische Wirkung der Explosion erhöhen.

Filmrequisite: Imitat einer russischen „Makarov“.

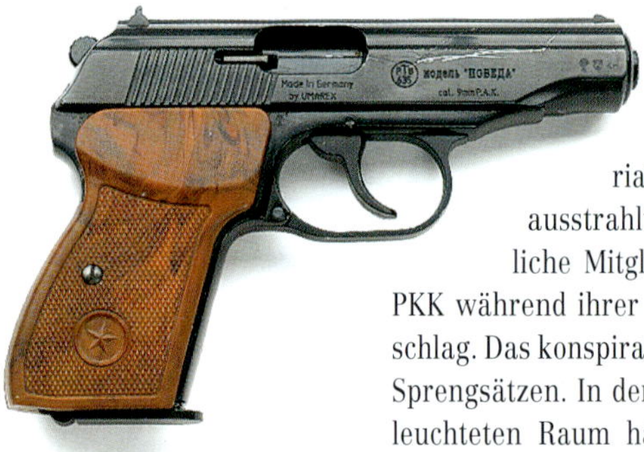

Der Zuschauer wird Zeuge, als das Fernsehmagazin *S-Zett* am 7. Juni 1994 in einem Beitrag Material des freien Journalisten Michael Born ausstrahlt. Die Fernsehbilder zeigen angebliche Mitglieder der kurdischen Arbeiterpartei PKK während ihrer Vorbereitungen zu einem Terroranschlag. Das konspirative Treffen dient der Herstellung von Sprengsätzen. In dem von zwei Studiolampen gut ausgeleuchteten Raum hält die Kamera exakt fest, wie die Männer auf dem Küchentisch eine Bombe basteln. Ein Terrorist findet währenddessen sogar Zeit, im Prospekt eines deutschen Reiseveranstalters die Ziele der geplanten Terrorakte zu zeigen.

Nach der Ausstrahlung des Beitrags zweifeln nur wenige Zuschauer an dessen Glaubwürdigkeit. Ganz im Gegenteil: Als am 21. Juni 1994 in der türkischen Stadt Fethiye eine Bombenexplosion 14 Menschen verletzt, scheint dies die Brisanz und Aktualität des gesendeten Filmmaterials zu bestätigen. Zwei Jahre später muß sich der Urheber dieser und anderer Fernsehbilder vor dem Landgericht in Koblenz verantworten. Michael Born steht unter dem Verdacht, mehreren Fernsehsendern gefälschtes Filmmaterial verkauft zu haben.

Der Prozeß gegen den freischaffenden Produzenten aus Lahnstein im Herbst 1996 deckt einen der größten Medienskandale in der Bundesrepublik auf. Borns „journalistisches Schaffen“ trägt dazu bei, daß in der öffentlichen Meinung die Glaubwürdigkeit der Fernsehberichterstattung einen Tiefpunkt erreicht. Wiederholt wird der Sitzungssaal der 12. Großen Strafkammer des Koblenzer Landgerichts zum Vorführraum für die Bänder, die

Michael Born verschiedenen Sendeanstalten verkaufte. Im Verlauf der Beweisaufnahme wird deutlich, daß in insgesamt 16 Magazinbeiträgen von Born nachgestellte oder frei erfundene Szenen verwendet wurden, ohne als solche gekennzeichnet zu sein. So war der „Drehort“ für die „Bombenbauer der PKK“ ein Asylbewerberwohnheim in Koblenz. Born lieferte auch Material zu einem politisch brisanten Filmbericht über die Verbindungen zwischen dem amerikanischen Ku-Klux-Klan und rechtsextremen Organisationen in der Bundesrepublik. Um an den „Bildbeweis“ für die Existenz solcher Gruppierungen zu gelangen, kleidete er eine Schar von Laiendarstellern in selbstgenähte Kutten und inszenierte mit dem Ensemble ein Ku-Klux-Klan-Treffen in der Eifel. Den dramaturgischen Höhepunkt dieses Beitrags bildete ein Schwall antisemitischer Parolen des „Klanchefs“ – gemäß den Regieanweisungen Borns.

Die Prozeßbeobachter können sich davon überzeugen, daß Born auch vor Totalfälschungen nicht zurückschreckte. So setzte der ehemalige Zoohändler, Nautiker und Kriegsberichterstatter eine Geschichte ins Bild, die sich im bundesdeutschen Blätterwald bereits mehrere Wochen hartnäckig behauptete: Im Sommer 1994 findet eine Krötenart angeblich rasante Verbreitung innerhalb der Drogenszene, weil ihr Sekret eine stark halluzinogene Wirkung hervorrufe. Er präpariert eine Kröte mit Dosenmilch und findet einen Darsteller, der bereit ist, vor laufender Kamera das „Sekret“ einzunehmen.

Borns Rollenbesetzungen werden ihm schließlich zum Verhängnis. Im Verlauf der polizeilichen Ermittlungen

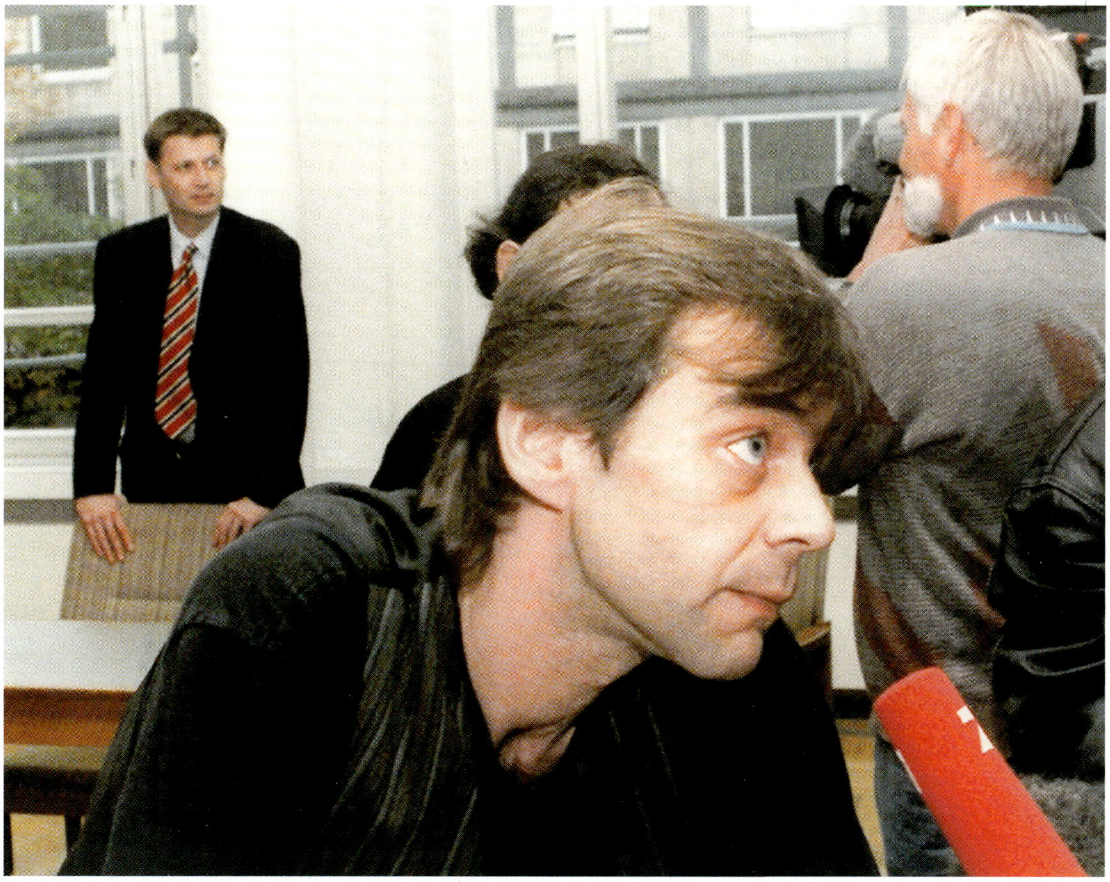

Kameramann Michael Born und Günther Jauch, Moderator von *stern TV*, im Koblenzer Landgericht.

fällt einem Kriminalbeamten auf, daß in zwei Beiträgen die Stimmen der Beteiligten sehr ähnlich klingen. Eine Stimmenanalyse des Bundeskriminalamts kommt zu dem Ergebnis, daß sich hinter beiden Charakteren ein und derselbe Darsteller verbirgt.

Am 23. Dezember 1996 wird Michael Born zu einer Haftstrafe von vier Jahren verurteilt. Er hat für seine gefälschten Fernsehbilder Geld erhalten und sich damit des Betrugs an seinen Vertragspartnern schuldig gemacht. Auf 350 000 DM beziffert RTL den Schaden – dies entspricht dem Betrag, den der Sender Born für gefälschte Filme gezahlt habe. Das Gericht schreibt in seiner Urteilsbegründung (Az. 2101 Js 14.556/95-12.Kls-), daß „der Angeklagte über Jahre hinweg eine große kriminelle Energie gezeigt hat, als er seine Film-Fälschungen bei Fernsehsendern verkaufte“. Zudem muß Born sich für eine Reihe weiterer Delikte verantworten, die er im Rahmen seiner „Reportagen“ begangen hat und die zu dem hohen Strafmaß führen. Am schwersten wiegt hierbei der Straftatsbestand der Volksverhetzung, den die Koblenzer Richter im Fall des Ku-Klux-Klan-Films als erfüllt ansehen.

Das Justizverfahren gegen den, wie die *taz* schreibt, „letzten vordigitalen Handwerker seiner Innung“ ist für die Anwesenden auch in anderer Hinsicht aufschlußreich. Die Beweisaufnahme offenbart Prozeßbeobachtern, wie sich die Zusammenarbeit zwischen Born und seinen Auftraggebern gestaltet hat und gibt somit Einblicke in die Mechanismen der Wachstumsbranche Fernsehen. Born fand vor allem bei dem vom Kölner Privatsender RTL ausgestrahlten Nachrichtenmagazin *stern TV* verantwortliche Redakteure, die journalistische Sorgfalt vermissen ließen. Auch zu diesem Ergebnis kommen die Richter, wenn es im Urteil heißt, „daß sich der Redaktion bei der Sichtung des Film-materials hätte aufdringen müssen,

Selbstgenähte Requisiten für den Ku-Klux-Klan, rechts mit seitenverkehrtem Hakenkreuz.

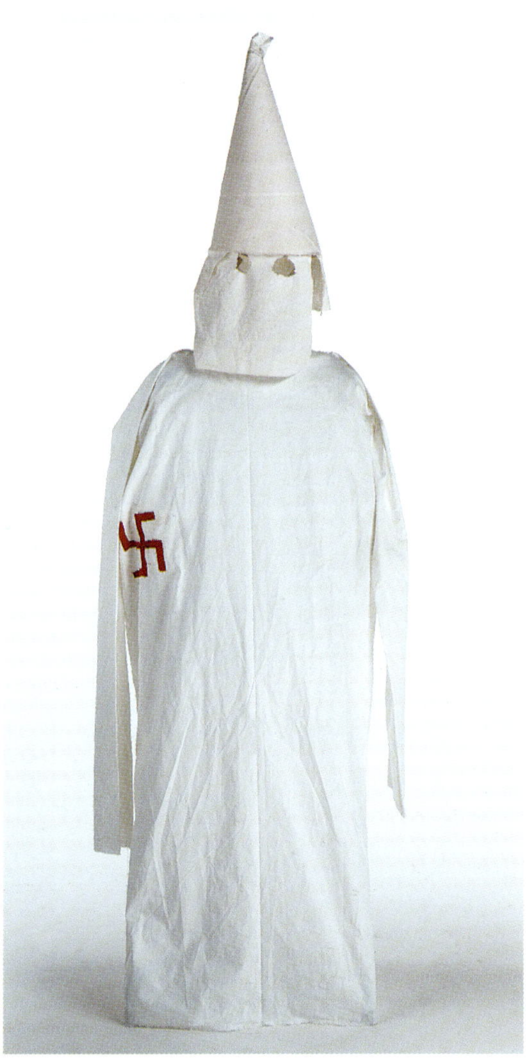

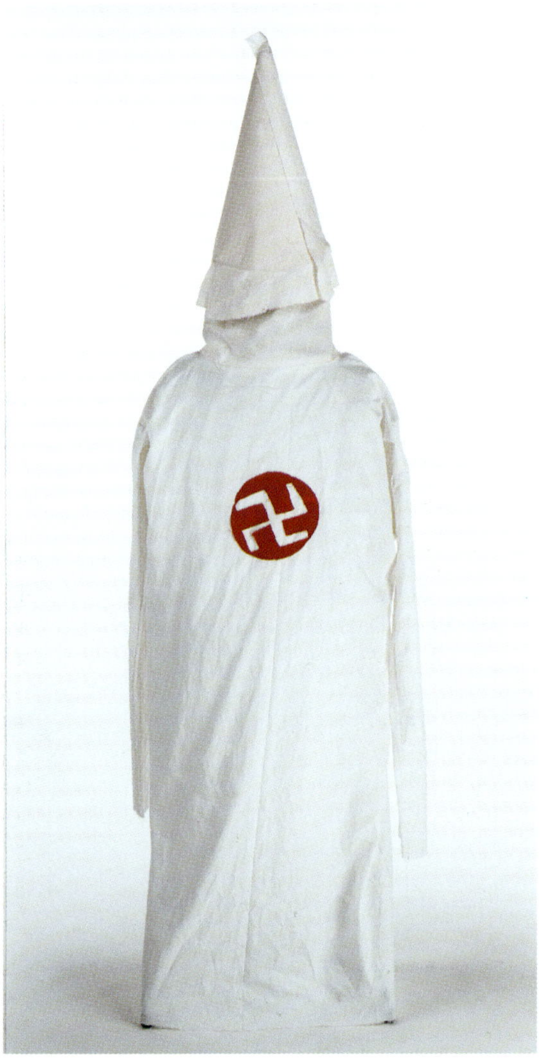

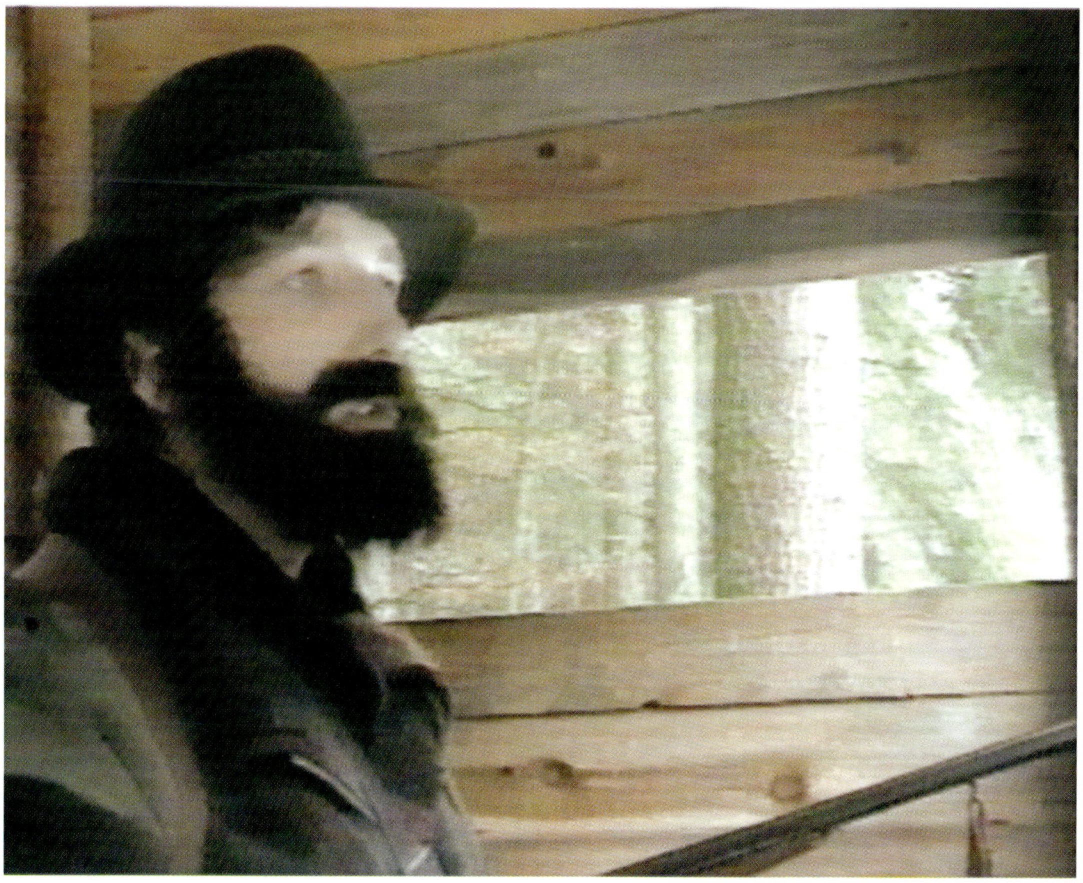

Standbild aus Borns Katzenjäger-Film: Obwohl Redakteure von *stern TV* die Echtheit – insbesondere des Bartes – bezweifeln, verzichten sie auf eine Überprüfung. Sie lassen sich statt dessen von Michael Born am 21. April 1995 an Eides Statt versichern, daß der Jäger echt sei. Der Beitrag wird am 26. April 1995 ausgestrahlt.

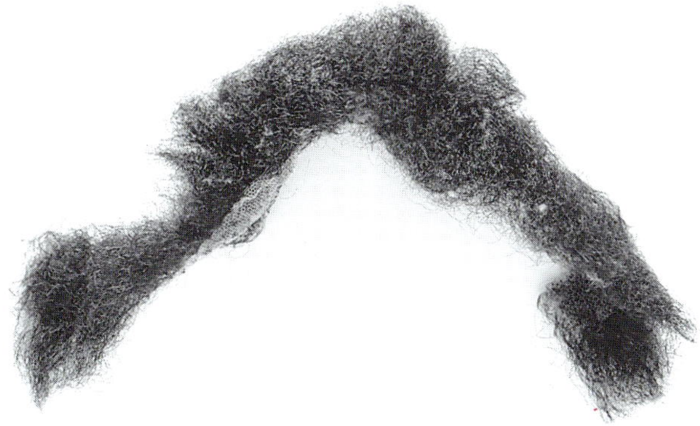

weitere Nachrecherchen anzustellen. Durch den Verzicht auf jegliche Nachrecherche wurde dem Angeklagten die Begehung der Tat sehr leicht gemacht."

Zudem ergeben die Zeugenvernehmungen, daß Mitarbeiter von *stern TV* dazu beitrugen, Borns Bänder, wie es im Branchenjargon heißt, „aufzuhotten": Aus dem Schallarchiv der Kölner Redaktion stammt der Knall einer explodierenden Bombe, zu hören in einem Beitrag über das weihnachtliche Bethlehem. Eine Redakteurin stellt an anderer Stelle ein Telefongespräch nach, das so nie stattgefunden hat. Für einen Bericht über giftige Abwässer muß ein toter Fisch her, kameragerecht vor einer Chemiefabrik plaziert. Die anwesenden Prozeßbeobachter halten diese Vorfälle zwar fest; sie fallen jedoch nicht mehr in den Zuständigkeitsbereich der mit dem Fall Born betrauten Justizbehörden. Denn, so zitiert die *Süddeutsche Zeitung* den Vorsitzenden Richter Ulrich Weiland am 22. Oktober 1996: „Selbst wenn verantwortliche Redakteure eingekauftes Filmmaterial gefälscht haben, dann wäre das zwar Betrug am Zuschauer, aber strafrechtlich nicht relevant." Richter Weiland erklärt den Bildschirm damit nicht zum rechtsfreien Raum. Schließlich existiert eine Vielzahl von Einschränkungen, Werbeverboten oder Jugendschutzbestimmungen, die den Rahmen für das schaffen, was gesendet werden darf und was nicht. Es gibt allerdings keinen Paragraphen, der dem Fernsehzuschauer ein verbrieftes Recht auf die Authentizität von Nachrichtenbeiträgen einräumt – ganz gleich, ob ein freier Mitarbeiter wie Michael Born oder ein festangestellter Redakteur Beiträge fälscht, inszeniert oder reißerisch gestaltet. In solchen Fällen mag sich der TV-Konsument zwar in seinem Glauben an die journalistische Sorgfaltspflicht betrogen fühlen, belangen kann er dafür niemanden. *Ch*

C wie Comic

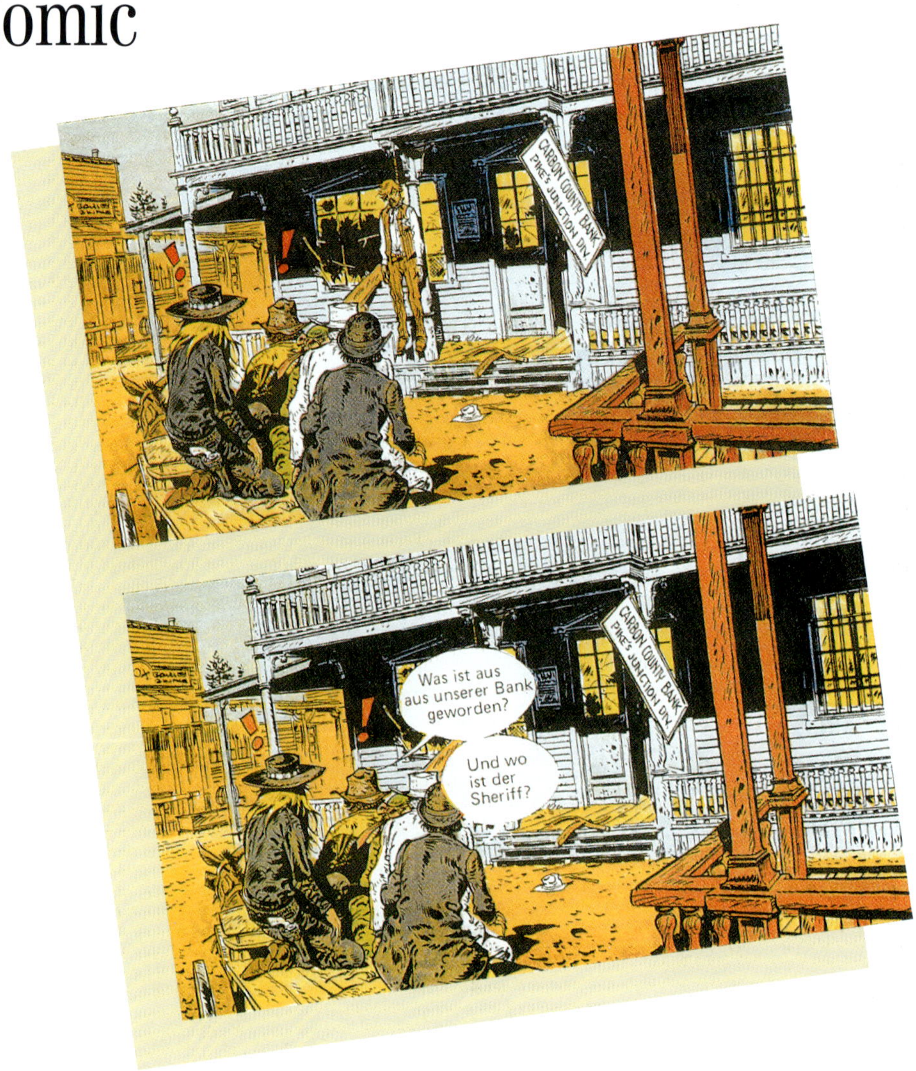

Originalabbildung aus *Comanche – Der lange Weg nach Laramie.*

Retuschierte Version: Der Gehenkte verschwindet hinter Sprechblasen.

„Comics – Opium in der Kinderstube“ titelt das Nachrichtenmagazin *Der Spiegel* in seiner Ausgabe vom 21. März 1951. Der Bericht bündelt viele Bedenken, die sich in der Bundesrepublik Deutschland gegen das neue Literaturgenre richten. Bereits 1949 billigt das Parlament einen Antrag von Bundestagsabgeordneten unter Federführung des späteren Bundesaußenministers Heinrich von Brentano, der ein „Bundesgesetz gegen Schmutz und Schund“ fordert; diese Verordnung soll insbesondere die ständig wachsende Verbreitung von Comics unter Jugendlichen eindämmen. Gleichzeitig wendet sich eine breite Koalition aus Psychologen, Jugendpflegern und Juristen gegen den „Bildidiotismus“ dieser Geschichten, der den Analphabetismus fördere und den Weg in die Jugendkriminalität bereite. Höhepunkte der Anti-Comic-Bewegung sind die von Jugendämtern und Kirchen organisierten „Schmöker-grab-Aktionen“, die nicht selten mit der Verbrennung dieser verfemten Literaturform enden.

Am 9. Juni 1953 beschließt der Deutsche Bundestag das „Gesetz über die Verbreitung jugendgefährdender Schriften“; es richtet sich gegen „Schriften, die geeignet sind, Kinder und Jugendliche sittlich zu gefährden“. Zur Durchführung der neuen Jugendschutzbestimmungen wird am 18. Mai 1954 die Bundesprüfstelle für jugendgefährdende Schriften (BPS) mit Sitz in Bonn konstituiert. Diese Kontrollinstanz lenkt ihre Aufmerksamkeit in den Anfängen insbesondere auf die Veröffentlichung von Comics. Unter den insgesamt 39 bis November 1954 von der Bundesprüfstelle ausgesprochenen Indizierungen sind 26 „Bildstreifenhefte“. Die Indizierung zieht ein Vertriebs- und Verkaufsverbot nach sich. Um dieses verlegerische Risiko zu umgehen, gründen die bundesdeutschen Comic-

Verlage am 23. März 1955 die Freiwillige Selbstkontrolle für Serienbilder (FSS). Diese Institution prüft Comics, bevor sie in den Handel gelangen und versucht damit, Eingriffe staatlicher Kontrolle zu verhindern. Als unbedenklich eingestufte Hefte erhalten das Prüfsiegel der FSS. Der Erfolg der Selbstkontrolle zeigt sich bereits nach einem Jahr: Nur noch drei der 143 Indizierungsanträge beziehen sich auf Comics.

Dieses Prüf- und Zensurverfahren hat jedoch seinen Preis in zum Teil massiven Eingriffen in das originale Text- und Bildmaterial, die in einigen Fällen kuriose Änderungen hervorbringen. Der Kulturhistoriker Josef Spiegel spricht in diesem Zusammenhang von „Sternstunden der unfreiwilligen Komik“ und fügt süffisant hinzu: „Unsterblichkeit erlangten dank der vorauseilenden Selbstzensur Szenen, in denen die Helden von grimmig dreinblickenden Bösewichtern allein mittels einer unsichtbaren Pistole in eine Hab-Acht-Stellung gezwungen wurden oder ohne finalen K.-o.-Schlag kraftlos zu Boden sackten. Tarzan kam sogar einmal die schier unlösbare Aufgabe zu, mit bloßen Händen einen unsichtbaren Hai zu erlegen, nachdem ihm mittels Retuschestift vorab das Messer und auch noch der schwimmende Gegner abhanden gekommen waren.“

Neben die Selbstzensur der Verlage tritt in den sechziger Jahren zunehmend die politische Instrumentalisierung des Originalmaterials. Das außergewöhnlichste Beispiel für diese Tendenz liefern die ersten deutschen Übertragungen der von Albert Uderzo und René Goscinny gezeichneten Serie *Asterix und Obelix*. Der Rolf-Kauka-Verlag, bekannt in erster Linie durch die Bilderheftserie *Fix und Foxi*, erhält für die ersten Folgen dieses französischen Comics die deutsche Lizenz. Die ursprünglich in Gallien spielende Handlung wird kurzerhand nach „Germanien“ verlegt; aus Asterix und Obelix werden Siggi und Barbarras. Das kleine gallische Dorf mutiert zur „kleinen Fliehburg Bonnhalla am rechten Ufer des Rheins“, wo sich „ein Häuflein aufrechter Krieger gegen die erdrückende Übermacht der Feinde“ – gemeint sind die Besatzungsmächte – verteidigt. Geschmackloser Höhepunkt der Kauka-Übersetzung: Dem Chef einer römischen Waffenschieberbande wird ein jiddischer Dialekt in den Mund gelegt. Goscinny und Uderzo entziehen dem Kauka-Verlag aufgrund dieser Verfälschungen die Lizenz und übertragen sie dem Ehapa-Verlag, der die Geschichten korrekt ins Deutsche überträgt.

In den letzten Jahrzehnten hat sich eine beachtliche Wandlung in der Bewertung des Comic-Genres vollzogen. Die vor allem in den fünfziger Jahren verbreitete These, die Lektüre der Bildergeschichten wirke allgemein verunsittlichend und verrohend, gehört der Vergangenheit an.

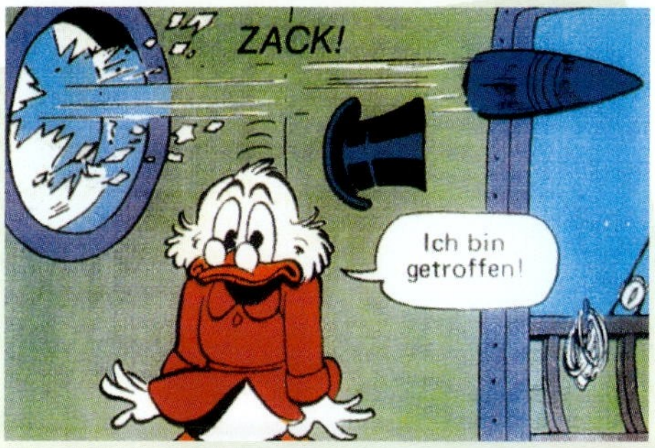

Originalabbildung aus *Donald Duck* – mit Granate.

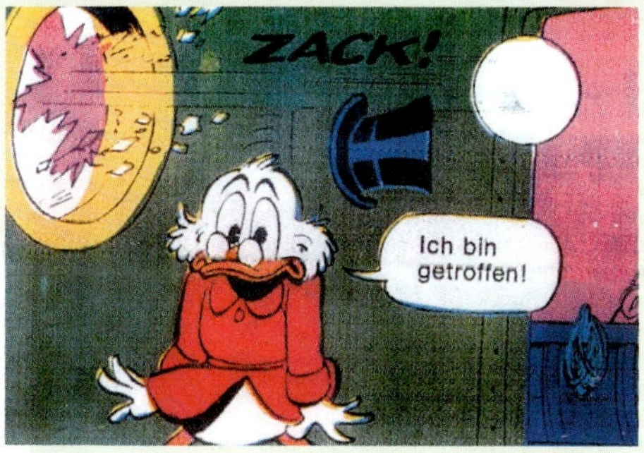

Zensierte Version ohne Fluggeschoß.

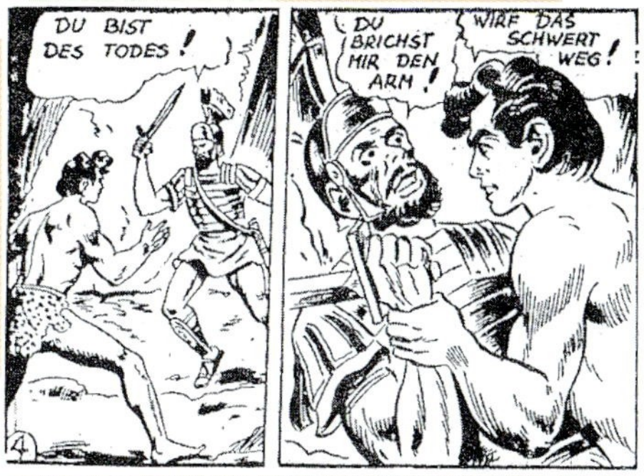

Originalabbildung aus *Akim, Sohn des Dschungels*.

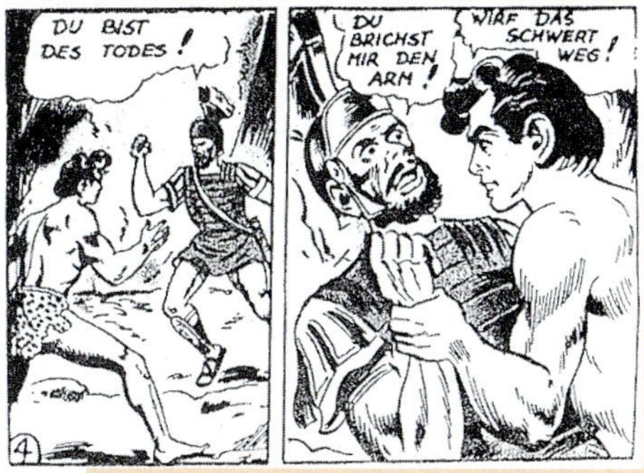

Unfreiwillige Komik: Der Text bleibt, das Schwert fehlt.

Dennoch werden Comics immer wieder zensiert, mittlerweile insbesondere sogenannte Erwachsenencomics mit drastischen Sex- und Gewalt-Darstellungen. Die Bundesprüfstelle für jugendgefährdende Schriften betrachtet diese neue Entwicklung mit besonderem Augenmerk, urteilt jedoch weit weniger pauschal als in ihrer Gründungsphase, wie der Politologe Dieter Hiebing feststellt: „Zum Glück zeigt die Praxis der BPS in jüngster Zeit, daß sie durchaus bereit und in der Lage ist, Comics kritisch zu prüfen und sich gegebenenfalls zu ihren Gunsten zu entscheiden.“ *Se*

D wie „Damnatio memoriae“

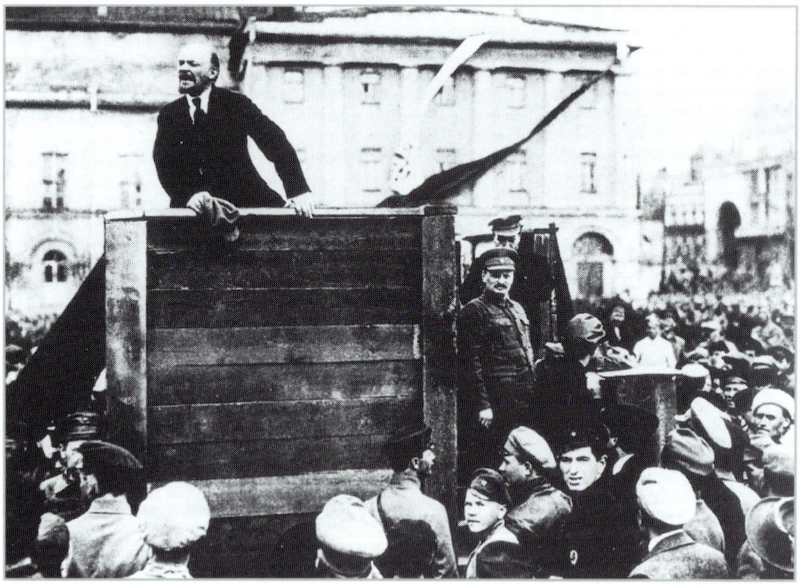

Die Aufnahme des Fotografen G.P. Goldstein. Am 5. Mai 1920 hält Lenin auf dem Swerdlow-Platz in Moskau eine Rede vor Einheiten der Roten Armee. Trotzki und Kamenew stehen auf der Treppe, die zu dem Podest hinaufführt.

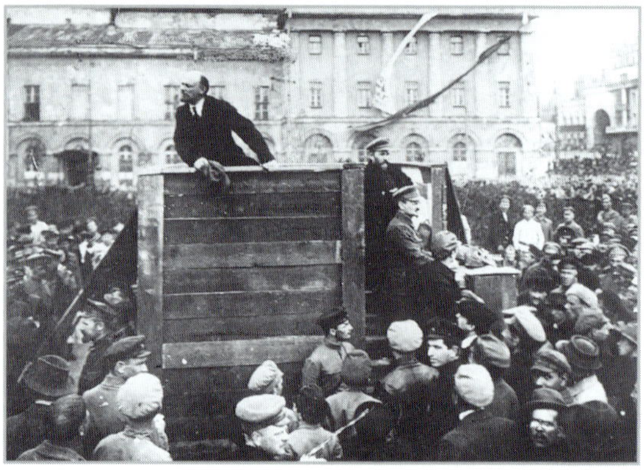

Wenige Sekunden nach der Goldstein-Aufnahme entsteht dieses Bild. Trotzki und Kamenew sind im Profil zu sehen.

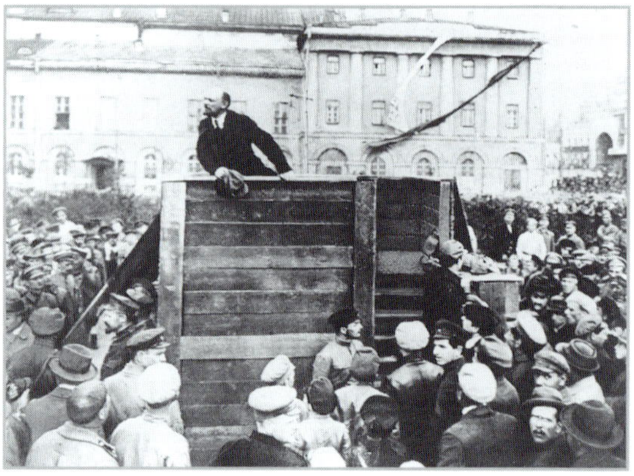

In späteren Versionen erscheint das Bild des unbekannten Fotografen nur noch als Fälschung. Trotzki und Kamenew sind durch fünf Holzstufen ersetzt.

Bereits in der Antike manifestierte sich politische Macht in Bildern. Münzen trugen das Porträt des Herrschers, Statuen dienten der Verherrlichung des Kaisers. Andererseits war schon im Römischen Reich die Zerstörung von Machtinsignien Ausdruck einer feindseligen Haltung gegenüber der bestehenden politischen Ordnung. So begann eine Revolte oftmals mit der Niederreißung der Imagines principis, der kaiserlichen Bilder, wie Tacitus überliefert. Darüber hinaus gab es im römischen Rechtssystem einen Rechtsakt, der es dem Senat überließ, eine Herrscherfigur postum zu „divinisieren“ oder aus dem kollektiven Gedächtnis zu streichen. Der juristische Fachbegriff für letzteres ist die Memoria damnata – die ausgelöschte Erinnerung an einen der Tyrannis bezichtigten Kaiser, von dem kein Zeugnis der Nachwelt erhalten bleiben sollte.

Die Forschung zur römischen Geschichte legt nicht eindeutig fest, inwieweit auch lebende Personen mit einem solchen Bann belegt werden konnten. Die meisten Altertumswissenschaftler vertreten die Ansicht, nur der Name von Toten sei auf diese Weise getilgt worden. Einzelne Stimmen schließen jedoch nicht aus, daß eine Memoria damnata auch zu Lebzeiten über Verbannte verhängt werden konnte. Festzuhalten bleibt, daß der Begriff „Damnatio memoriae“ erst in der Neuzeit geprägt wurde. Ebenso sicher ist, daß eine „Auslöschung der Erinnerung“ an das politische Wirken andersdenkender oder inzwischen mißliebiger Personen eine gängige Herrschaftspraxis in den totalitären Systemen unseres Jahrhunderts gewesen ist. So soll mit der Entstalinisierung nach dem Tod Stalins dessen Andenken ausgelöscht werden. Eines der bekanntesten Beispiele für eine „Damnatio memoriae“ bereits zu Lebzeiten ist das Schicksal Trotzkis.

Leo Dawidowitsch Bronstein – genannt Trotzki – verschwindet aus sämtlichen Bildern. Vor allem die Geschichte einer Fotografie verdeutlicht dies: Auf dem Swerdlow-Platz vor dem Bolschoi-Theater in Moskau versammeln sich am 5. Mai 1920 Einheiten der Roten Armee. In der Mitte des Platzes steht ein Holzpodium, auf dem Wladimir Iljitsch Lenin eine Rede hält, bevor die Truppen gegen die Verbände des polnischen Marschalls Jozef Klemens Pilsudski ins Feld ziehen. Das revolutionäre Rußland befindet sich im Krieg, Piludskis Streitkräfte sind kurz zuvor in der Ukraine eingefallen. G.P. Goldstein fotografiert die Versammlung. Die Aufnahme zeigt Trotzki und

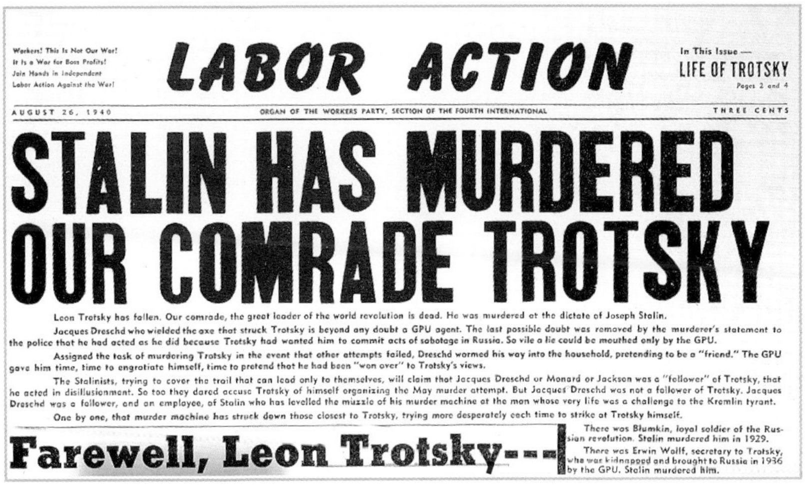
Workers! This Is Not Our War!
It Is a War for Boss Profits!
Join Hands in Independent
Labor Action Against the War!

LABOR ACTION

In This Issue —
LIFE OF TROTSKY
Pages 2 and 4

AUGUST 26, 1940 — ORGAN OF THE WORKERS PARTY, SECTION OF THE FOURTH INTERNATIONAL — THREE CENTS

STALIN HAS MURDERED OUR COMRADE TROTSKY

Leon Trotsky has fallen. Our comrade, the great leader of the world revolution is dead. He was murdered at the dictate of Joseph Stalin.

Jacques Dreschd who wielded the axe that struck Trotsky is beyond any doubt a GPU agent. The last possible doubt was removed by the murderer's statement to the police that he had acted as he did because Trotsky had wanted him to commit acts of sabotage in Russia. So vile a lie could be mouthed only by the GPU.

Assigned the task of murdering Trotsky in the event that other attempts failed, Dreschd wormed his way into the household, pretending to be a "friend." The GPU gave him time, time to engratiate himself, time to pretend that he had been "won over" to Trotsky's views.

The Stalinists, trying to cover the trail that can lead only to themselves, will claim that Jacques Dreschd or Monard or Jackson was a "follower" of Trotsky, that he acted in disillusionment. So too they dared accuse Trotsky of himself organizing the May murder attempt. But Jacques Dreschd was not a follower of Trotsky. Jacques Dreschd was a follower, and an employee, of Stalin who has levelled the muzzle of his murder machine at the man whose very life was a challenge to the Kremlin tyrant.

One by one, that murder machine has struck down those closest to Trotsky, trying more desperately each time to strike at Trotsky himself.

Farewell, Leon Trotsky---

There was Blumkin, loyal soldier of the Russian revolution. Stalin murdered him in 1929.

There was Erwin Wolff, secretary to Trotsky, who was kidnapped and brought to Russia in 1936 by the GPU. Stalin murdered him.

Labor Action ist eine der ersten Zeitschriften, die Stalin für die Ermordung Trotzkis verantwortlich macht, 26. August 1940.

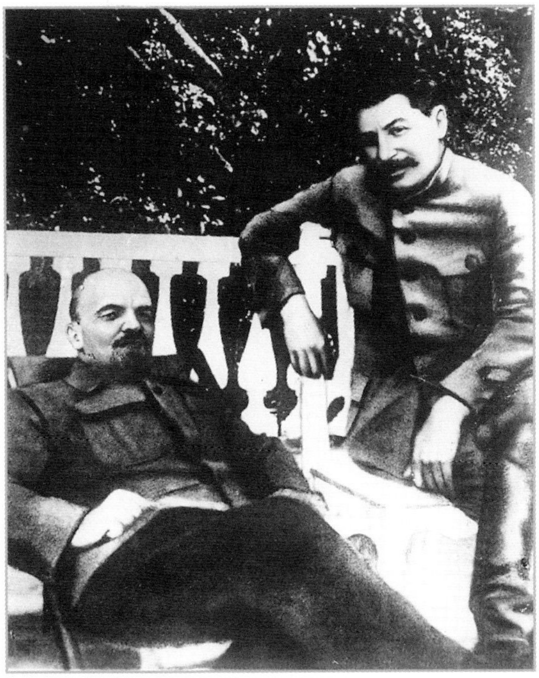

Imaginäre Nähe: Stalin läßt fälschen, um sich neben Lenin zu plazieren, 1922.

Leo Borissowitsch Kamenew auf der Treppe zum Podium, während Lenin in der ihm typischen Rednerpose die bunt zusammengewürfelten Verbände mit seiner Ansprache zu mobilisieren versucht. Das Bild wird in den folgenden Jahren in der Sowjetunion zu einer wahren Ikone und findet als Fotoabzug und Postkarte weite Verbreitung.

Ein unbekannter Fotograf macht nur wenige Sekunden nach dem Goldstein-Bild eine nahezu identische Aufnahme. Sie zeigt Trotzki und Kamenew im Profil. Auch dieses Motiv wird in hohen Auflagen gedruckt und verbreitet. Die Originalversion erscheint das letzte Mal 1927 aus Anlaß des zehnten Jahrestags der russischen Revolution, indem es als Vorlage für eine avantgardistische Postkarte dient. Später wird nur noch die Fälschung veröffentlicht. Ein Retuscheur sorgt dafür, daß fünf Holzstufen Trotzki und Kamenew ersetzen. In der Geschichte der Fotografie wird dieser Eingriff nicht nur wegen seiner für die damaligen Verhältnisse gelungenen Durchführung berühmt, sondern auch weil die Entfernung Trotzkis aus dem Bild das spätere Schicksal des einstigen Weggefährten Lenins vorwegnimmt. Bereits im November 1927 schließt ihn die Führung der Kommunistischen Partei aus dem ZK aus. 1929 aus der UdSSR wegen angeblicher „konterrevolutionärer Betätigung" ausgewiesen, führt er den Rest seines Lebens ein Emigrantendasein, bis ihn Stalin am 20. August 1940 in Mexiko durch einen Agenten ermorden läßt.

Für Stalins Herrschaftssicherung ist es essentiell, auch die Erinnerung an die politische Bedeutung Trotzkis zu tilgen. Trotzkis politische Zielsetzung, seine Theorie einer „permanenten Revolution", die von Rußland aus auf andere Länder übergreifen soll, widerspricht den Absichten des Georgiers. Stalin hingegen formuliert sein Programm als den „Aufbau des Sozialismus in einem Land", das später in den Exzessen der Zwangskollektivierung der bäuerlichen Privatwirtschaft mündet. In den zwanziger Jahren gelingt es Stalin, als Generalsekretär der Kommunistischen Partei seine Machtbasis systematisch zu vergrößern und seinen Widersacher ins politische Abseits zu manövrieren.

Trotzki bleibt jedoch im kollektiven Gedächtnis eine der Schlüsselfiguren der Oktoberrevolution. Er hat den Aufbau der Roten Armee organisiert und damit entscheidend zum Sieg der Bolschewiki im Bürgerkrieg beigetragen. Zahlreiche Aufnahmen belegen die zentrale Rolle Trotzkis nach dem Sturz der Zarendynastie wie auch seine enge Verbundenheit zu Lenin. Beide Fotografien vom 5. Mai 1920 überhöhen das gemeinsame Vorgehen der alten bolschewistischen Garde zum revolutionären Mythos. Hier liegt der Grund für die Fälschung des Motivs: Die Aufnahme zu vernichten hätte bedeutet, auf eines der wirkungsvollsten Bilddokumente für die ersten Jahre nach der Oktoberrevolution zu verzichten. Stalin will jedoch nicht nur die Erinnerung an diese Phase wachhalten, vielmehr will er Teil dieser Erinnerung werden – eine Rolle, die über seine eigentliche historische Bedeutung weit hinausgeht und die er nur besetzen kann, wenn in den Köpfen der Sowjetbürger die politisch-historische Existenz Trotzkis ausgelöscht ist.

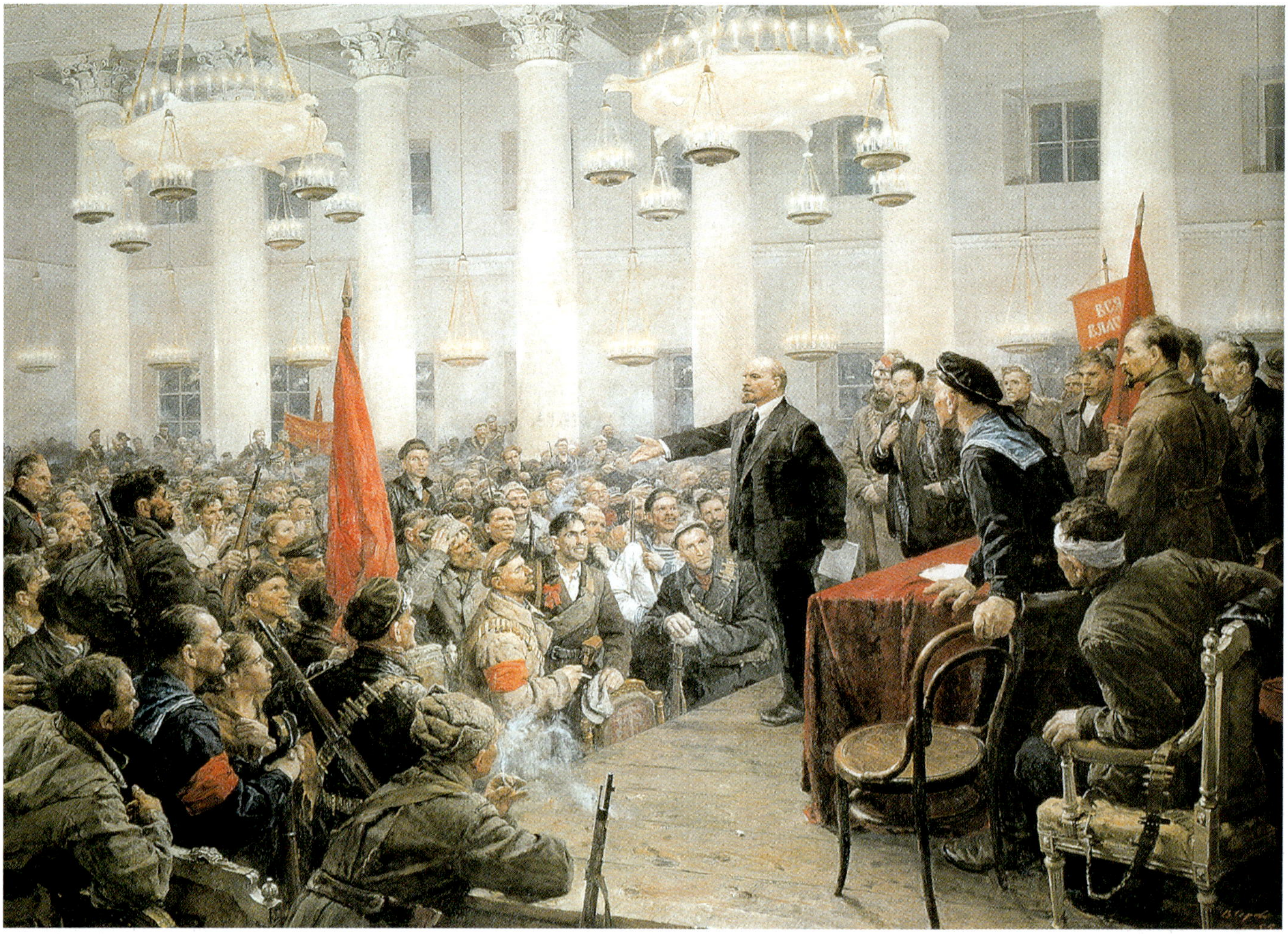

„Auftritt W. I. Lenins auf auf dem II. Allrussischen Rätekongreß im Jahre 1917", Ölgemälde von Wladimir Serow, Fassung von 1965, in der Stalin übermalt ist.

Erst auf dieser Basis kann Stalin die Geschichte in seinem Sinne „korrigieren". Ein Motiv wiederholt sich in verschiedenen Darstellungsformen, die der stalinistische Propagandaapparat in den dreißiger Jahren hervorgebracht hat: Auf Denkmälern, Gemälden oder Fotografien taucht Stalin neben Lenin auf, sei es als sein gelehriger Schüler, sei es als ein nahestehender Freund. Einige der Fotografien offenbaren sofort, daß die dargestellten Situationen so nie stattgefunden haben können. Daß sie keine Tatsachen dokumentieren, ist im Sinne der Propaganda jedoch sekundär; wichtig ist lediglich ihre Funktion, Macht zu legitimieren, die Stalin aus der imaginären Nähe zur entrückten Kultfigur Lenin für sich beansprucht.

Trotzki hat diese Taktik durchschaut. Im Exil tritt er mit zahlreichen Veröffentlichungen in Erscheinung, in denen er die Methode der Stalinschen Geschichtsschreibung und -fälschung offenlegt. Er kann dennoch nicht verhindern, daß sein Name in den dreißiger Jahren in der UdSSR zum Synonym für „Verrat" und „Abweichlertum" wird. Die Partei läßt nur eine Wirklichkeit zu, und in diesem Verständnis ist Trotzki zur politischen Unperson geworden. Als „Trotzkist" verdächtigten oder denunzierten Personen drohen Verfolgung und Exekution. Dieses Schicksal trifft viele Angehörige der alten bolschewistischen Garde in den Schauprozessen der dreißiger Jahre. Zensoren und Retuscheure entfernen Trotzkis Namen und seine Bilder aus der russischen Geschichte. Den Karikaturisten bleibt es vorbehalten, ihn als „faschistische Schweineschnauze" oder als „tollwütigen Hund des Faschismus" zu porträtieren.

Nach Stalins Tod im März 1953 wird auch sein Bild getilgt. Auf dem 21. Parteitag der KPdSU im Februar 1956 verurteilt Nikita Chruschtschow im engsten Führungskreis erstmalig die Verbrechen Stalins und brandmarkt die Auswüchse seines Personenkults. Diese Verlautbarungen bleiben bis zum 22. Parteitag 1961 inoffiziell, dennoch verschwindet kurz nach dem 21. Parteitag Stalins Bild aus dem öffentlichen Leben in der Sowjetunion – und nicht nur sein Bild. Die Behörden lassen seinen Leichnam aus dem Mausoleum am Roten Platz entfernen. Seine Werke werden vernichtet oder versteckt, Fabriken und Kombinate mit seinem Namen umbenannt.

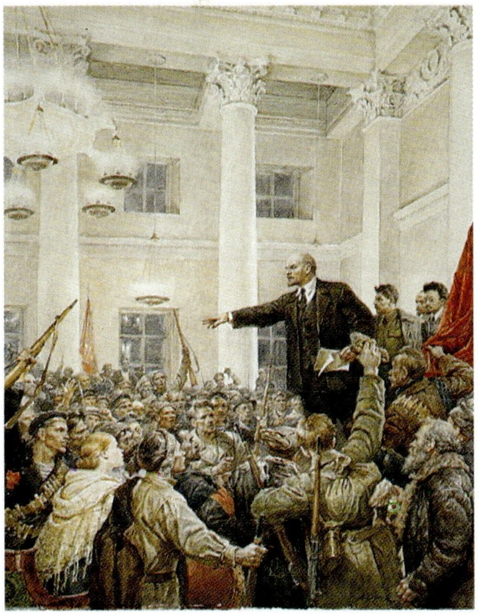

„Auftritt W. I. Lenins auf dem II. Rätekongreß“, Aquarell von Wladimir Serow, 1953.

Beispielhaft für diese „Damnatio memoriae“ ist die Geschichte eines Gemäldes, für das der Maler Wladimir Serow im Jahr 1947 mit dem Stalinpreis ausgezeichnet wird. Das Werk „Lenin proklamiert die Sowjetmacht“ zeigt Stalin einmal mehr im unmittelbaren Gefolge Lenins. 1953 fertigt Serow von dem gleichen Motiv ein Aquarell an, 1955 dient es dem Maler als Vorbild für ein pompöses Ölgemälde. Zehn Jahre später verändert Serow das Werk nach den neuen offiziellen Richtlinien, indem er Stalin durch eine andere Person ersetzt. Die radikale Eliminierung der Erinnerung an Stalin wird in der Ära Breschnew wieder gemildert.

Trotzki hingegen gilt auch in den folgenden Jahrzehnten als politische Unperson. Auf erste Bemühungen einer Rehabilitierung in der Glasnost-Ära reagieren Teile der Medien mit Artikeln wie „Sie versuchen, den kleinen Judas wieder aufzupolieren“ (*Sowjetskaja Rossija,* 28. September 1987). In seiner Rede zum 70. Jahrestag der Oktoberrevolution hält Michail Gorbatschow fest, Trotzki habe in seiner Auseinandersetzung mit Stalin Unrecht gehabt. Erst allmählich ändert sich im Verlauf des Reformprozesses auch diese Haltung der KPdSU. Trotzki erscheint nach 60 Jahren wieder auf Fotos, seine Artikel werden wieder veröffentlicht, so 1989 in der Monatszeitschrift der kommunistischen Jugendorganisation Molodoi Kommunist. Dennoch prognostiziert der Historiker Walter Laqueur, daß eine vollständige Rehabilitierung des Verfemten noch viel Zeit beanspruche: „Der Glaube an seine Schuld sei nämlich in der Öffentlichkeit so tief verwurzelt, daß es dort enorme Widerstände gebe, den wahren Sachverhalten ins Auge zu blicken.“ *Ch*

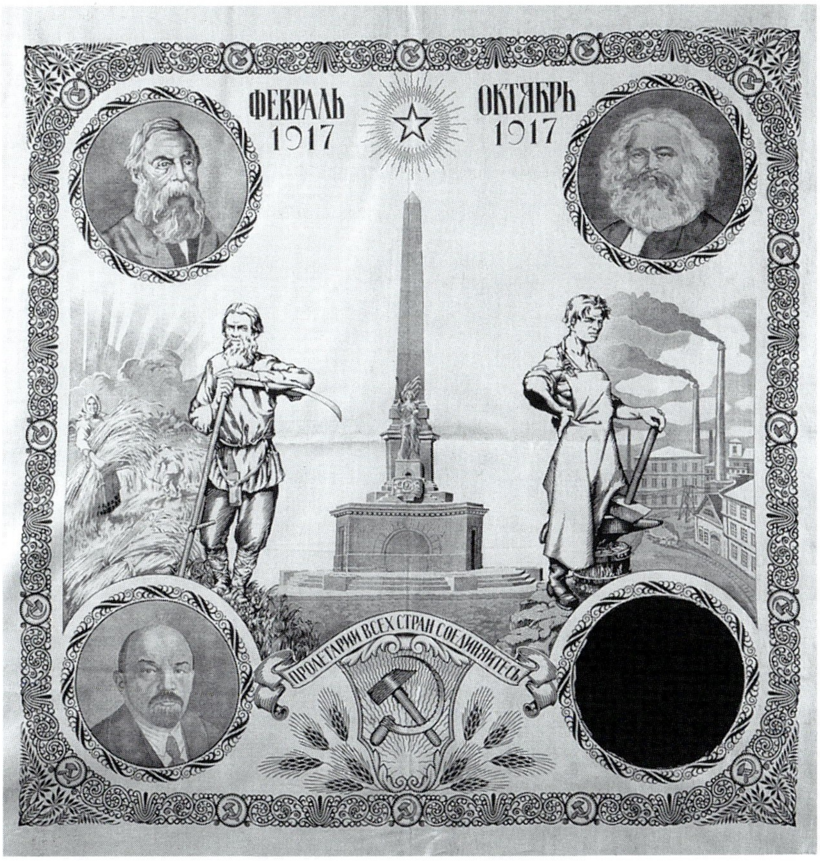

Bedrucktes Baumwolltuch aus dem Jahr 1922 mit dem Freiheitsobelisken in Moskau und den Bildnissen von Engels, Marx und Lenin. Trotzkis Porträt verschwindet später.

E wie „Entnazifizierung“

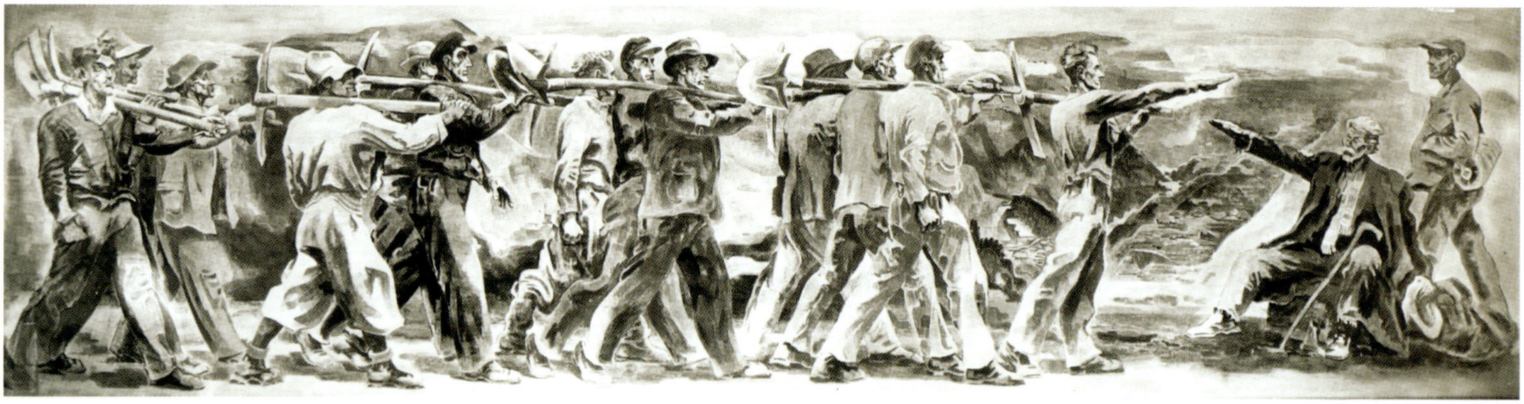

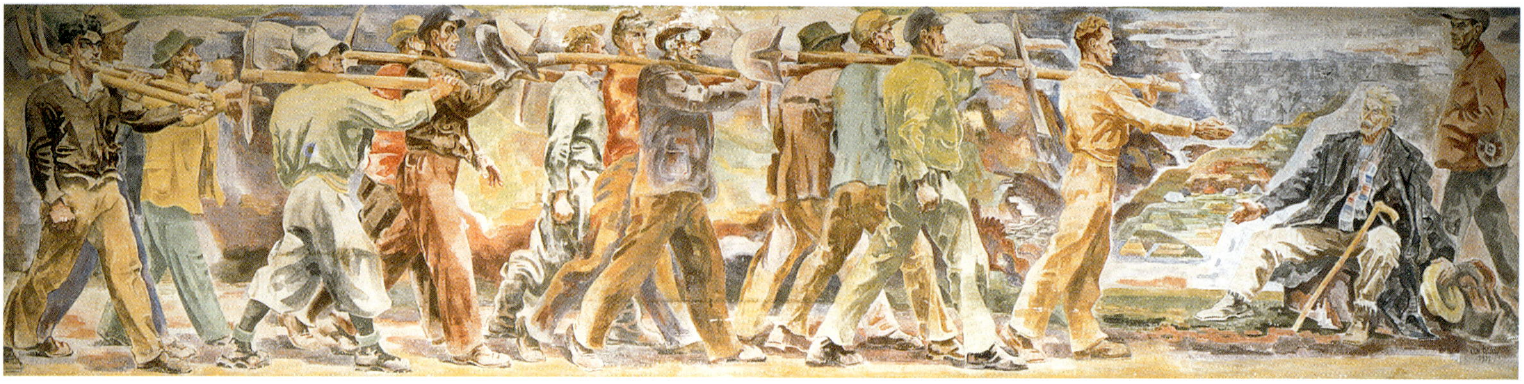

Originalfresko von Adolf Riedlin, 1937.

Von Adolf Riedlin retuschiertes Fresko, 1948.

1937 schafft der heute fast vergessene badische Maler Adolf Riedlin (1892-1969) für das Freiburger Gaswerk ein Fresko. Das Wandbild im Gemeinschaftsraum zeigt eine Kolonne von Männern auf dem Weg zur Arbeitsstätte, im Hintergrund die Berge des Schwarzwalds. Der Arbeiter an der Spitze der Gruppe grüßt einen Arbeitslosen mit dem Hitlergruß, den dieser erwidert. Ein weiterer Mann hinter ihm verhält sich noch abwartend. Beide sind aufgefordert, sich in die „Gemeinschaft der Schaffenden“ einzugliedern – so die propagandistische Absicht dieses Werkes. Der Maler und Kunstkritiker Werner Höll schreibt am 11. April 1937 im *Alemanen*, daß es sich um ein „Kunstwerk völkischer Selbstbestimmung“ handle, aus dem der „unbedingte Glaube an den Sieg hohen Deutschen Menschentums spreche“.

Am 21. April 1945, fünf Tage nach dem Einmarsch der französischen Truppen in Freiburg, schreibt der Chef des Gaswerks an den Oberbürgermeister, daß es sich bei den zwei Männern, die auf dem Riedlin-Gemälde die Hand zum Hitlergruß emporheben, „bei strengster Beurteilung“ um „eine Verherrlichung der Parteiziele“ handeln könnte. Die Bauverwaltung bemüht sich daraufhin ab Juli 1945, den Maler ausfindig zu machen, um den Hitlergruß auf dem Gemälde zu verändern. Da Riedlin nicht auffindbar ist, decken Mitarbeiter des Hochbauamts besagten Ausschnitt zunächst ab, 1946 wird er mit schwarzer Ölfarbe übermalt. Als Riedlin kurz darauf gefunden wird, ist er aus gesundheitlichen Gründen zunächst nicht in der Lage, das Fresko zu „entnazifizieren“. Erst im Juni 1948 meldet das Freiburger Wiederaufbaubüro an das Bürgermeisteramt: „Die Abänderung des Freskogemäldes im Gaswerk ist beendet.“

„Denazification“ ist ein zentrales Ziel der Alliierten, das sie im Potsdamer Abkommen vom August 1945 formulieren: Ehemals aktive Nationalsozialisten sollen bestraft und aus Positionen im öffentlichen und politischen Leben entfernt werden. Das 1946 in der amerikanischen Zone verabschiedete „Gesetz zur Befreiung von Nationalsozialismus und Militarismus" wird durch Kontrollratsdirektive auf die anderen Zonen übertragen. Erwachsene Deutsche müssen sich einem Prüfverfahren zu ihrer politischen Tätigkeit während der NS-Zeit unterziehen. Die umfangreich angelegte Entnazifizierung tritt im Zusammenhang mit den Auseinandersetzungen im Kalten Krieg jedoch in den Hintergrund.

Eines der ersten Gesetzesverfahren des ersten Deutschen Bundestages ist 1949 das Straffreiheitsgesetz. Zunächst sieht es nur die Amnestierung von Delikten vor, die mit Gefängnis bis zu sechs Monaten geahndet werden. Gedacht wird hier hauptsächlich an Wirtschaftsdelikte in der Schwarzmarktzeit. Kurz vor der Verabschiedung werden auf Druck der „Nationalen Rechten" – eines Zusammenschlusses rechtsextremer Abgeordneter – die „Illegalen" einbezogen, Deutsche, die sich nach Kriegsende für tot erklären ließen, um eine neue Identität anzunehmen.

Doch nur wenige nutzen diese Möglichkeit, sich zu stellen. Eine wesentlich umfassendere Amnestie verspricht das zweite Straffreiheitsgesetz von 1954, das alle Delikte amnestiert, die mit Strafen bis zu drei Jahren geahndet werden. Auch dieses Gesetz bezieht sich auf die „Illegalen", über Tausend von ihnen lassen sich diesmal amnestieren. Wenn allerdings die damals geschätzte Zahl von 80 000 „Illegalen" zugrunde gelegt wird, bleiben die meisten „Illegalen" bei ihrer neuen Existenz.

Auch ein Bundestagsabgeordneter der „Nationalen Rechten" hat diesen Weg gewählt: Franz Richter, Geburtsname Fritz Rößler. Er bezeugt seinen eigenen Tod und heiratet die eigene Ehefrau zum zweiten Mal. 1952 wird er spektakulär im Bundestag enttarnt.

Hauptsturmführer Hans Ernst Schneider spielt in der SS-Organisation „Ahnenerbe" eine führende Rolle. Er ist Leiter des „Germanischen Wissenschaftseinsatzes" in den Niederlanden und Belgien. Nach 1945 macht Schneider als Hans Schwerte Karriere als liberaler Germanistikprofessor und ist von 1970 bis 1973 Rektor der Technischen Hochschule in Aachen. Erst 1995, als ein niederländischer Fernsehsender sein Doppelleben aufdecken will, zeigt er sich selbst an.

Der Identitätswechsel des SS-Standartenführers Werner Heyde ist in Justizkreisen ein offenes Geheimnis. Heyde war bis 1945 als Psychiater wesentlich am Euthanasieprogramm der Nationalsozialisten beteiligt. Im Nürnberger Ärzte-Prozeß sagt er als Zeuge aus, kann bei seiner Rückführung ins Frankfurter Untersuchungsgefängnis jedoch fliehen. Er taucht 1949 in Schleswig-Holstein als Nervenarzt Dr. Fritz Sawade wieder auf. Heyde/Sawade lebt in Flensburg; Mitarbeiter der Landesjustizverwaltung, die Sawades echte Identität kennen, schützen ihn und versorgen ihn mit lukrativen Gutachteraufträgen. Eine Approbationsurkunde muß er nicht vorgelegen. Erst 1959 denunziert ein Kollege den mit Haftbefehl gesuchten Heyde. Er entzieht sich seiner Verurteilung 1964 durch Selbstmord.

Claus Volkmann hat zwar nie offziell seinen Namen gewechselt, aber unter dem Pseudonym Peter Grubbe als Redakteur beim *Stern* und als linksliberaler freier Autor Karriere gemacht. Selbst als Anfang der sechziger Jahre die Staatsanwaltschaft wegen seiner Tätigkeit im Generalgouvernement 1941 gegen ihn ermittelt, kann er dies vor seinen Kollegen beim *Stern* geheim halten und weiter seiner journalistischen Tätigkeit nachgehen. *Oe*

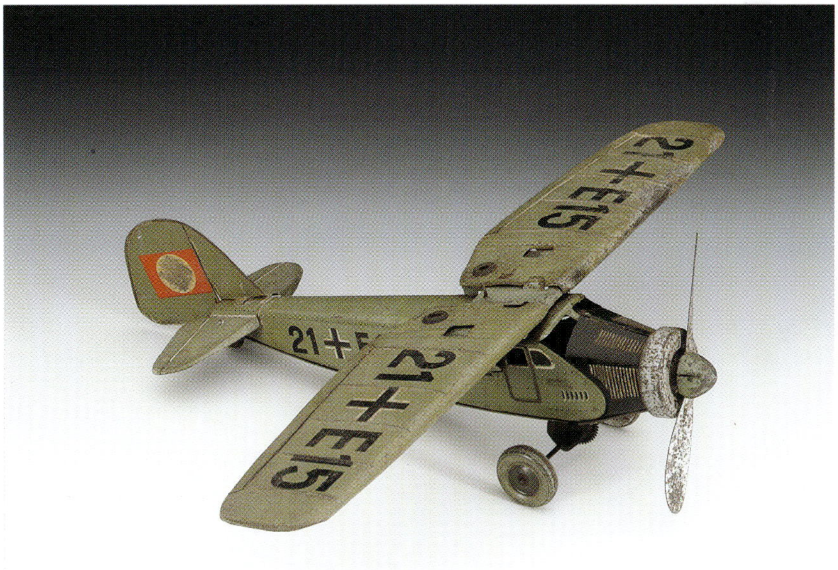

„Entnazifiziertes" Spielzeug: Die Hakenkreuze auf dem Seitenruder des „Tipp-Co"-Fliegers sind verschwunden.

F wie Führermythos

Im nationalsozialistischen Deutschland und im faschistischen Italien nutzt die Propaganda unterschiedliche Medien, um den Führermythos zu vermitteln. Neben der Rundfunkübertragung und der Wochenschau im Kino ist die Fotografie ein besonders wichtiges Medium. Auch mit ihrer Hilfe stilisieren sich Adolf Hitler und Benito Mussolini als allmächtige Führer. Beide kontrollieren die Bilder ihrer Person, die in die Öffentlichkeit gelangen. Die 1927 im Studio gestellten Aufnahmen von Adolf Hitler zeigen ihn in der Pose des „großen Volksredners", der die Massen begeistern will. Sie erscheinen als Postkarten und auf Titelblättern des *Illustrierten Beobachters*, einer wöchentlich von der NSDAP herausgegebenen Illustrierten. Auch Mussolini läßt sein Bild veröffentlichen, zum Beispiel in einer Postkartenserie, der 1932 in Turin entstandene Fotos zugrundeliegen. Beide Diktatoren bevorzugen Posen, die Entschlossenheit und Härte ausdrücken sollen.

Das Führerbild ist „ein Doppelspiel von stilisierter Mächtigkeit und suggerierter Nähe", so der Fotohistoriker Gunter Waibl. Die offzielle Bildpropaganda zeigt Hitler und Mussolini einerseits als mächtige politische Führer, andererseits als volksnahe Menschen. Beide sind schauspielerisch begabt und setzen ihr Talent ein, um diese identifikationsstiftenden Rollen zu spielen.

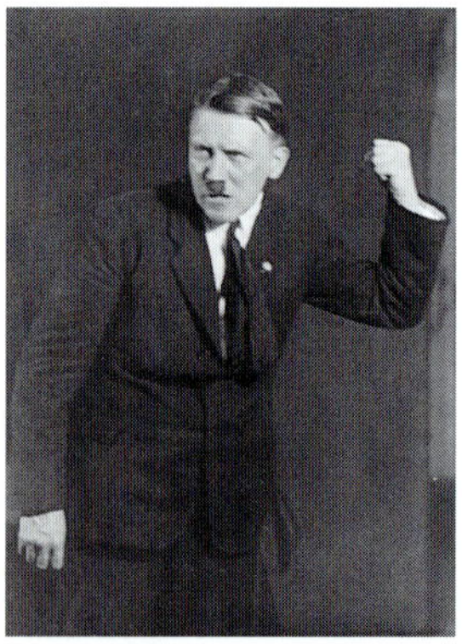

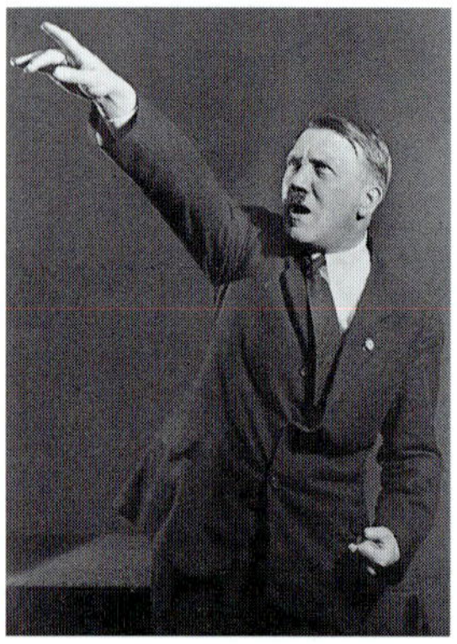

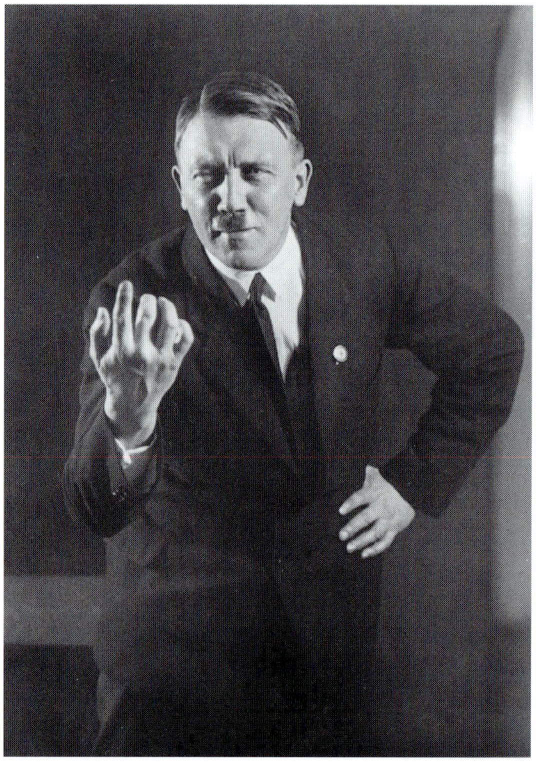

Postkartenserie mit Adolf Hitler als Redner, vertrieben bis Ende der dreißiger Jahre.

Hitlers großes Talent besteht darin, die Massen zu mobilisieren. Er verleiht jener politischen Stimmung in der Weimarer Republik Ausdruck, die das politische System radikal ablehnt. Gleichzeitig verspricht er eine bessere Zukunft, die sich durch „Volksgemeinschaft", nationale Erneuerung und Beseitigung aller Demütigungen durch den Versailler Vertrag auszeichnet. Für seine Anhänger verkörpert er den Typ des charismatischen Führers. Er steht für die „Idee" des Nationalsozialismus. Inszenierungen von Hitlers Person und der Partei bieten eine Projektionsfläche für Wünsche und Hoffnungen auf eine „Wiedergeburt" Deutschlands.

Um die Idee vom „Führer" zu transportieren, nutzt Hitler neben seinen persönlichen Auftritten vor allem die Fotografie. Auch dieses Medium hat die Aufgabe, gesellschaftliche Zustimmung auf- und auszubauen. In Heinrich Hoffmann hat Hitler einen Fotografen gefunden, der mit seinen Fotografien und Publikationen das Führerbild in der Öffentlichkeit entscheidend beeinflußt. Er begleitet den Aufstieg Hitlers und der NSDAP von Anfang an. Als „Reichsberichterstatter der NSDAP" hat Hoffmann praktisch eine Monopolstellung inne. Die Bildpropaganda zu Hitlers politischer Rolle vor der Machtübernahme durch die NSDAP 1933 ist geprägt von seiner Darstellung des agilen Parteiführers, des „Trommlers" für die Partei. Nach der „Machtergreifung" wandelt sich die Rolle zu der des Staatsmanns. Er möchte in der Tradition des preußischen Staates gesehen werden und erscheint als seriöser Kanzler in dunklen Anzügen; die Parteiuniform trägt er nur noch zu Festtagen der Partei, zum Beispiel den Reichsparteitagen. Mit Ausbruch des Zweiten Weltkriegs soll der Wandel zum Feldherrn medial untermauert werden. Hitler zeigt sich jetzt in der Uniform der Wehrmacht, gern umgeben von Militär.

Auch bei Mussolini gibt es drei Bildphasen bei der Darstellung seiner offziellen Rolle. Das Bild des Politikers wird hauptsächlich durch die Fotografen des Istituto *LUCE* geprägt. *LUCE* veröffentlicht nur Fotografien, die ihn als offizielle Persönlichkeit zeigen. Alle Fotos unterliegen der

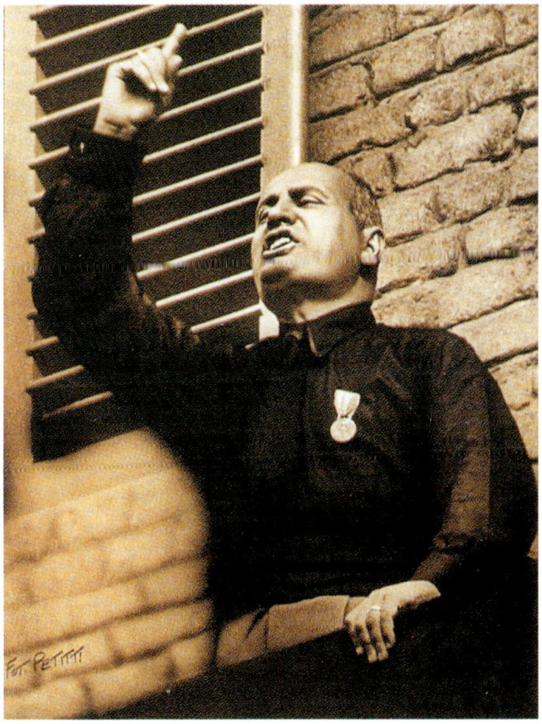

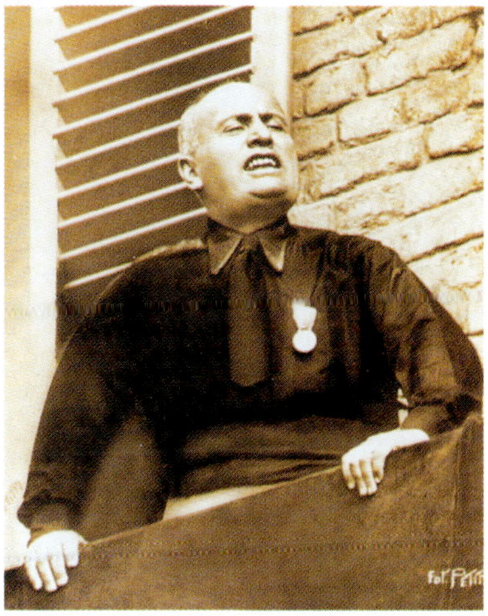

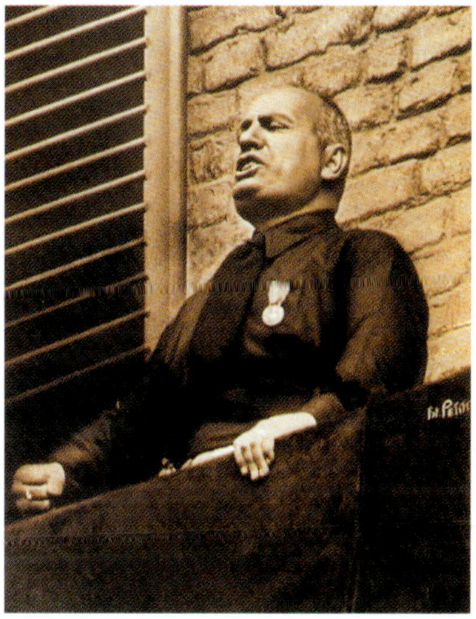

Postkartenserie mit Benito Mussolini als Redner, 1932 in Turin aufgenommen.

Vorzensur. Analog zur Bildpropaganda Hitlers erscheint Mussolini zunächst überwiegend im Schwarzhemd, dann als Staatsmann und schließlich als Feldherr. Entscheidend für alle Motive ist, daß sie zur Glorifizierung des „Duce“ beitragen.

Neben ihrer staatsmännischen Darstellung präsentieren sich Hitler und Mussolini auch als Männer aus dem Volk. „Privat“ läßt Mussolini sich als Sportler, Familienvater oder Pilot fotografieren, stets männlich und heldenhaft. Hitlers Auftritte als Privatmann sind beschränkter, er zeigt sich als einsamer Wanderer in den Bergen oder als Kinder- und Tierfreund. Dieses propagandistische Bild von Hitlers „Privatsphäre“ vermittelt Heinrich Hoffmann mit seinen Publikationen *Hitler wie ihn keiner kennt* (1932) und *Hitler abseits vom Alltag* (1937). Die dort abgedruckten Bilder entsprechen in keiner Weise der Realität, sie sind reine Inszenierungen.

Seit Mitte der dreißiger Jahre versucht Stalin, seine Rolle als einziger „Führer“ in der Sowjetunion zu festigen. Im ganzen Land läßt er sich mit Liedern, Gedichten und Hymnen feiern. Bereits im Kindergarten werden Huldigungsformeln eingeübt: „Stalin – Großer Lehrer, Freund und Vater! Stalin – das Licht!“. Um auch im kollektiven Bildgedächtnis seine herausragende Rolle zu verankern, ordnet er einen nicht endenden Prozeß von Fälschungen, Retuschen und Inszenierungen an. Gleichzeitig läßt er sich in Gemälde hinein malen, die Ereignisse während der Oktoberrevolution zeigen, um sich in diese Tradition zu stellen. Das Ministerium für Agitation und Propaganda kontrolliert, welche Stalinbilder verbreitet werden: In der Regel zeigen sie Stalin mit einem ernsten, jedoch entspannten Gesichtsausdruck. Die Bilder sind geschönt, Stalins Teint ist glatt, seine Pockennarben nicht zu sehen. Im Gegensatz zu Hitler und Mussolini sucht Stalin keine Nähe zu den Menschen. Fotos mit begeisterten Anhängern sind nicht vorhanden. Fotomontagen und Collagen sollen die Nähe zum Volk suggerieren. Ein weiteres Mittel zur Popularisierung Stalins ist seine Darstellung im Spielfilm. Auch hier inszeniert er sein eigenes Bild, indem er selbst die Darsteller seiner Person auswählt und vorgibt, wie er zu zeigen ist. *Oe*

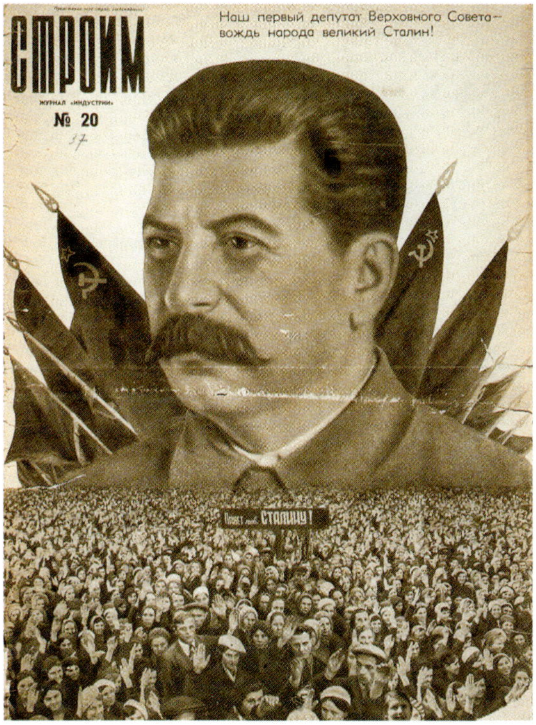

Stalin auf der Titelseite der Zeitschrift *Wir bauen. Zeitschrift der Industrie*, Nr. 20/1937.

G wie Golfkrieg

Am 2. August 1990 besetzen irakische Truppen Kuwait. Noch am selben Tag verurteilt der UN-Sicherheitsrat die Invasion als Völkerrechtsbruch. Nach dem Scheitern internationaler Vermittlungsbemühungen fordert die UNO den Rückzug Iraks bis zum 15. Januar 1991. Zwei Tage nach Verstreichen des Ultimatums beginnt eine alliierte Streitmacht unter amerikanischer Führung, Ziele im Irak und in Kuwait zu bombardieren. Nach sechswöchigen Kämpfen werden die irakischen Verbände aus Kuwait zurückgedrängt – „Operation Desert Storm“ ist beendet.

Nach dem Ende des Kalten Krieges zwischen Ost und West gelten auch die alten Feindbilder nicht mehr. Die offizielle Informationspolitik über den Verlauf der Krise am Persischen Golf wie auch die Berichterstattung über den eigentlichen Krieg ist in vieler Hinsicht neu. Die US-Regierung unter Präsident George Bush sieht sich im Sommer 1990 veranlaßt, „den Zweiten Weltkrieg als Modell für die Konfrontation mit dem Irak zu wählen, und die Medien folgten ihm“, so Elihu Katz, israelischer Professor für Soziologie und Kommunikation: „Der Irak war das faschistische Deutschland mit seinem Völkermord an den eigenen Minderheiten. Saddam Hussein war Hitler, die Personifizierung des Bösen.“ Systematisch entsteht so das Bild eines militärisch bedrohlichen Gegners.

„Krankenschwester Najirah“ während ihrer Aussage vor dem Menschenrechtsausschuß im US-Kongreß, 10. Oktober 1990.

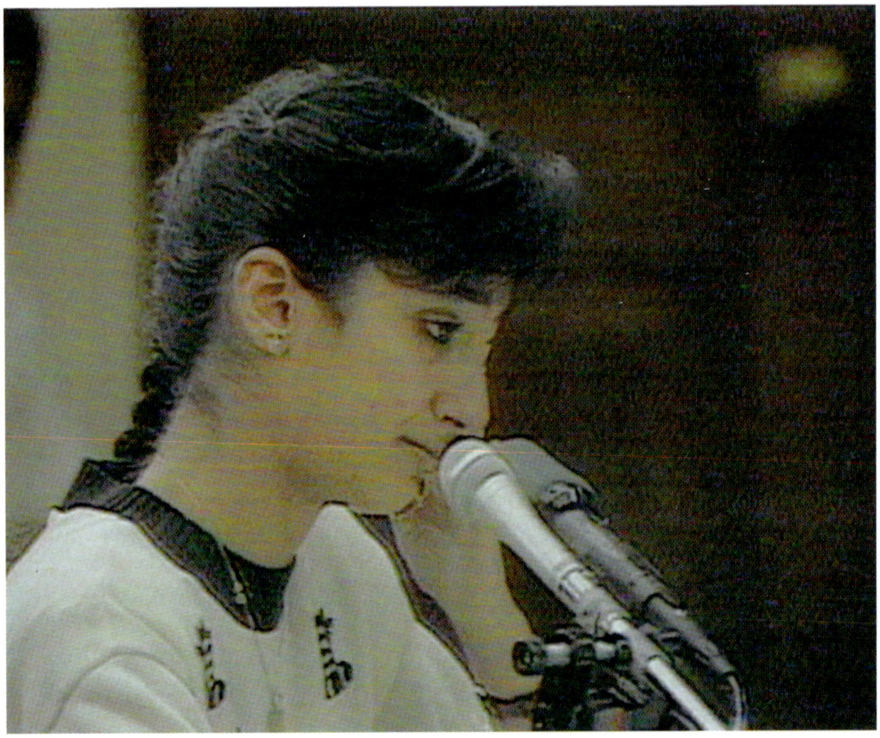

Für propagandistischen Erfolg im Vorfeld des Golfkriegs sorgt die Werbeagentur Hill and Knowlton (H&K). Am 10. Oktober 1990 inszenieren ihre Vertreter vor dem Arbeitskreis für Menschenrechte im US-Kongreß den Auftritt von „Najirah“. Unter Tränen gibt die angebliche Krankenschwester vor diesem Forum zu Protokoll, mit angesehen zu haben, wie irakische Soldaten in einem kuwaitischen Krankenhaus „Babies aus den Brutkästen nahmen“ und diese „auf dem kalten Fußboden zurückließen, wo sie starben“. Diese Geschichte prägt nicht nur die Einstellung der amerikanischen Öffentlichkeit zur Golfkrise. Selbst US-Präsident George Bush bezieht sich in mehreren Reden, in denen er für einen Militäreinsatz plädiert, auf diese Schilderung vermeintlicher irakischer Greueltaten. Erst 1992 enthüllt der Journalist John R. MacArthur, daß es sich bei der „Augenzeugin“ um die Tochter des kuwaitischen Botschafters in den USA handelte, die sich zu dem angegebenen Zeitpunkt gar nicht in Kuwait aufhielt.

Das amerikanische Verteidigungsministerium hat die Medienarbeit für den Fall eines Krieges minutiös vorbereitet: Der Gefahr, daß die Unterstützung der amerikanischen Bevölkerung nachläßt, soll entgegengewirkt werden. „Seit dem Vietnam-Desaster ist das Pentagon davon überzeugt, daß Kriege zwar jenseits der Ozeane geführt, doch an der Heimatfront entschieden werden“, so der *Spiegel*-Autor Stefan Storz. Seinerzeit klafften die offiziellen Verlautbarungen einerseits und die in freier Berichterstattung vermittelten Bilder und Informationen andererseits immer weiter auseinander. Massive Proteste gegen die Politik der Johnson-Administration waren die Folge.

Der Golfkrieg hingegen wird fernsehgerecht präsentiert. Das amerikanische Verteidigungsministerium beschränkt den Zugang in das Sperrgebiet auf wenige ausgewählte Journalisten, die ständig eskortiert werden. Bevor sie ihre Informationen verbreiten können, unterziehen Presseoffiziere das Material einer „Sicherheitsprüfung“. Mel-

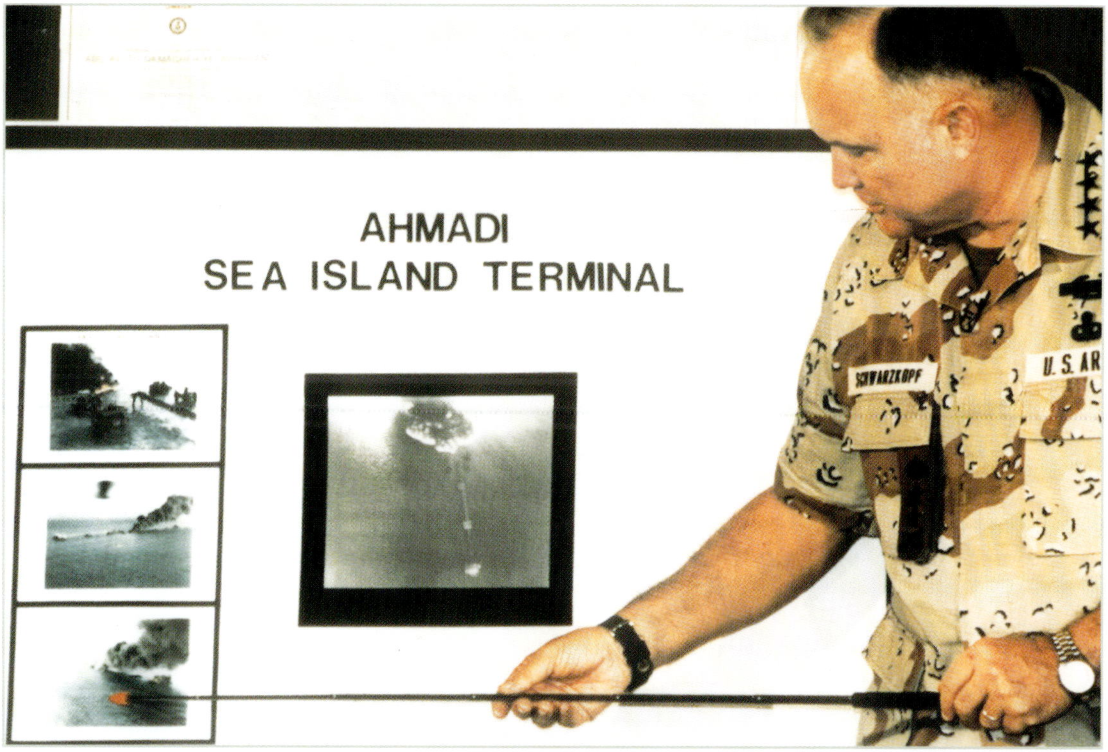

Der Oberkommandierende der US-Streitkräfte, General Norman Schwarzkopf, während einer Pressekonferenz, 27. Januar 1991.

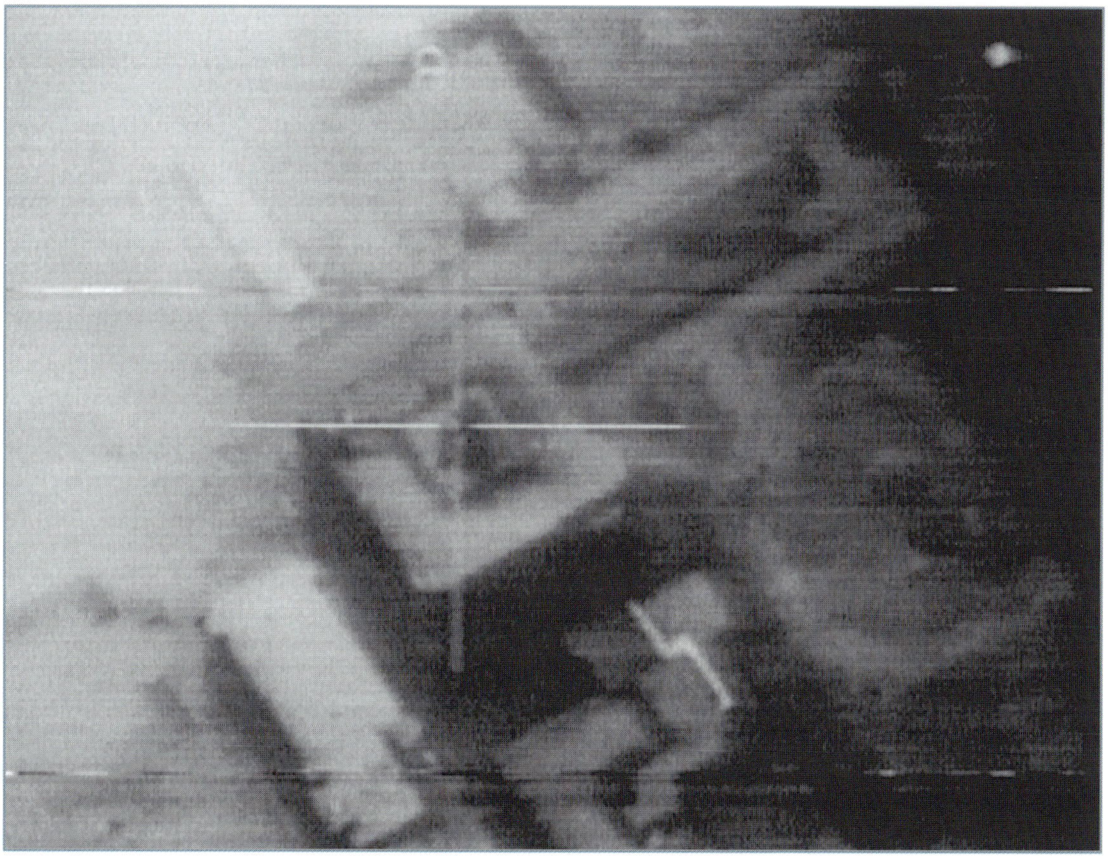

Das meistgesendete Zielvideo während des Golfkriegs, aufgezeichnet wenige Tage nach Beginn der Kampfhandlungen, im Fadenkreuz das Hauptquartier der irakischen Luftwaffe in Bagdad.

dungen über eigene Verluste fallen auf diesem Weg der Zensur ebenso zum Opfer wie Berichte über den GI-Alltag, die nicht in das offizielle Bild passen. Das Militär beschlagnahmt Aufnahmen von Soldaten, die bei dem Angriff einer irakischen Scud-Rakete ums Leben gekommen sind. General Norman Schwarzkopf wünscht keinen Body-count während der Kampfhandlungen, die Zahl der gefallenen amerikanischen GIs soll vor der Öffentlichkeit geheim gehalten werden. Kein Journalist sieht die Zinksärge auf der Dover Air Force Base in Delaware.

Die verantwortlichen Militärs zensieren jedoch nicht nur, sondern ästhetisieren auch das Bild des Krieges. „Das Fernsehen macht am meisten Eindruck, wenn es Bilder hat. Wenn es keine Bilder hat, dann ist es in vielen Fällen ein Medium ohne Botschaft", so Richard Haas, der im Nationalen Sicherheitsrat der USA für die „politischen Aspekte" der Kriegsvorbereitungen zuständig gewesen ist, im Herbst 1991. In diese Sinne befriedigen die Medienspezialisten der US-Army auf sorgsam vorbereiteten Pressekonferenzen den Wunsch nach Bildern, der durch die Zensurmaßnahmen um so dringlicher geworden ist. Diese ausgewählten Bilder und die offizielle Sprachregelung hinterlassen den Eindruck, daß „Operation Desert Storm" keine Opfer fordere. Die Aufnahmen zeigen die Überlegenheit der eigenen Waffensysteme, die „chirurgische Eingriffe" vornehmen, indem sie mit „lasergesteuerter Präzision" ihre Sprengladungen ins Ziel tragen. Die Wortwahl und die Vorführung dieser Bilder folgen immer dem gleichen Muster. Gut vorbereitet und in aufgeräumter Stimmung liefern Vertreter der Generalität eine kurze Einleitung. Anschließend zeigen Videoaufnahmen im Fadenkreuz militärische Einrichtungen oder strategisch wichtige Verbindungen des Gegners, bis das Ziel in einer Detonationswolke verschwindet. Wenn die Angriffe zivile Opfer fordern, ist von „Begleitschäden" die Rede, ohne diese zu präzisieren oder gar bildlich zu dokumentieren. Die Demonstration der eigenen technischen Fähigkeiten beherrscht die Berichterstattung, das eigentliche Kriegsgeschehen tritt dahinter zurück. Im Extremfall wird das Medium selbst zum Ereignis. Beispielhaft hierfür sind die Bilder eines Zielvideos, die aus dem Sprengkopf einer Rakete gefunkt werden. Im Zeitlupentempo kann der Betrachter die Flugbahn des Geschosses genauestens mitverfolgen. Das Bild bricht im Moment des Einschlags ab – dem Augenblick der Zerstörung.

Der Eindruck eines „antiseptischen Wüstensturmes" erhält jedoch am 13. Februar 1991 einen empfindlichen Rückschlag. Zwei „intelligente" Raketen schlagen in einen Luftschutzbunker in der irakischen Hauptstadt Bagdad ein, Hunderte von Zivilisten kommen bei dem Angriff ums Leben, die Bilder von den Opfern gehen um die Welt. „Wir haben diese Geschichte nicht mehr kontrollieren können", meint Haas später: „Ganz egal, wieviel Information später herauskam; nichts, was wir taten oder sagten, konnte die Bilder dieses menschlichen Leidens ausradieren."

Dennoch kann General Schwarzkopf für sich in diesem Krieg auch den Sieg an der Medienfront verbuchen. „Vieles, was hier bekannt gegeben wurde, war sorgfältig zusammengestellte Desinformation", gibt er auf einer Pressekonferenz am 27. Februar 1991 zu, kurz vor Ende der Kampfhandlungen. Er verweist auf die Instrumentalisierung der Medien: Gezielte Falschinformationen über Truppenbewegungen sollten den Gegner in die Irre führen. Wie erfolgreich die Medienstrategie war, belegen Umfragen: 79 Prozent der Amerikaner waren während des Golfkriegs davon überzeugt, gut informiert zu sein.

Mittlerweile liegen Zahlen vor, die das Bild des „sauberen Krieges" zurechtrücken. 88 500 Tonnen Bomben fielen während „Operation Desert Storm" auf Irak und Kuwait, lediglich sieben Prozent dieser Bomben waren „intelligent". Und selbst von diesen verfehlten über 40 Prozent ihr Ziel. 70 Prozent der restlichen 62 137 Tonnen trafen andere als die angepeilten Ziele. Dem Bericht einer UN-Kommission vom März 1991 ist zu entnehmen, die Zerstörungen in der irakischen Infrastruktur haben zu „vorindustriellen Verhältnissen" von „apokalyptischem Ausmaß" geführt. *Ch*

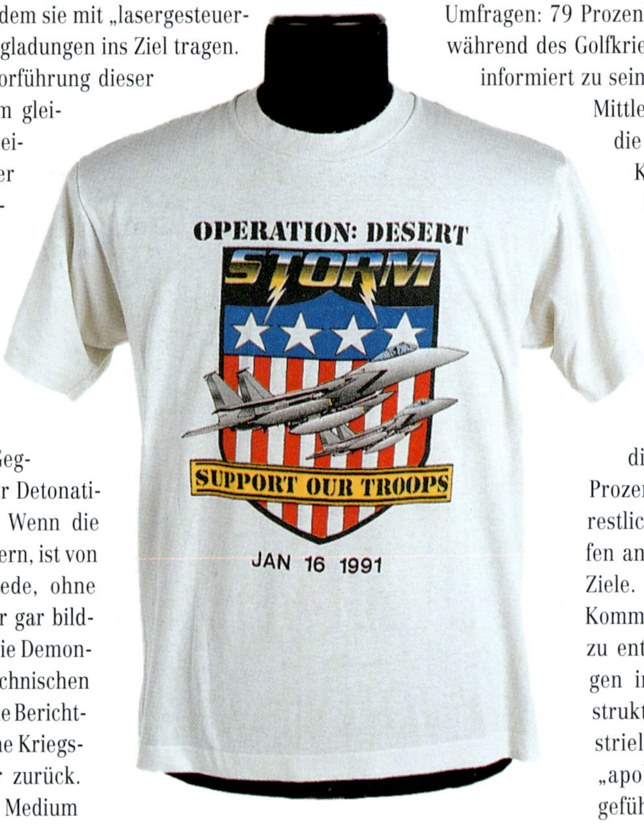

In den Vereinigten Staaten löst „Operation Desert Storm" 1991 eine Woge nationaler Begeisterung aus.

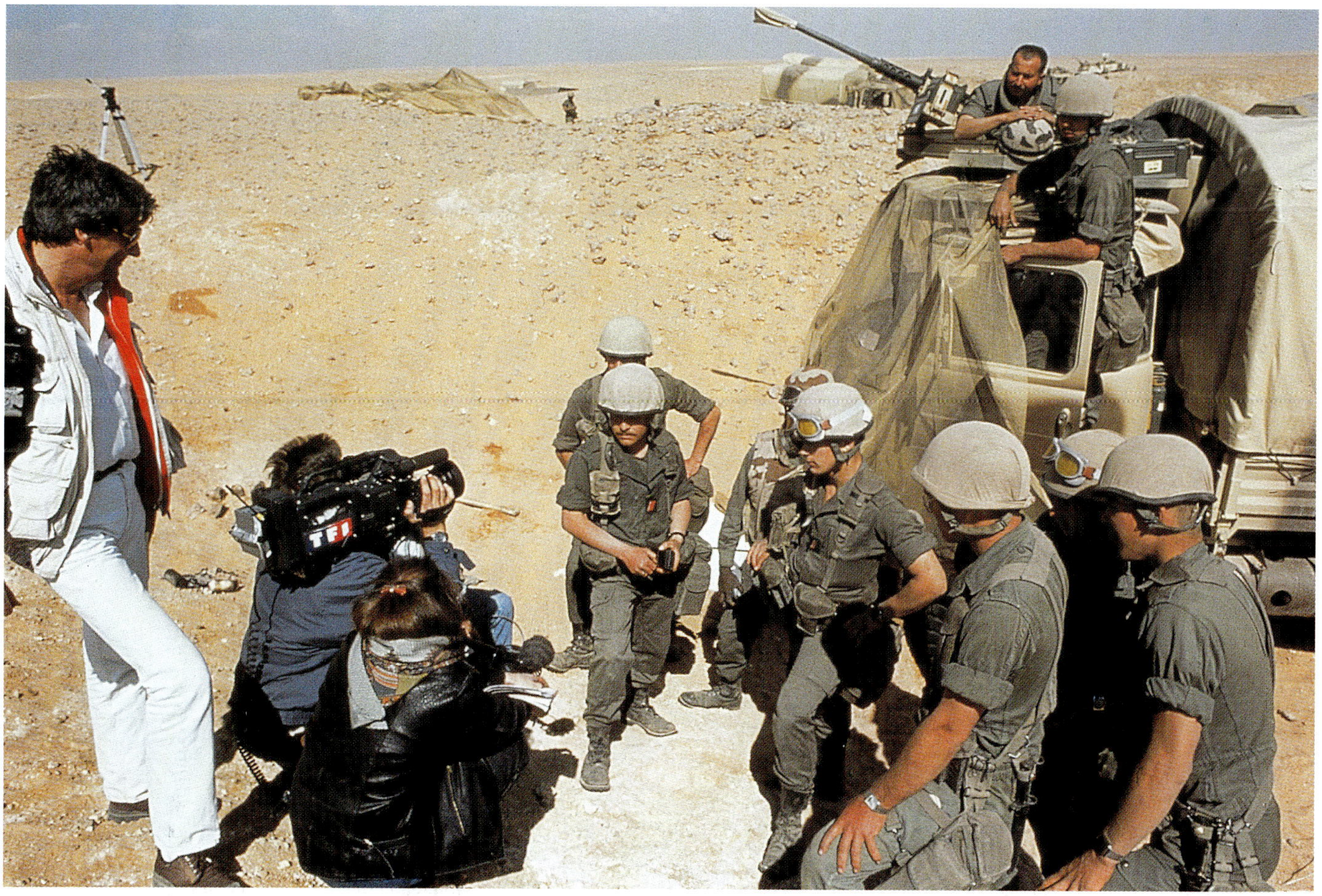

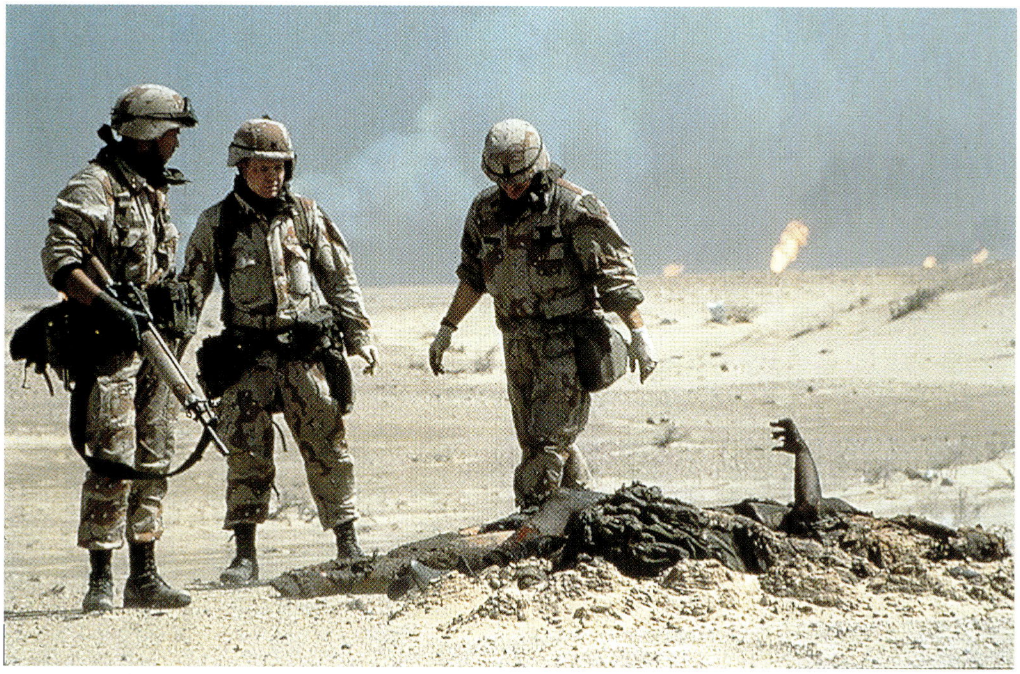

Der Berichterstattung sind durch das Pool-System enge Grenzen gesetzt. Das Material der Journalisten wird zensiert, sie bekommen nur zu sehen, was sie sehen sollen.

Ein Foto Peter Turnleys, kurz bevor Journalisten der Zugang zu diesem Gebiet verboten wurde.

H wie Hitler-Tagebücher

Am 25. April 1983 beherrscht ein Thema die Nachrichten: die Hitler-Tagebücher. Diesen sensationellen Fund präsentiert der *Stern* auf einer internationalen Pressekonferenz und in der am gleichen Tag erscheinenden *Stern*-Ausgabe. In den nächsten Tagen stellt sich heraus, daß es sich hierbei um einen der größten Fälschungsskandale der Nachkriegszeit handelt.

Im Januar 1980 stößt der *Stern*-Reporter Gerd Heidemann bei dem Militaria-Sammler Fritz Stiefel in Baden-Württemberg auf ein „Hitler-Tagebuch". Es soll in der Nähe Dresdens nach einem Flugzeugabsturz kurz vor Kriegsende geborgen und in den siebziger Jahren aus der DDR herausgeschmuggelt worden sein. Heidemann berichtet dem Ressortleiter „Zeitgeschichte" des *Stern* davon, der ihn beauftragt, die Quelle aufzuspüren. Heidemanns Ansprechpartner beim Verlag Gruner + Jahr sind zunächst ausschließlich sein Ressortleiter und ein Vorstandsmitglied. Sie beauftragen ihn im September 1980 mit der Recherche nach weiteren Hitler-Tagebüchern, die Stiefel in der DDR wähnt. Der urspüngliche Lieferant ist immer noch unbekannt. Erst im Januar 1981 gelingt es Heidemann, sich mit diesem zu treffen: „Herr Fischer", in Wirklichkeit der Militaria-Händler Konrad Kujau, der ihm insgesamt 27 Tagebücher in Aussicht stellt. Noch im gleichen Monat wendet sich der Reporter wegen des Ankaufshonorars direkt an die Verlagsspitze und erhält 200 000 DM für die ersten Tagebücher. Heidemann hat bis zur Veröffentlichung 1983 als einziger Vertreter des *Stern* Kontakt zu Kujau. Alle finanziellen Transaktionen laufen über ihn. Insgesamt liefert Kujau 60 – statt der angebotenen 27 – Tagebücher, tagebuchähnliche Sonderbände und den dritten Band von *Mein Kampf*.

Gefälschtes Hitler-Tagebuch mit Hinweis „STRENG GEHEIM! Eigentum des Führers, immer streng unter Verschluss halten! Der Leiter der Partei-Kanzlei, Reichsleiter M. Bormann."

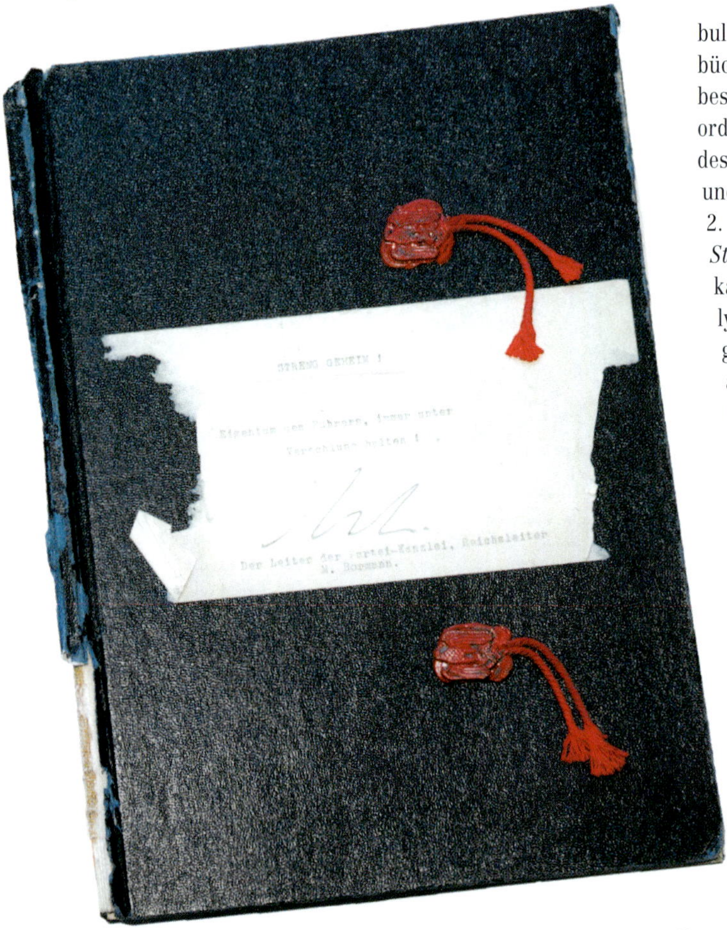

Die Pressekonferenz am 25. April 1983 verläuft turbulent: Jounalisten bezweifeln die Authentizität der Tagebücher, ebenfalls jene Gutachter, die zuvor just diese bestätigt haben sollen. Der Justitiar von Gruner + Jahr ordnet eine Echtheitsprüfung an, ein Mitarbeiter des Bundesarchivs in Koblenz erhält dazu den *Sonderband Heß* und zwei Tagebücher. Erstes Untersuchungsergebnis am 2. Mai 1983: Die Tagebücher sind vermutlich nicht echt. *Stern*-Chefredakteur Peter Koch beauftragt den amerikanischen Graphologen Kenneth Rendell mit einer Analyse, dessen Schlußfolgerung: „Diese Tagebücher sind gefälscht." Am 6. Mai gibt das Bundesinnenministerium auf einer Pressekonferenz das vernichtende Urteil öffentlich bekannt: Die Tagebücher sind nicht authentisch. Drei Bundesbehörden haben eine textkritische und materialtechnische Prüfung durchgeführt. Eindeutige Fehler lassen sich im Text ausmachen. Der Präsident des Bundesarchivs, Hans Booms, spricht von einer „grotesk oberflächlichen Fälschung". So lautet der Eintrag unter dem 16. August 1937: „Habe heute ein Telegramm von Ritter von Epp (Zu meinem 50jährigen Eintrittsjubiläum)". Hitler konnte 1937 jedoch nicht seit 50 Jahren Mitglied der Reichswehr sein, war er doch erst 48 Jahre alt. Hier hat Kujau falsch aus Max Domarus *Hitler – Reden und Proklamationen 1932–1945* abgeschrieben; tatsächlich sandte Hitler seinerseits ein Glückwunschtelegramm an Ritter von Epp und nicht

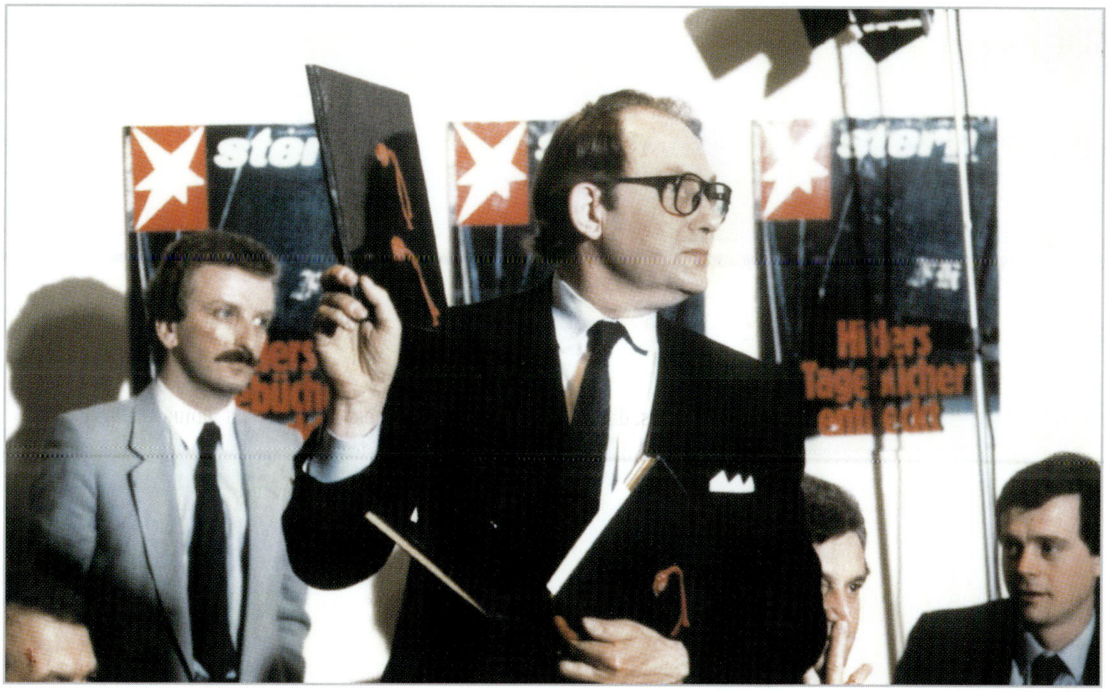

Pressekonferenz am 25. April 1983: Der *Stern* präsentiert etwa ein Dutzend der 60 Tagebücher, im Vordergrund Gerd Heidemann.

umgekehrt. Zudem ergeben Materialprüfungen unter anderem, daß die Bindung aus erst später hergestellten Nylonfäden besteht, die Tinte gestreckt ist.

Gruner + Jahr muß schnell reagieren. Die Redakteure des *Stern*, die zu keinem Zeitpunkt in die Recherche eingebunden waren, kritisieren Verlagsspitze und Chefredaktion heftig. Beide Chefredakteure treten zurück.

Der *Stern* hat Veröffentlichungsrechte auch an die britische *Sunday Times*, das amerikanische Nachrichtenmagazin *Time*, das italienische Wochenblatt *Panorama* und die französische Illustrierte *Paris Match* verkauft. Diese springen nun ab und machen Schadensersatzforderungen geltend. *Paris Match* veröffentlicht dessen ungeachtet noch am 13. Mai 1983 Ausschnitte aus dem *Sonderband Heß*.

Die internationale Presse schlachtet den Skandal weidlich aus und spart nicht mit Häme. Erst nach und nach werden alle Einzelheiten bekannt. „Fischers" Identität lüften *Stern*-Redakteure innerhalb kürzester Zeit. Konrad Kujau, der zunächst in Österreich untertaucht, stellt sich am 14. Mai den Behörden. Am 25. Mai gibt er schließlich zu, die Tagebücher eigenhändig gefälscht zu haben, behauptet allerdings, daß Heidemann davon gewußt habe. Der Verleger Henri Nannen hat Heidemann bereits am 9. Mai 1983 wegen Betrugs angezeigt, am 26. Mai wird der Reporter verhaftet.

Der Prozeß gegen Heidemann und Kujau stößt auf großes Medieninteresse. Am 21. August 1984 beginnt die Verhandlung, 95 Tage später werden die Angeklagten verurteilt: Gerd Heidemann zu vier Jahren und acht Monaten Freiheitsstrafe wegen schweren Betrugs, Konrad Kujau zu vier Jahren und sechs Monaten wegen schweren Betrugs und Urkundenfälschung. Das Gericht sieht als erwiesen an, daß Heidemann von den 9,34 Millionen DM, die der Verlag ihm für den Kauf übergab, 4,39 Millionen DM für sich abgezweigt hat. Nach Ansicht des Gerichts trägt auch Gruner + Jahr „erhebliches Mitverschulden": „Die Verantwortlichen haben gewußt, daß man Sachen kaufte, an denen man keinerlei Rechte hatte – weder im Hinblick auf den Besitz noch bezüglich der Verwertung."

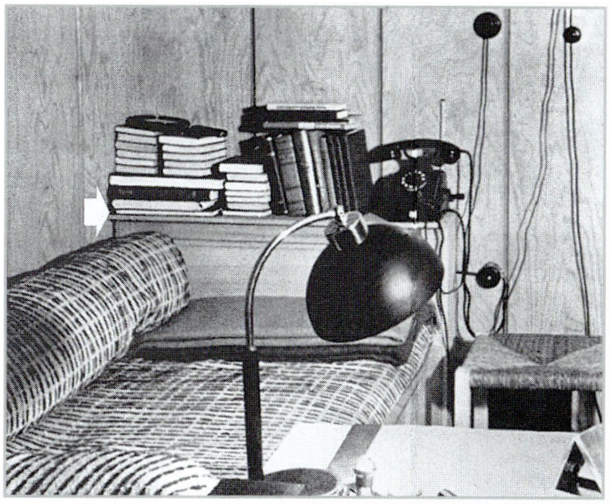

Erläuterung zu diesem Bild im *Stern*, 25./28. April 1998: „Beim Angriff auf Frankreich am 10. Mai 1940 bezog Hitler das Führerhauptquartier ‚Felsennest' in der Eifel, 65 Kilometer südwestlich von Bonn. Sein Tagebuch war immer dabei (Pfeil)".

1998 setzt sich der *Stern* aus Anlaß seines 50jährigen Jubliläums selbstkritisch mit der Geschichte der vermeintlichen Tagebücher Hitlers auseinander und bezeichnet sie als „das Schlimmste, Peinlichste und Dümmste, das der *Stern* je gedruckt hat". *Oe*

I wie Ikone

Unretuschiertes Chaldej-Foto: Der sowjetische Soldat trägt zwei Armbanduhren.

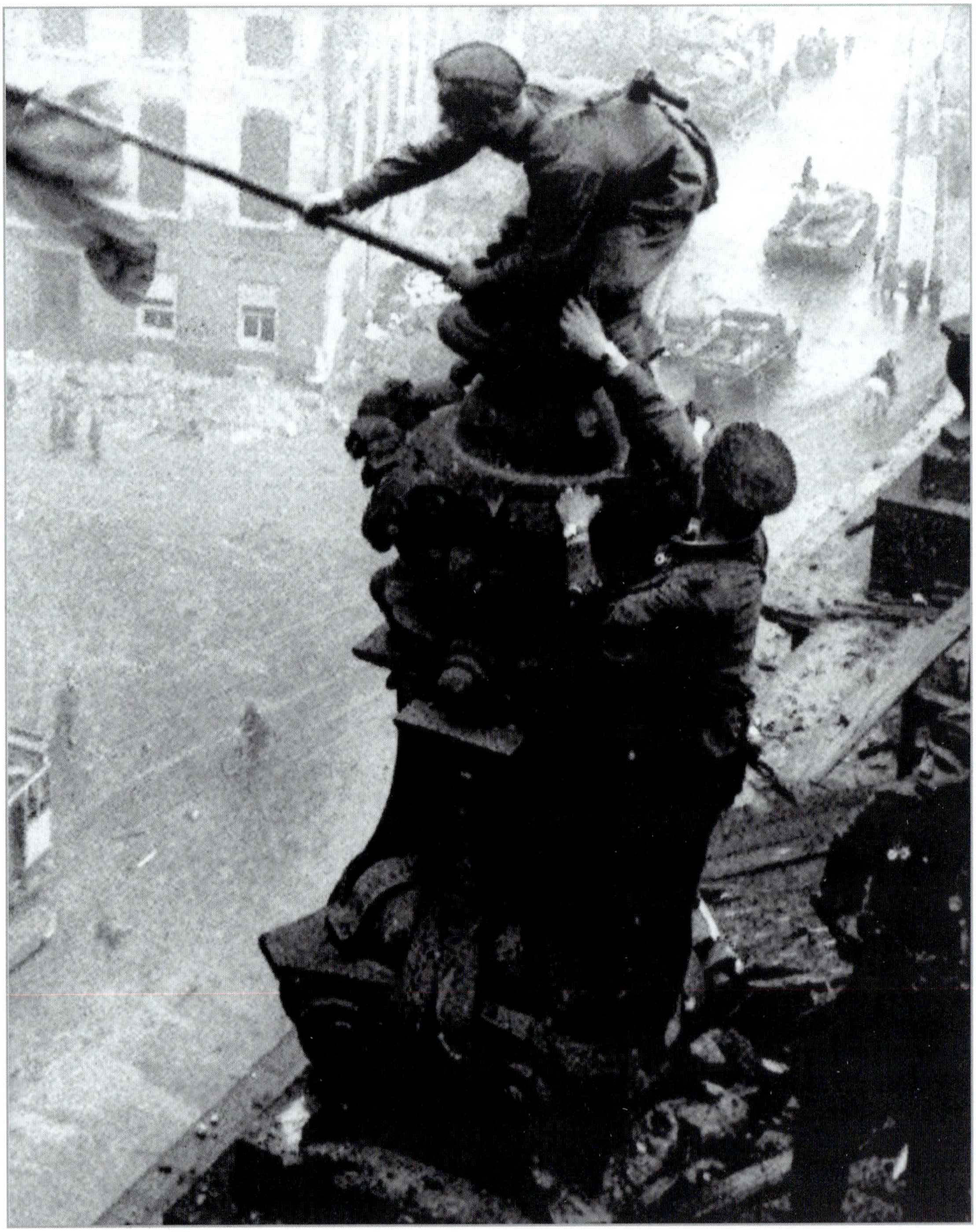

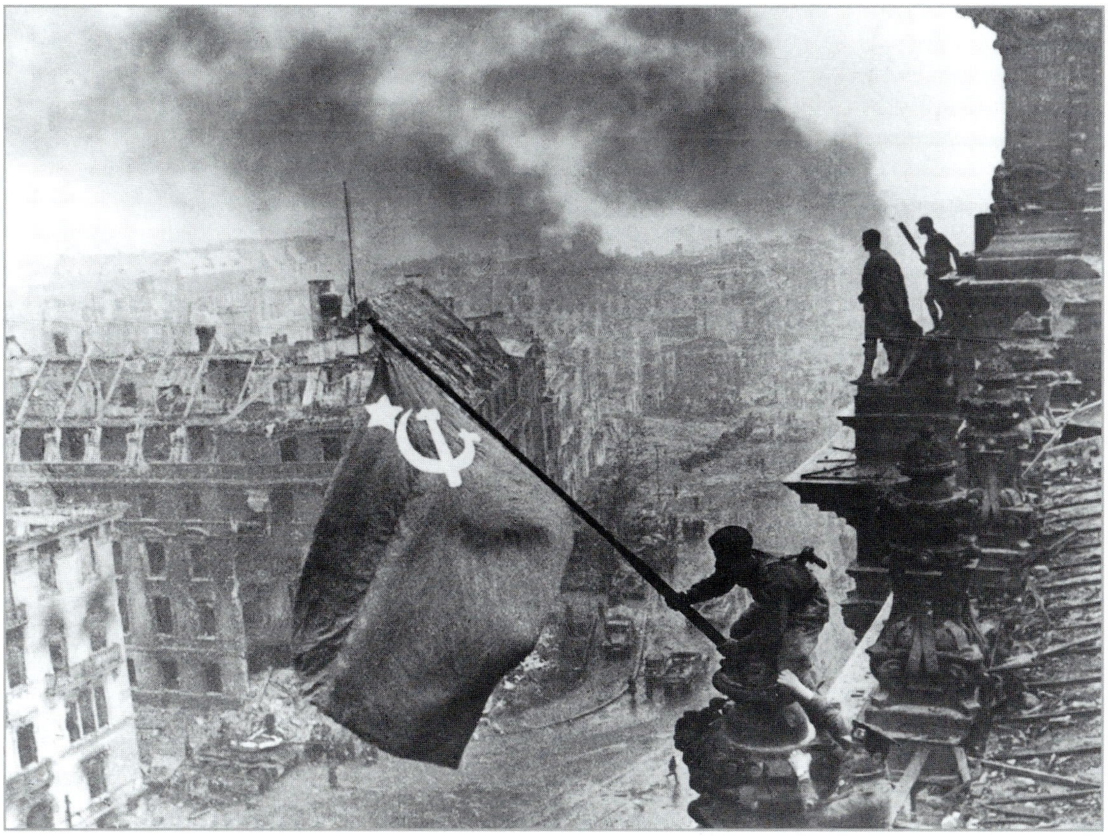

Chaldejs Foto – vom Fotografen inszeniert und nachträglich retuschiert. 36 Fotos entstehen auf dem Reichstag, jedes trägt zur Berühmtheit des Motivs bei.

Berlin, 2. Mai 1945: Jewgeni Chaldej, Fotograf der sowjetischen Nachrichtenagentur TASS, auf Motivsuche vor dem zerstörten Reichstag. Eine rote Fahne, noch in Moskau gemeinsam mit einem Schneider aus Tischtüchern genäht, soll mit auf das Bild.

Bereits zwei Tage zuvor hatte die sowjetische Armee den Reichstag erstürmt, Soldaten hißten eine erste Fahne auf der Kuppel. Da noch gekämpft wurde, war kein Fotograf anwesend. Am 2. Mai läßt daher die Führung der Roten Armee die Kapitulation Berlins nachstellen. Ihre Fotografen erhalten die Erlaubnis zum Fototermin im Reichstag. Chaldej berichtet: „Ich nahm die Fahne, die ich bei mir hatte, und sagte zu den drei jungen Soldaten: ‚Laßt uns nach oben gehen und die Fahne hissen.' Also gingen wir los und kamen bis zur Kuppel. Unten im Reichstag brannte es noch, und auf die Kuppel zu klettern, war einfach unmöglich, wenn man sich nicht räuchern lassen wollte."

Der Fotograf sucht eine optimale Komposition, einen beeindruckenden Hintergrund für sein Bild – und findet ihn: die Ostseite des Reichstags, Richtung Brandenburger Tor. Die Ruinen des zerbombten Berlin sind von hier aus deutlich zu sehen. Einer der Soldaten klettert auf eine Säule und hält die an einer Stange befestigte Fahne. Der zweite, ein sowjetischer Offizier, hält seinen Fuß. Der dritte steht mit seiner Kalaschnikow daneben. Eine Serie von Bildern entsteht.

Bereits am 3. Mai fliegt Jewgeni Chaldej nach Moskau zurück und bringt das Foto zu TASS. Die Agentur beabsichtigt, es als offizielles Foto zu verbreiten. Bedingung hierfür

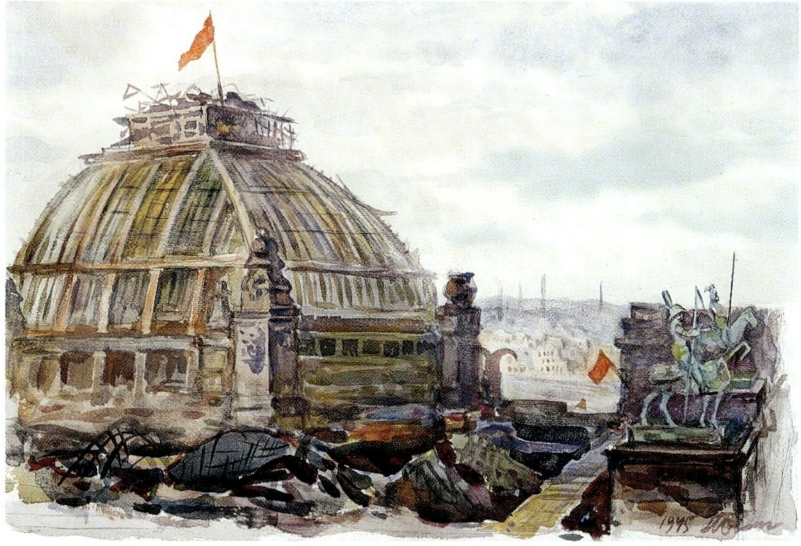

Pawel Bolotin aquarelliert 1945 den Reichstag mit sowjetischen Siegesfahnen.

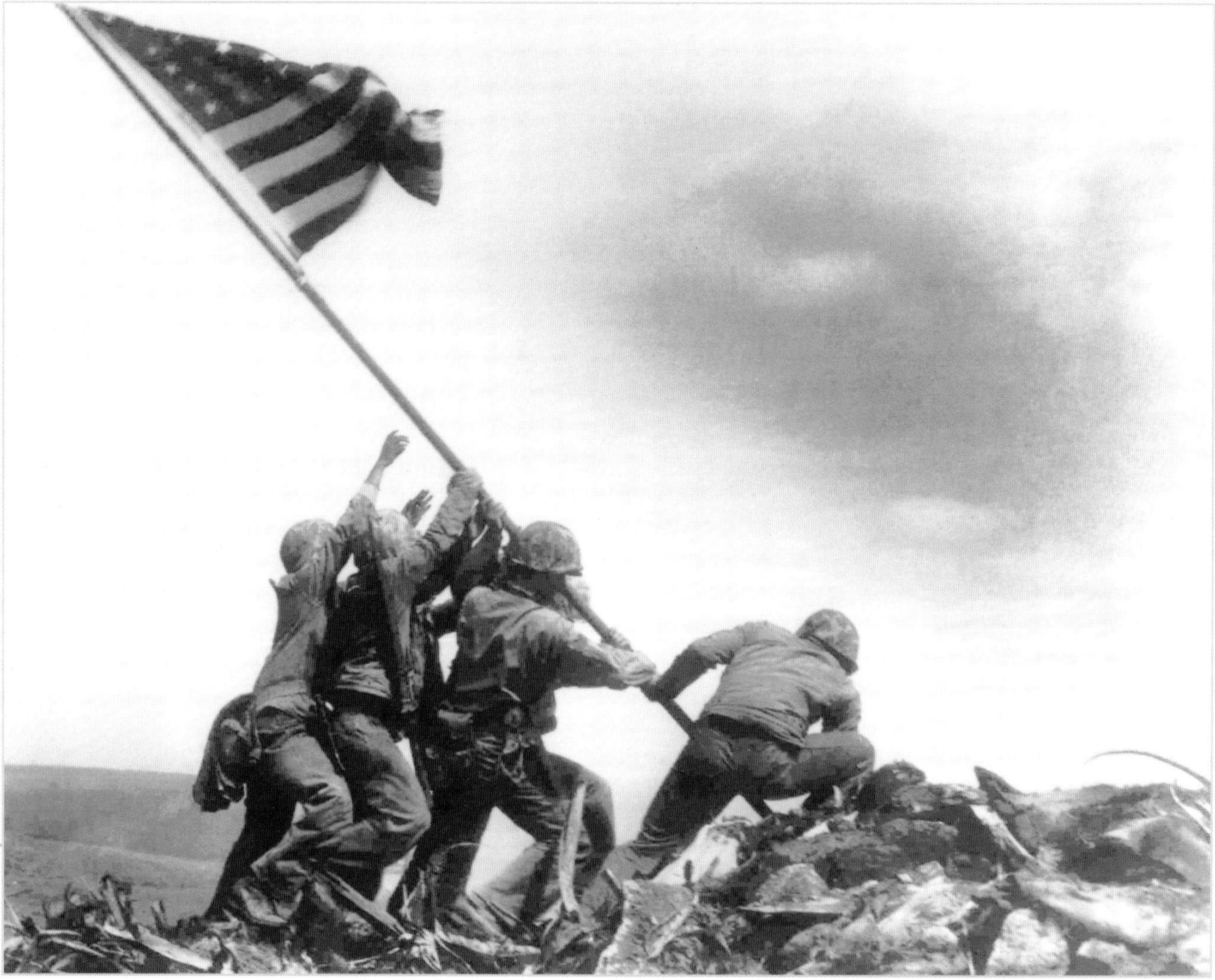

Joe Rosenthals legendäres Kriegsfoto.

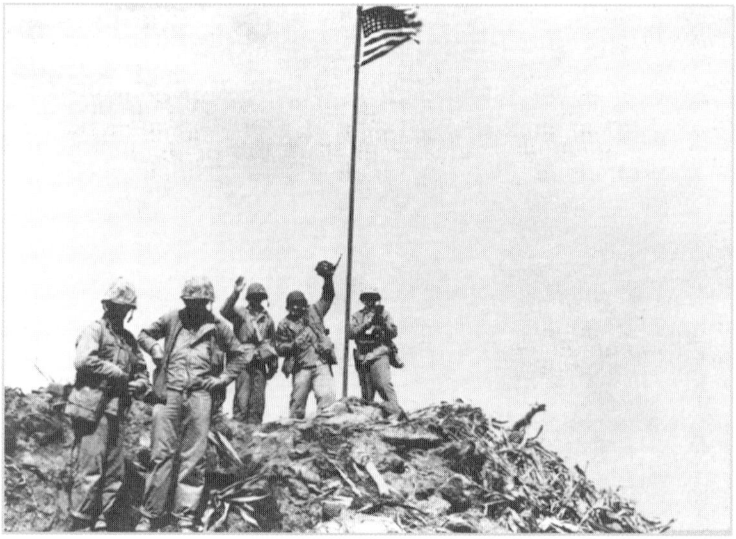

Marines hissen die US-Flagge auf Iwo Jima,
23. Februar 1945.

ist jedoch, daß Chaldej eine Korrektur vornimmt. Der sowjetische Offizier, der seinen Kameraden auf der Säule stützt, trägt – deutlich zu sehen – an jedem Handgelenk eine Armbanduhr. Plünderung darf auf einem offiziellen Foto jedoch nicht dokumentiert sein, Chaldej muß eine Uhr entfernen. Dieses Foto, das im Laufe der Zeit zu einer Ikone wird, ist also nicht nur kunstvoll inszeniert, sondern zudem retuschiert. Der Fotograf knüpft mit diesem Bild an ein anderes weltberühmtes Kriegsfoto an: die Hissung der amerikanischen Siegesfahne auf der Pazifikinsel Iwo Jima.

Amerikanische und japanische Truppen liefern sich im Februar 1945 auf der japanischen Vulkaninsel eine der blutigsten Schlachten des Zweiten Weltkriegs. Ein Drittel aller Toten des US-Marinekorps fällt in diesem Kampf. Erst vier Tage nach der Landung gelingt es den Marines, die japanischen Verteidiger zu vertreiben. Auf dem Gipfel des erloschenen Vulkankraters Mount Suribahi befestigen sie an diesem 23. Februar 1945 eine kleine amerikanische Flagge an einem langen Eisenstab. Als der Kriegsfotograf Joe Rosenthal auf der Pazifikinsel ankommt, weht sie bereits seit drei Stunden im Wind. Aber die Fahne ist klein, von weitem nur mit Feldstecher zu erkennen. Da jedoch der Anblick einer Siegesflagge für die Moral kämpfender Truppen wichtig ist, befiehlt ein führender Offizier, eine größere Fahne auf den Gipfel zu bringen. Dort fotografiert Rosenthal, wie fünf Marines und ein Seemann die Fahnenstange mit der neuen Flagge in einen Steinhaufen wuchten.

Die Bildagentur Associated Press veröffentlicht das Foto weltweit. Rosenthal wird mit einem Mal berühmt und erhält den angesehenen Pulitzer-Preis. Das Bild wird zum legendären Kriegsfoto Amerikas – zu einer „patriotischen Ikone". In den USA erscheint noch 1945 – und abermals 1995 – eine Briefmarke mit dem Foto. Erfolgreich wirbt das Bild 1945 für den Verkauf der siebten und letzten Kriegsanleihe. Das Motiv wird in Sandstein gemeißelt und ehrt als über hundert Tonnen schweres Bronzemonument auf dem Soldatenfriedhof Arlington die Gefallenen. Schließlich wird die Fahne ein weiteres Mal 1949 in einem Spielfilm gehißt, in *The Sands of Iwo Jima* mit John Wayne in der Hauptrolle.

Die sechs Soldaten, die am 23. Februar 1945 um zwölf Uhr mittags die große amerikanische Fahne gehißt haben, sind namentlich bekannt. Drei von ihnen überleben den Krieg, und die USA feiern sie nach Kriegsende als Helden. Die drei Soldaten auf Chaldejs Reichstagsfoto hingegen sind unbekannt. Stalin selbst benennt nachträglich zwei Russen und einen Georgier – Stalin ist auch Georgier. Bis zum Zusammenbruch des Sowjetregimes sind sie Helden, hochdekoriert mit vielen Orden. Als Ana Chaldej, die Tochter des 1997 verstorbenen Fotografen, mit dem Ende der Sowjetunion Repressalien nicht mehr fürchten muß, gibt sie in einem Interview bekannt, daß nicht diese Männer für den Fotografen posierten.

Weder Jewgeni Chaldej noch Joe Rosenthal werden durch das Bild reich. Die Erlöse aus dem Iwo-Jima-Foto überweist AP an den Unterstützungsfonds der Navy. Erst 1995 begegnen sich die Fotografen erstmals persönlich. Beide sind Juden und nach ihren Aussagen gerade deshalb besonders stolz darauf, daß es ihnen gelungen ist, den Sieg über Hitler-Deutschland und seinen Verbündeten Japan zu dokumentieren und die Siegerfahnen in Erinnerung zu halten.

Sc

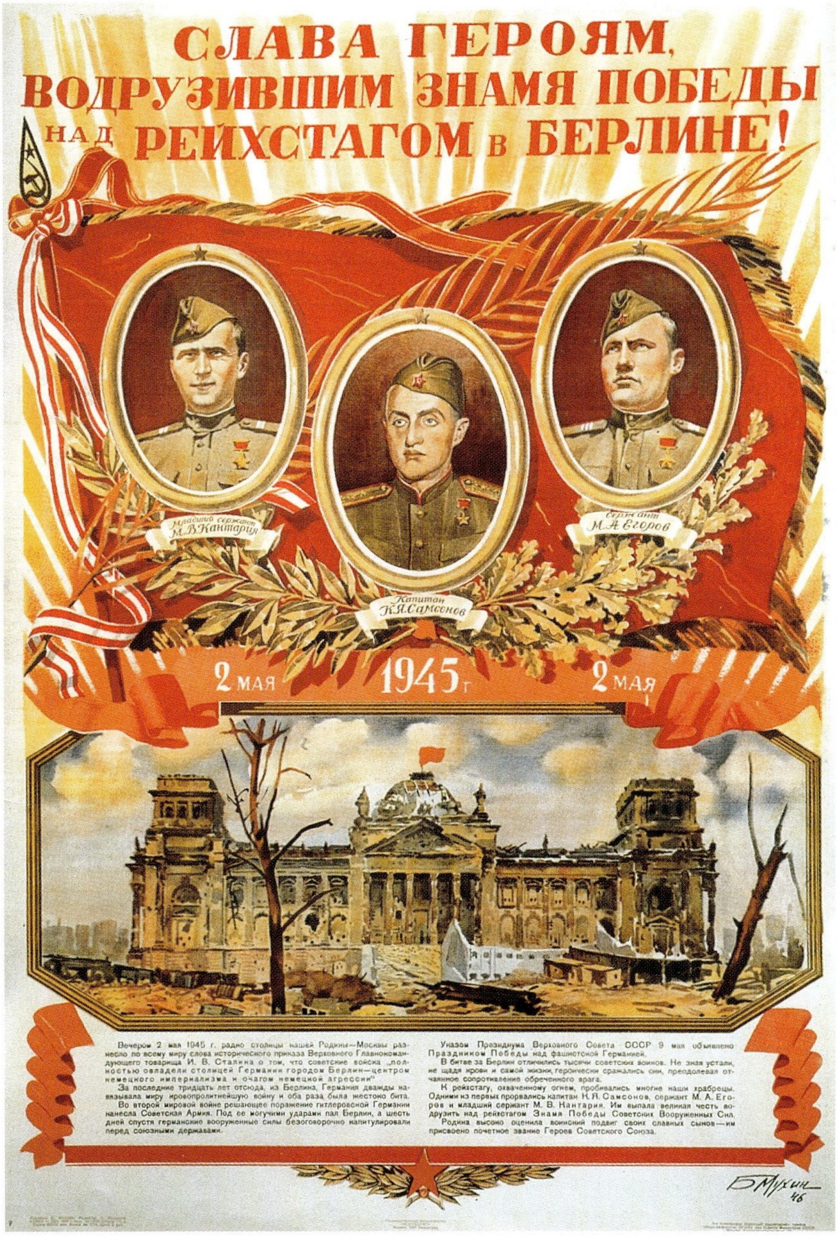

1947 feiert dieses Plakat Kantarija, Samsonow und Jegorew als Hisser der Roten Fahne mit den Worten „Ruhm den Helden, die die Fahne des Sieges auf dem Reichstag in Berlin aufgerichtet haben".

J wie Jugendfrei

„In freiheitlich-demokratischen Staaten ist die Zensur abgeschafft“, heißt es nüchtern in der 19. Auflage der *Brockhaus-Enzyklopädie* von 1994. Der Grundsatz der Meinungs- und Informationsfreiheit findet sich in Artikel 5 des Grundgesetzes der Bundesrepublik Deutschland, der zudem festlegt: „Eine Zensur findet nicht statt.“ Eine Vielzahl von Gesetzen regelt jedoch auch in der Bundesrepublik die Medienkontrolle und zensorische Eingriffsmöglichkeiten des Staates. Das Strafgesetzbuch (StGB) nennt bis heute in leicht geänderter Form die gegen Ende des 19. Jahrhunderts eingeführten Straftatbestände der Gotteslästerung (§ 166 StGB) sowie der Verbreitung „unzüchtiger Schriften, Abbildungen oder Darstellungen“ (§ 184 StGB). Zudem gibt es in der Bundesrepublik mit dem § 131 StGB („Verherrlichung von Gewalt“) einen klar definierten Straftatbestand, der Gewaltdarstellungen in Massenmedien im Einzelfall verbieten kann.

„Was wird eine Jugend, die Schund- und Schmutzliteratur liest, einer kommunistisch klar ‚ausgerichteten‘ Jugend morgen ideell entgegensetzen können?“ fragt Familienminister Franz-Josef Wuermeling in den fünfziger Jahren besorgt: eine charakteristische Aussage für das politisch-gesellschaftliche Klima jener Zeit. 1953 wird das Jugendschutzgesetz verabschiedet, in Folge die Bundesprüfstelle für jugendgefährdende Schriften gegründet, die nach dem Willen des Gesetzgebers insbesondere Jugendliche vor „sittlicher Gefährdung“ schützen soll. Um unmittelbarer staatlicher Zensur vorzubeugen, entstehen seit 1949 Selbstkontrollen. Sie prüfen Medien vor ihrer Veröffentlichung und lassen gegebenenfalls vermeintlich anstößige Sequenzen entfernen. Am bekanntesten ist in diesem Zusammenhang die Freiwillige Selbstkontrolle der Filmwirtschaft, eine Einrichtung der deutschen Spitzenorganisation der Filmwirtschaft e.V.

Die Selbstkontrollen prüfen unter anderem die Themen Pornographie und Gewalt sowie insbesondere in den ersten beiden Jahrzehnten der Bundesrepublik politische Inhalte. In diesem Kontext ist auch der „Interministerielle Ausschuß“ tätig, der sich aus Vertretern verschiedener Bundesministerien zusammensetzt und zwischen 1954 und 1973 die politische Korrektheit importierter Filme prüft. Das Klima des Kalten Krieges begünstigt hierbei massive Eingriffe – auch in Meisterwerke. Politisch mißliebige Streifen werden häufig nur zur Vorführung in Filmclubs freigegeben und mit einer Altersfreigabe „ab 18 Jahren“ belegt. Ein Film wie *Rom – offene Stadt* von Roberto Rosselini darf zunächst nicht öffentlich vorgeführt werden; der zuständige FSK-Ausschuß betrachtet den Filminhalt – Widerstand gegen die deutsche Besatzung in Rom 1944 – als „Störung des Verhältnisses zwischen Deutschland und Italien“. Erst 1960 erfolgt die Freigabe mit Schnittauflagen und einer Altersfreigabe „ab 16 Jahren“. Der Kultfilm *Casablanca* mit Humphrey Bogart und Ingrid Bergman in den Hauptrollen entspricht in seiner deutschen Fassung nicht mehr der amerikanischen Originalversion: Der SS-Mann Heinrich Strasser ist weitgehend herausgeschnitten, aus dem tschechischen Widerstandskämpfer und KZ-Flüchtling Victor Laszlo wird der norwegische Atomphysiker Larssen. Erst 1975 zeigt das deutsche Fernsehen eine originalgetreue Fassung des Films.

Auch die „sittenwahrende“ Zensur legitimiert sich in den fünfziger Jahren vorwiegend politisch. Jugendschützer argumentieren, „daß unzüchtige Schriften zu Unzufriedenheit und Kommunismus verleiten“. Als Speerspitze einer breiten „Sittlichkeitsbewegung“ arbeitet die „Aktion Saubere Leinwand“ für die „Reinigung der Kinofilme von Schmutz und Schund“.

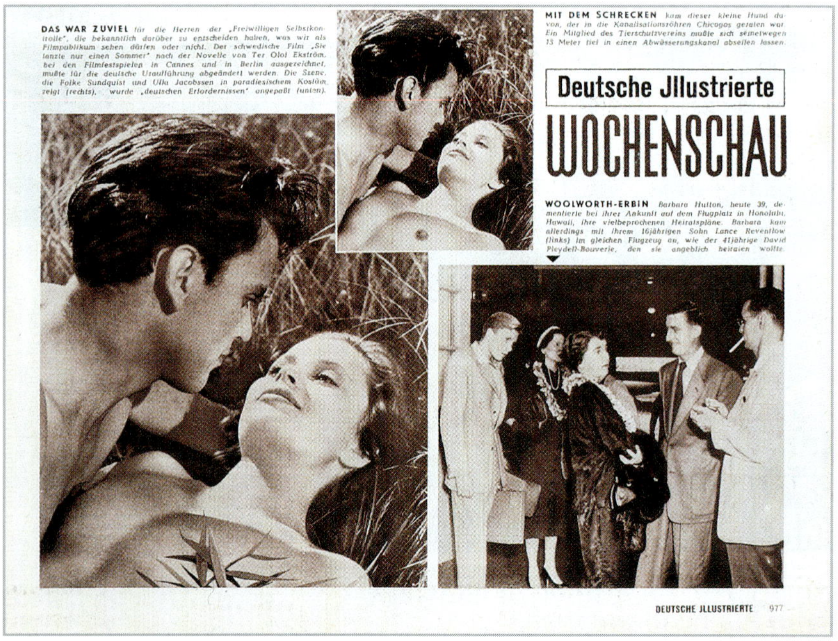
DAS WAR ZUVIEL für die Herren der „Freiwilligen Selbstkontrolle“, die bekanntlich darüber zu entscheiden haben, was wir als Filmpublikum sehen dürfen oder nicht. Der schwedische Film „Sie tanzte nur einen Sommer“ nach der Novelle von Ter Olof Ekström, bei den Filmfestspielen in Cannes und in Berlin ausgezeichnet, mußte für die deutsche Uraufführung abgeändert werden. Die Szene, die Folke Sundquist und Ulla Jacobssen in paradiesischem Kostüm zeigt (rechts), wurde „deutschen Erfordernissen“ angepaßt (unten).

MIT DEM SCHRECKEN kam dieser kleine Hund davon, der in die Kanalisationsröhren Chicagos geraten war. Ein Mitglied des Tierschutzvereins mußte sich seinetwegen 13 Meter tief in einen Abwässerungskanal abseilen lassen.

Deutsche Jllustrierte

WOCHENSCHAU

WOOLWORTH-ERBIN Barbara Hutton, heute 39, dementierte bei ihrer Ankunft auf dem Flugplatz in Honolulu, Hawaii, ihre vielbesprochenen Heiratspläne. Barbara kam allerdings mit ihrem 16jährigen Sohn Lance Reventlow (links) im gleichen Flugzeug an, wie der 41jährige David Pleydell-Bouverie, den sie angeblich heiraten wollte.

DEUTSCHE JLLUSTRIERTE 977

Zensierte und unzensierte Szene aus dem Film *Sie tanzte nur einen Sommer*, *Deutsche Illustrierte*, 23. August 1952.

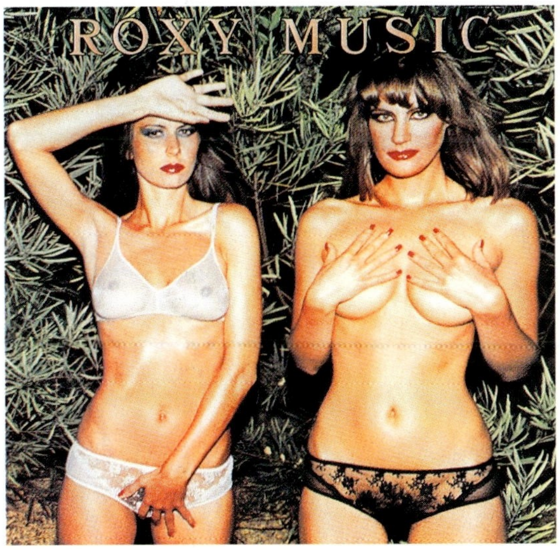

Unzensiertes Cover des Albums *Country life* der Rockgruppe Roxy Music, 1974.

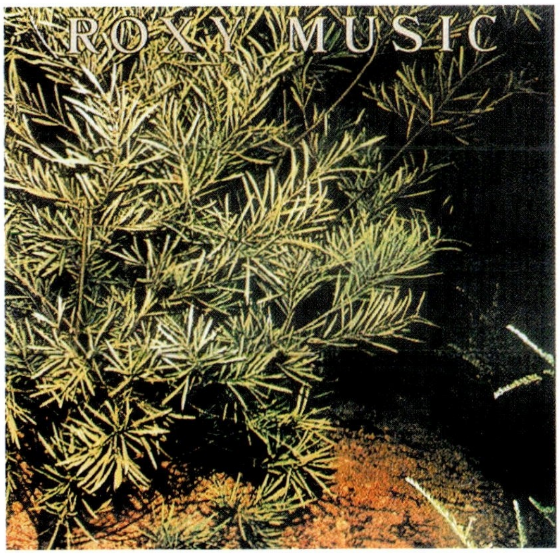

Zensiertes Cover des Roxy-Music-Albums *Country life*, 1974.

Die Bundesprüfstelle für jugendgefährdende Schriften kontrolliert bis in die siebziger Jahre insbesondere Comics und Pin-up-Magazine, oftmals vorsorglich von den Verlagen mit retuschierten Geschlechtsmerkmalen in den Handel gebracht. Auch in der Pop- und Rockkultur, die speziell auf jugendliche Konsumenten ausgerichtet ist, greifen derartige Selbstkontrollmechanismen. Plattencover, denen aufgrund ihrer freizügigen beziehungsweise gewalttätigen Darstellungen eine Indizierung droht, werden retuschiert oder neu gestaltet. Der Indizierungsdruck ist jedoch nicht immer notwendig, um Bildmaterial aus moralischen Gründen zu retuschieren, wie eine Abbildung im Berliner *Tagesspiegel* vom 24. Januar 1997 zeigt: Im Foto der Kommune I aus dem Jahre 1967 sind die Geschlechtsmerkmale nun aufgrund nachträglicher Retusche nicht mehr zu erkennen.

Generell gilt für die medienüberwachenden Institutionen wie FSK und Bundesprüfstelle, daß aufgrund des Wertewandels, der sich seit den sechziger Jahren in der Bundesrepublik Deutschland vollzieht, der Schwerpunkt der Medienüberwachung weniger sexuellen Illustrationen, sondern vielmehr brutalen Gewaltdarstellungen und der Verbreitung verfassungsfeindlicher Tätigkeiten entgegenwirken soll. Dabei tritt in den letzten Jahren immer stärker die Diskussion um die Kontrolle der neuen Medien, in erster Linie des Internets, in den Vordergrund.

Angesichts stetig wachsender Medienvielfalt stellt Folker Hönge, der Ständige Vertreter der Obersten Landesjugendbehörden bei der FSK, in einem Beitrag zum Thema „Jugendschutz und Wertewandel" fest: „Junge Menschen sind nicht in erster Linie als Konsumenten medialer Botschaften anzusehen, sondern als Teilnehmer einer Medienwelt, für deren Gestaltung wir Erwachsene als Medienanbieter, Jugendschützer und Eltern die Verantwortung tragen. Die gesetzlichen Rahmenbedingungen und ihre Institutionen können hier nur Hilfestellung leisten."

Se

Foto der Kommune I mit retuschierten Geschlechtsmerkmalen, *Tagesspiegel*, 24. Januar 1997.

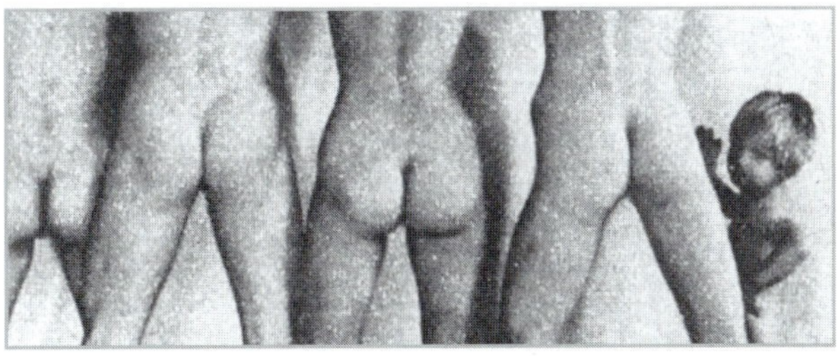

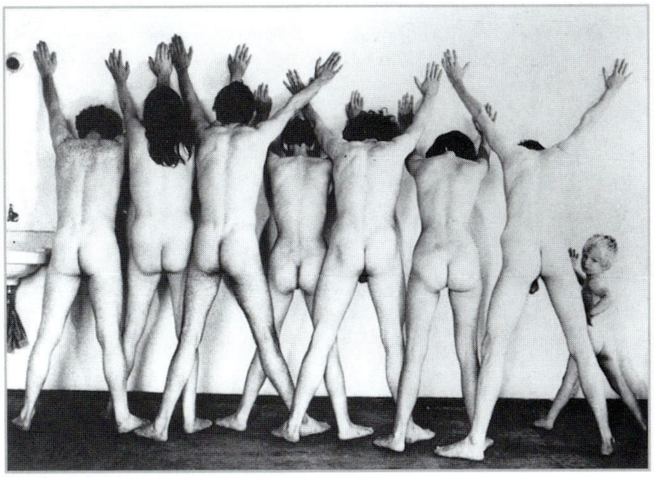

Originalfoto der Kommune I von Thomas Hesterberg, 1967.

K wie Kalter Krieg

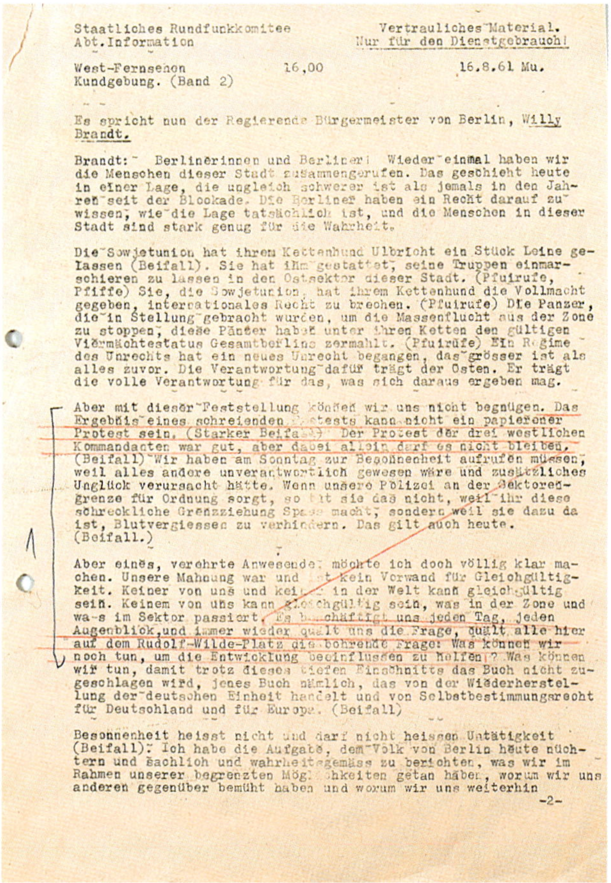

Staatliches Rundfunkkomitee Vertrauliches Material.
Abt.Information Nur für den Dienstgebrauch!

West-Fernsehen 16,00 16.8.61 Mu.
Kundgebung. (Band 2)

Es spricht nun der Regierende Bürgermeister von Berlin, Willy Brandt.

Brandt: Berlinerinnen und Berliner! Wieder einmal haben wir die Menschen dieser Stadt zusammengerufen. Das geschieht heute in einer Lage, die ungleich schwerer ist als jemals in den Jahren seit der Blockade. Die Berliner haben ein Recht darauf zu wissen, wie die Lage tatsächlich ist, und die Menschen in dieser Stadt sind stark genug für die Wahrheit.

Die Sowjetunion hat ihrem Kettenhund Ulbricht ein Stück Leine gelassen (Beifall). Sie hat ihm gestattet, seine Truppen einmarschieren zu lassen in den Ostsektor dieser Stadt. (Pfuirufe, Pfiffe) Sie, die Sowjetunion, hat ihrem Kettenhund die Vollmacht gegeben, internationales Recht zu brechen. (Pfuirufe) Die Panzer, die in Stellung gebracht wurden, um die Massenflucht aus der Zone zu stoppen, diese Panzer haben unter ihren Ketten den gültigen Viermächtestatus Gesamtberlins zermahlt. (Pfuirufe) Ein Regime des Unrechts hat ein neues Unrecht begangen, das grösser ist als alles zuvor. Die Verantwortung dafür trägt der Osten. Er trägt die volle Verantwortung für das, was sich daraus ergeben mag.

Aber mit dieser Feststellung können wir uns nicht begnügen. Das Ergebnis eines schreienden Protests kann nicht ein papierener Protest sein. (Starker Beifall) Der Protest der drei westlichen Kommandanten war gut, aber dabei allein darf es nicht bleiben. (Beifall) Wir haben am Sonntag zur Besonnenheit aufrufen müssen, weil alles andere unverantwortlich gewesen wäre und zusätzliches Unglück verursacht hätte. Wenn unsere Polizei an der Sektorengrenze für Ordnung sorgt, so tut sie das nicht, weil ihr diese schreckliche Grenzziehung Spass macht, sondern weil sie dazu da ist, Blutvergiessen zu verhindern. Das gilt auch heute. (Beifall.)

Aber eines, verehrte Anwesende, möchte ich doch völlig klar machen. Unsere Mahnung war und ist kein Vorwand für Gleichgültigkeit. Keiner von uns und keiner in der Welt kann gleichgültig sein. Keinem von uns kann gleichgültig sein, was in der Zone und was im Sektor passiert. Es beschäftigt uns jeden Tag, jeden Augenblick, und immer wieder quält uns die Frage, quält alle hier auf dem Rudolf-Wilde-Platz die bohrende Frage: Was können wir noch tun, um die Entwicklung beeinflussen zu helfen? Was können wir tun, damit trotz dieses tiefen Einschnitts das Buch nicht zugeschlagen wird, jenes Buch nämlich, das von der Wiederherstellung der deutschen Einheit handelt und von Selbstbestimmungsrecht für Deutschland und für Europa. (Beifall)

Besonnenheit heisst nicht und darf nicht heissen Untätigkeit (Beifall). Ich habe die Aufgabe, dem Volk von Berlin heute nüchtern und sachlich und wahrheitsgemäss zu berichten, was wir im Rahmen unserer begrenzten Möglichkeiten getan haben, worum wir uns anderen gegenüber bemüht haben und worum wir uns weiterhin

-2-

Karl-Eduard von Schnitzlers Sendemanuskript: eine Mitschrift der Rede Willy Brandts.

22. August 1961, 21.30 Uhr: Im DDR-Fernsehen beginnt – wie jeden Montag – die Sendung *Der Schwarze Kanal* von und mit Karl-Eduard von Schnitzler. Nach dem Vorspann erscheint auf dem Bildschirm Willy Brandt, der Regierende Bürgermeister von Berlin. Noch unter dem Eindruck des Mauerbaus äußert er: „Was sich am Sonntag ereignet hat, ist keine unmittelbare Bedrohung Westberlins."

„Na bitte", blendet sich Karl-Eduard von Schnitzler ein, „welche fundamentale Einsicht! Nein, Sie haben sich nicht verhört." Ein weiterer Ausschnitt aus Brandts Rede folgt: „Unsere Freiheit ist nicht unmittelbar bedroht, wir können leben, wie wir es gewohnt sind, wir brauchen keine Unruhe zu haben, wir können so tun, als ob nichts geschehen wäre, unsere Verbindungswege funktionieren, unsere Wirtschaft funktioniert." Schnitzler meldet sich wieder zu Wort, er wiederholt die Hauptaussagen: „Freiheit nicht bedroht ... Können leben, wie sie wollen ... alles funktioniert ... brauchten keine Unruhe zu haben", um dann mit den Worten fortzufahren: „Ja warum hat er sie dann, warum weint er so zum Steinerweichen?" Und weiter: „Ach Gottchen, der Willy Weinbrandt. Was mag er verloren haben, daß er so jammert? Wem trauert er nach?"

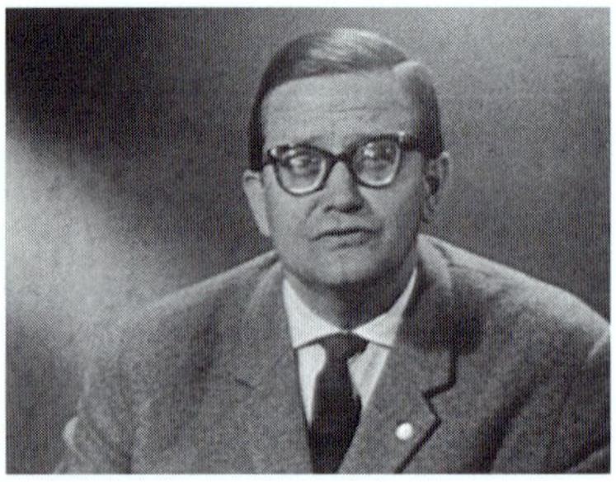

Karl-Eduard von Schnitzler moderiert *Der Schwarze Kanal.*

Statt einer Anwort spielt von Schnitzler unvermittelt einen westdeutschen Filmbeitrag ein, der unter anderem über Berliner Grenzkinos, einen Westbriefkasten für Ostdeutsche und den Flughafen Berlin-Tempelhof als Tor zum Westen berichtet. In seinem anschließenden Kommentar klingt dies dann so: „Jugendverführung durch Sex- und Crime-Filme – illegaler Postverkehr und Menschenschleuse mit Luftkanal". Und er fährt fort: „Das gab's nur einmal, fast dreizehn Jahre lang, und nun ist's vorbei und kommt nicht wieder." Jetzt erst wird das Thema seiner Sendung deutlich: „Wir sind in Berlin der Normalisierung etwas näher gekommen, indem wir die Anomalen ein wenig eingezäunt haben." – Von Schnitzlers Interpretation des Berliner Mauerbaus.

Willy Brandts Zitate sind völlig aus dem Zusammenhang gerissen, wie ein Blick in das erhaltene Sendemanuskript zeigt. Vorlage für die Sendung ist ein Mitschnitt einer Rede, die Brandt drei Tage nach Beginn des Mauerbaus auf dem Rudolf-Wilde-Platz vor dem Rathaus Schöneberg gehalten hat. Diese Kundgebung überträgt der Sender Freies Berlin in Rundfunk und Fernsehen. Das staatliche Rundfunkkomitee der DDR, Abteilung Information fertigt eine wörtliche Mitschrift der Brandt-Rede und stellt diese ihrem Chef-Kommentator zur Verfügung.

Brandt erläutert seine Einschätzung, daß die Ereignisse des 13. August keine unmittelbare Bedrohung West-Berlins seien, mit dem Hinweis darauf, daß die Sowjets „klug genug" seien „zu wissen, daß ein Angriff auf das Gebiet von Westberlin und seine Verbindungswege der unmittelbare Anschlag auf den Frieden der Welt ist". Diesen Anschlußsatz unterschlägt der Moderator ebenso wie Brandts Beurteilung der Ereignisse als einen „Anschlag auf die Moral des deutschen Volkes". Statt dessen

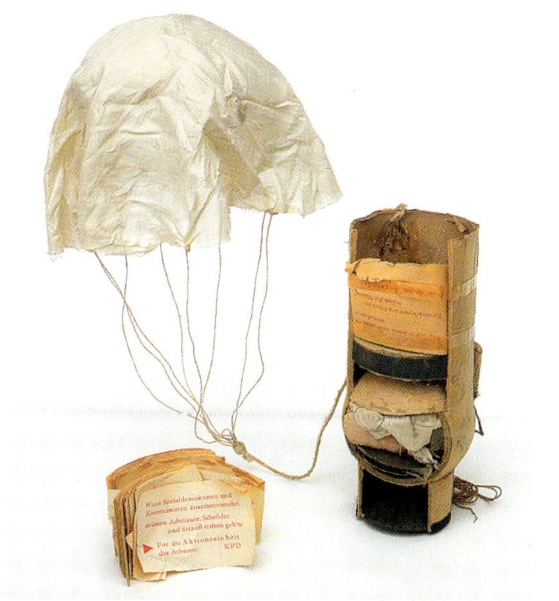

Eine Propagandabombe der DDR – gefüllt mit Flugblättern soll sie über dem Gebiet der Bundesrepublik explodieren.

polemisiert er heftig und greift Brandt persönlich an. Insgesamt dreimal benutzt von Schnitzler diesen kurzen Ausschnitt aus der Brandt-Rede in seiner Sendung. Die Motive der DDR-Führung für den Mauerbau erwähnt er nicht, die Sowjetunion und die Abhängigkeit der DDR von ihrer Besatzungsmacht verschweigt er. In seinen Worten wird nicht die DDR zugemauert, sondern Westdeutschland „eingezäunt“, und zwar „dem Frieden zum Nutze, zum Wohle aller, auch zum Wohle der Westberliner und Westdeutschen“.

Auch das zweite Brandt-Zitat gibt von Schnitzler unvollständig wieder. Er verschweigt, daß der Regierende Bürgermeister einleitend darauf hingewiesen hat, daß den Berlinern „wieder einmal eine besondere Bewährung“ bevorstehe, die West-Berliner es aber „sehr viel leichter“ hätten als „die Bürger im anderen Teil der Stadt“. Zudem läßt er unerwähnt, daß Brandt auch auf die Truppenpräsenz der westlichen Alliierten in Berlin hinweist.

Gemäß seinem Leitsatz „Meine Texte sind stärker als das Bild des Gegners“ gestaltet Karl-Eduard von Schnitzler seine Sendungen. Zwischen dem 21. März 1960 und dem 30. Oktober 1989 moderiert er insgesamt 1519 mal den *Schwarzen Kanal.*

1946 ist von Schnitzler Mitbegründer des Nordwestdeutschen Rundfunks in Köln, bis 1947 dort Leiter der politischen Abteilung und stellvertretender Intendant. 1948 geht er zum Berliner Rundfunk. 1952 wird er Leiter der Kommentatorengruppe des Staatlichen Rundfunkkomitees der DDR, 1969 stellvertretender Vorsitzender des Staatlichen Komitees für Fernsehen.

Als er nach anderen Sendungen 1960 den *Schwarzen Kanal* startet, ist der Kalte Krieg mit der Berlin-Krise erneut auf einem Höhepunkt angelangt. Von Schnitzler ist Propagandist des Kalten Krieges. In dieser bald nach Kriegsende einsetzenden und über 30 Jahren dauernden Ära des Ost-West-Konflikts dominiert die amerikanisch-sowjetische Rivalität die Weltpolitik; die Furcht vor dem Übergriff der Gegenseite auf die eigene Sicherheitssphäre bestimmt das Handeln der Großmächte wie ihrer Verbündeten. Insbesondere auf Seiten des Ostens spielen Propaganda und Verunglimpfung des Gegners eine große Rolle. Seit Beginn der sechziger Jahre übernimmt auch das Fernsehen angesichts der zunehmenden Zahl an Fernsehempfängern hierbei eine immer wichtigere Aufgabe.

1960/61 steckt die DDR wegen großer wirtschaftlicher Probleme, auch wegen der Berlin-Drohungen Nikita Chruschtschows in einer tiefen Krise. Die Flüchtlingszahlen steigen rapide an, 30 000 Menschen fliehen allein im Juli 1961 in den Westen. Um ein Ausbluten des Landes zu verhindern, beschließt die DDR-Führung daher die völlige Abriegelung ihrer Westgrenze. Die Propagandamaschinerie der DDR stellt die Motive für den Mauerbau auf den Kopf; sie erklärt, der „antifaschistische Schutzwall“ schütze die DDR gegen den Westen und rette den „Frieden in Europa“. Von Schnitzler ist ein Sprachrohr dieser Doktrin, seine Sendung dient dieser Propaganda. *Sc*

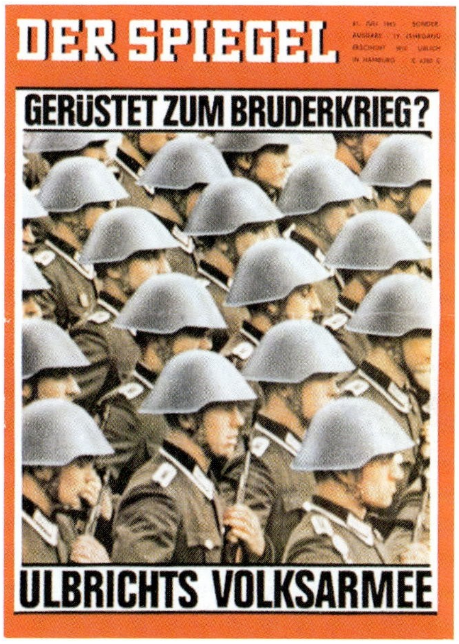

Äußerlich das Hamburger Nachrichtenmagazin *Der Spiegel*, in Wirklichkeit ein Tarnschrift des DDR-Ministeriums für Staatssicherheit.

L wie Legendenbildung

Umstrittene Broschüre aus dem Jahr 1962.

Die Atombombenangriffe auf die japanischen Städte Hiroshima und Nagasaki demonstrieren Anfang August 1945 aller Welt die ungeheure Zerstörungskraft dieser Waffen. Dennoch versuchen die verantwortlichen Politiker in den fünfziger und sechziger Jahren – der dramatischen Phase des Kalten Krieges –, die Bevölkerung zu beruhigen. Sie vermitteln die Legende, die Zivilbevölkerung könne einen Atomschlag überleben, sofern sie „geeignete Maßnahmen" ergreife. Hierzu zählt, daß der Einzelne unter einen Tisch kriecht oder sich hinter einen Baum hockt – Maßnahmen, die keinen wirklichen Schutz vor nuklearer Strahlung bieten.

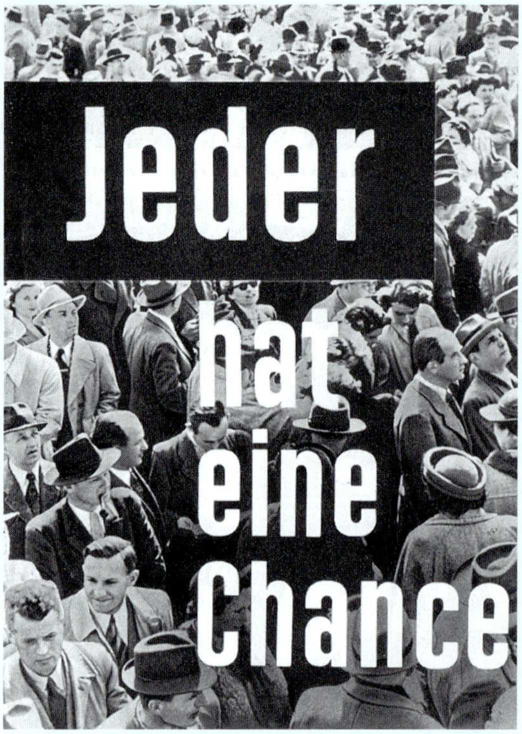

In den USA hat bereits seit der erfolgreichen sowjetischen Zündung einer Wasserstoffbombe 1953 eine rege Diskussion über den Schutz der Zivilbevölkerung eingesetzt. Die Zivilschutzbehörde versucht, die amerikanische Bevölkerung mit Überlebensratgebern zu beruhigen: „Duck and cover"-Übungen sollen die Amerikaner auf den Ernstfall vorbereiten und eine Panik im Ernstfall vermeiden. Mit ihren Verharmlosungen der Atomkriegsgefahren wirken sie eher kontraproduktiv.

Die überirdischen Atombombentests, zunächst auf dem Bikiniatoll und von 1950 bis 1963 in der Wüste von Nevada, sind Medienereignisse ersten Ranges. In der Bevölkerung finden die Tests breite Unterstützung, da Verteidigungspolitiker im Kalten Krieg davon ausgehen, daß Atomwaffen der beste Schutz vor einer kommunistischen Bedrohung seien.

Hiroshima nach dem Atombombenabwurf am 6. August 1945.

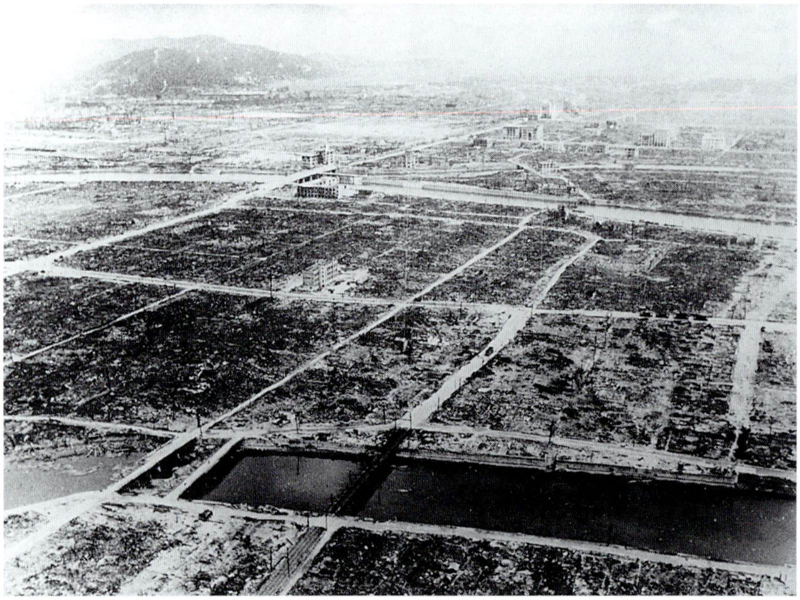

Die Gefahren radioaktiven Fallouts sind in der Bevölkerung wenig bekannt. Während der Tests in Nevada unterbindet die amerikanische Regierung weitgehend die Diskussion über die frei werdende Radioaktivität. Strenge Militärzensur verhindert, daß Erkenntnisse verbreitet werden, die amerikanische Wissenschaftler nach dem Atombombenabwurf über Hiroshima und Nagasaki gewonnen haben, zum Beispiel über das Leiden der verstrahlten Zivilbevölkerung und weitere Folgen der Radioaktivität. Auch Berichte über die verstrahlten Soldaten bei den Atombombentests in Nevada gelangen nicht an die Öffentlichkeit.

1956, elf Jahre nach Ende des Zweiten Weltkriegs, wird die Bundeswehr gegründet. Sie wird Teil der 1949 entstandenen Nordatlantischen Verteidigungsorganisation (NATO). In der Bevölkerung ist die Wiederbewaffnung umstritten. Parallel zum Aufbau der Bundeswehr wird der Schutz für die Zivilbevölkerung ausgebaut. Das Gesetz vom 9. Oktober 1957 „über Maßnahmen zum Schutz der Zivilbevölkerung" markiert den Beginn des Zivilschutzes in der Bundesrepublik. Ein Erlaß bestimmt im selben Jahr die Errichtung der Bundesstelle für zivilen Bevölkerungsschutz, eine Vorgängerin des bis heute existierenden Bundesamts für Zivilschutz.

Mit der Einbeziehung der Bundesrepublik in das westliche Verteidigungsbündnis wird auch die atomare Bewaffnung der Bundeswehr diskutiert. Eine Umfrage im Dezember 1955 ergibt, daß drei Viertel der erwachsenen Bevölkerung den Begriff „Atomenergie" mit Bomben, Krieg und Vernichtung verbindet.

In der Bundesrepublik Deutschland wird dem Luftschutz in den fünfziger Jahren geringe Aufmerksamkeit geschenkt. Die Regierung will die Ablehnung der Wiederaufrüstung nicht durch den Bau von Bunkern verstärken. Sie versucht, den Ängsten in der Bevölkerung vor einem atomar geführten Krieg mit der Broschüre *Jeder hat eine Chance* zu begegnen, die Anfang 1962 an alle Haushalte verteilt wird. Sie rät, ganz im Stil des „Duck and cover", bei einem Atomschlag unter einen Tisch zu kriechen und die Augen zu schließen – so hätte der Bürger eine Überlebenschance. In der Öffentlichkeit wird diese Broschüre heftig kritisiert. Die SPD stellt dazu im Januar 1962 eine Kleine Anfrage im Bundestag: „Ist sich die Bundesregierung bewußt, daß die Broschüre ... der Bereitschaft unserer Bevölkerung für die Notwendigkeit eines zivilen Bevölkerungsschutzes außerordentlich geschadet hat?". Tatsache ist, daß Anfang der sechziger Jahre noch nicht einmal ein flächendeckendes Warnsystem existiert. Insgesamt beläuft sich die Summe, die bis 1961 für den Bevölkerungsschutz ausgeben wird, auf zwei Milliarden DM, dies entspricht etwa dem Betrag, den die Bundesregierung 1962 für den Kasernenbau vorsieht.

In einer *Spiegel*-Titelgeschichte über den Luftschutz beleuchten die Autoren unter dem Motto „Jeder hat keine Chance" die Situation des Zivilschutzes in der Bundesrepublik. Als Hermann Höcherl 1961 das Amt des Bundesinnenministers übernimmt, in dessen Aufgabenbereich der Zivilschutz fällt, gibt es statt der nötigen 70 000 Sirenen nur 6000, auch existieren nur wenige atombombensichere Schutzräume.

Das Dilemma, wie die Bevölkerung bei einem atomaren Raketenangriff des Warschauer Pakts kurzfristig gewarnt werden kann, ist nicht annähernd gelöst: Eine Evakuierung, wie zum Beispiel in den USA vorgesehen, ist in der dichtbesiedelten Bundesrepublik nicht möglich; für einen effektiven Schutz der Bevölkerung durch atombombensichere Bunker fehlen die finanziellen Mittel. Trotz der latenten Bedrohung durch den Warschauer Pakt bis in die achtziger Jahre gibt es für die Zivilbevölkerung keinen ausreichenden Schutz. *Oe*

Zivilschutzfibel von 1964 mit Verhaltensmaßregeln für den Fall eines Atomschlags.

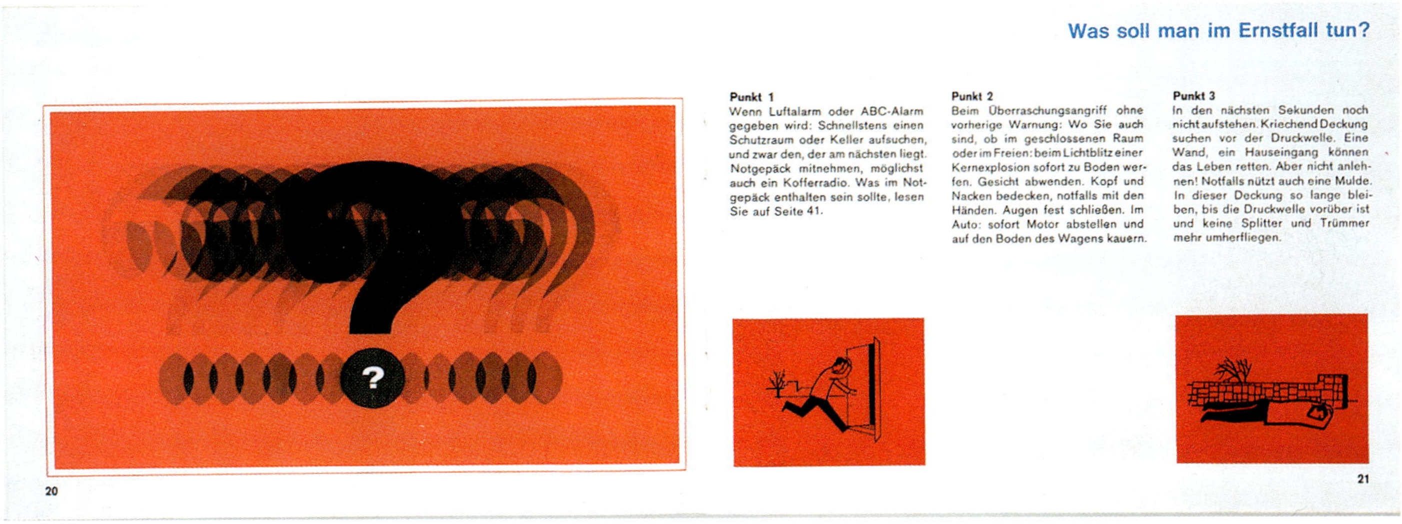

Was soll man im Ernstfall tun?

Punkt 1
Wenn Luftalarm oder ABC-Alarm gegeben wird: Schnellstens einen Schutzraum oder Keller aufsuchen, und zwar den, der am nächsten liegt. Notgepäck mitnehmen, möglichst auch ein Kofferradio. Was im Notgepäck enthalten sein sollte, lesen Sie auf Seite 41.

Punkt 2
Beim Überraschungsangriff ohne vorherige Warnung: Wo Sie auch sind, ob im geschlossenen Raum oder im Freien: beim Lichtblitz einer Kernexplosion sofort zu Boden werfen. Gesicht abwenden. Kopf und Nacken bedecken, notfalls mit den Händen. Augen fest schließen. Im Auto: sofort Motor abstellen und auf den Boden des Wagens kauern.

Punkt 3
In den nächsten Sekunden noch nicht aufstehen. Kriechend Deckung suchen vor der Druckwelle. Eine Wand, ein Hauseingang können das Leben retten. Aber nicht anlehnen! Notfalls nützt auch eine Mulde. In dieser Deckung so lange bleiben, bis die Druckwelle vorüber ist und keine Splitter und Trümmer mehr umherfliegen.

20

21

M wie Morphing

Morphing – ein Begriff aus der Computersprache – bedeutet Gestaltwechsel. Marienkäfer werden zu Tigern, Menschen verwandeln sich in Aliens, ein Gesicht nimmt in rascher Folge immer wieder neue Gestalt an – wir alle kennen diese Morphings aus Filmen der Werbung und Unterhaltungsindustrie. Aber auch am eigenen PC ermöglichen entsprechende Software-Programme ein unterhaltsames Spiel, zum Beispiel mit dem Wandel von Jung zu Alt oder Mann zu Frau.

Ausgangsmaterial für einen Morph können beispielsweise zwei Gesichter in möglichst identischer Haltung sein. Das erste Bild wird nach und nach verzerrt und ausgeblendet, während das zweite Bild verzerrt beginnt und immer stärker aufgeblendet wird. Die ersten Bilder der Sequenz sind dem Ausgangsbild noch sehr ähnlich. Die Mitte der Sequenz zeigt das Mittel von Ausgangs- und Endbild, die jeweils zu 50 Prozent verzerrt und überblendet sind. Je mehr sich dann die Morphsequenz vom Ausgangsbild entfernt, desto stärker ähnelt es dem Endbild.

Damit ein überzeugender Morph entsteht, müssen mit Hilfe sogenannter Vektoren die Anfangs- und Zielpunkte der Verzerrung festgelegt werden. Dies gilt bei der äußeren Kopfform ebenso wie für Nase, Augen und Mund. Gerade hier ist eine besonders sorgfältige Arbeit erforderlich, da Augenabstände und Nasengrößen meist deutliche Unterschiede aufweisen. Je genauer die Vektoren definiert sind, desto weicher und fließender erfolgt später der Übergang. Dabei ändern sich zunächst die groben Strukturen, die feinen optimiert das Programm am Ende.

Im Gegensatz zur herkömmlichen Überblendungstechnik ist beim Morphing jedes Bild neu komponiert. Der Computer rechnet jedes Einzelbild und speichert es so ab, daß als Ergebnis schließlich eine Filmsequenz mit 25 Bildern pro Sekunde zu sehen ist. Auf diese Weise entsteht die perfekte Illusion.

Morphings können technisch überzeugend wirken und „reale" Wandlungsprozesse vorspielen. Sie sind gerade deswegen aber auch ein gutes Beispiel, um zu veranschaulichen, wie sehr die Glaubwürdigkeit von Bildern abhängt vom Wissen und dem Erfahrungshorizont des Betrachters. Weil wir wissen, daß Marienkäfer sich nicht in Tiger verwandeln können, Menschen keine Aliens werden und ein Kohl-Schröder beziehungsweise Schröder-Kohl nicht existiert, bleibt Morphing auch weiterhin, was es bislang war – eine kreative Spielerei. *Br*

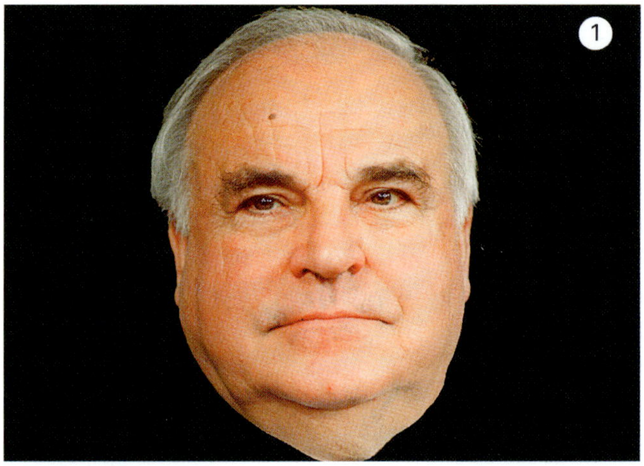

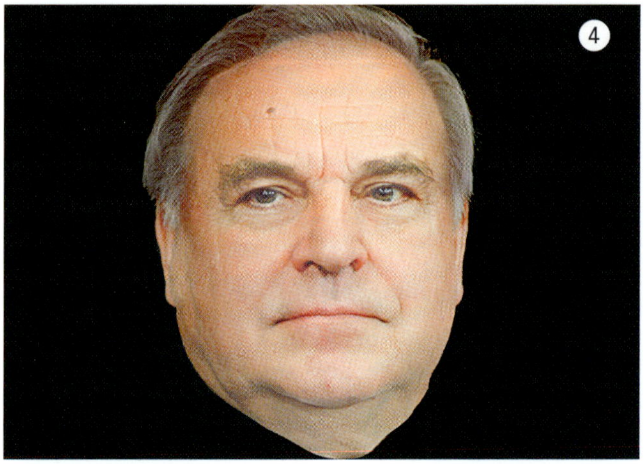

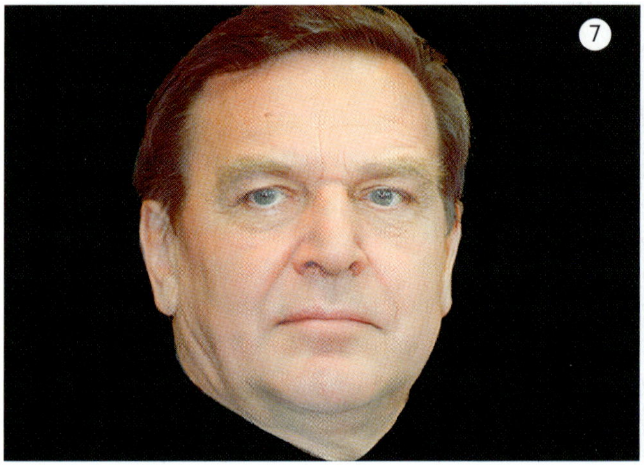

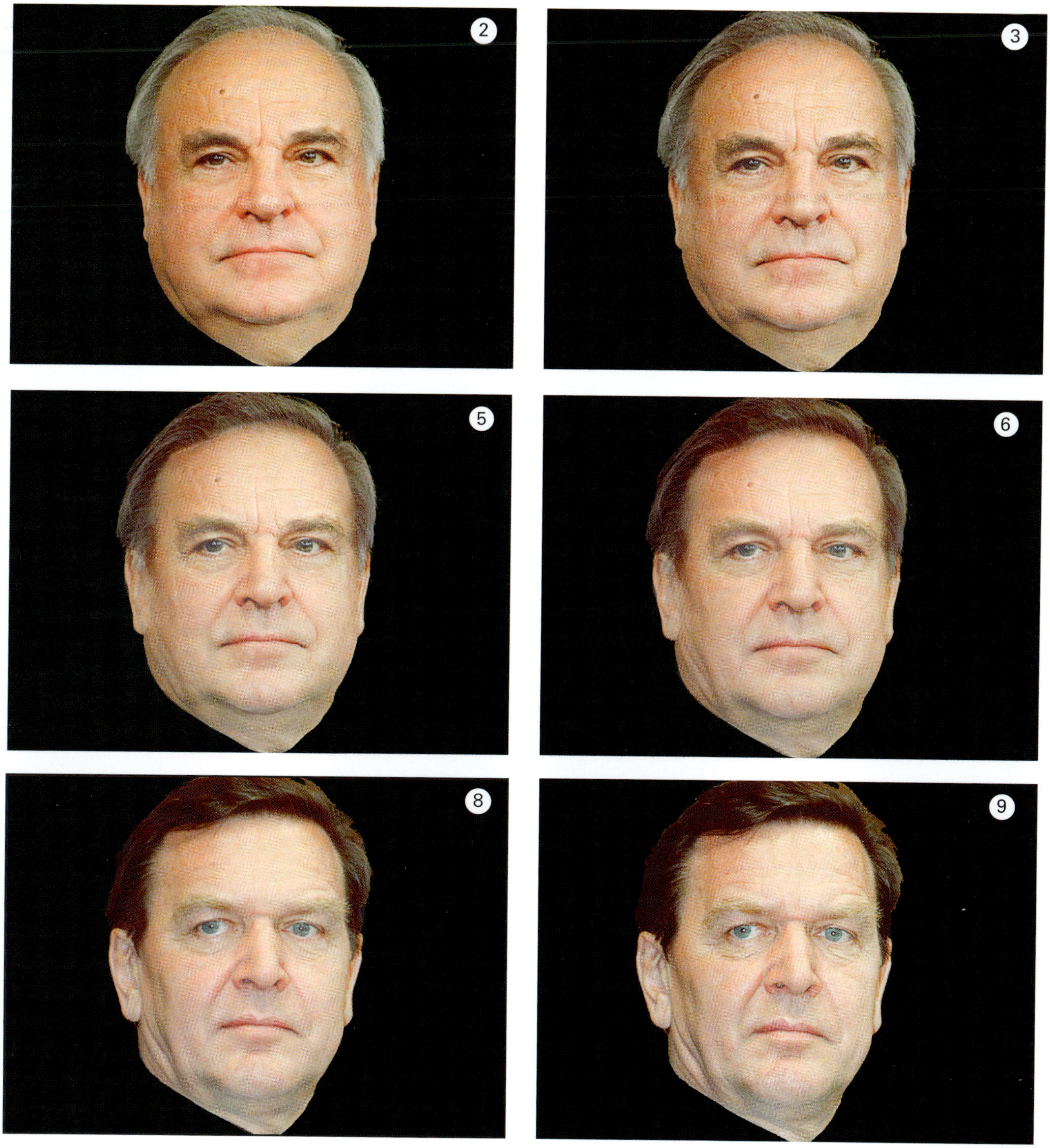

Morphingsequenz
von Helmut Kohl
zu Gerhard Schröder.

N wie Nazikult und Nazierbe

Im Juni 1966 erregt eine Reportage über Neonazismus in der Bundesrepublik Deutschland Aufsehen im In- und Ausland: Die französische Illustrierte *Paris Match* veröffentlicht unter dem Titel „Ils sont Nazis en 66" Bilder einer vermeintlichen Party junger deutscher Neonazis. Weitere Abbildungen dokumentieren ein Treffen der „versammelten Nazi-Partei" des oberbayrischen Dorfes Reichertshausen.

Die Berichte haben jedoch einen entscheidenden Makel: Sie sind erfunden! Für die Abbildung der „Nazi-Party" rüsteten die französischen Reporter drei junge deutsche Feuerwehrleute mit SS-Uniformen aus. Ein Münchener Kostümverleiher konnte zuvor mit dem Hinweis auf eine Bildrecherche über deutsche Kostüme zur Herausgabe der Uniformen bewegt werden. „Nazis waren gefälscht" titelt *Bild am Sonntag* am 26. Juni 1966 empört; vor allem die Tageszeitung *Die Welt* nimmt sich der erfundenen Geschichte an und beklagt die „grobe Irreführung" ausländischer Leser, zumal die Darstellung auch von anderen ausländischen Printmedien gekauft und verbreitet wird. Bereits zwei Tage vor der *Paris-Match*-Reportage veröffentlicht der britische *Daily Express* die von dem *Paris-Match*-Fotografen Jean Taousson inszenierten Bilder.

Die internationale Dimension dieser journalistischen Inszenierung veranlaßt auch die Bundesregierung zur ausführlichen Stellungnahme. In einer Pressemitteilung vom 1. Juli 1966 betont Regierungssprecher Karl-Günther von Hase zwar, daß die Bundesregierung Berichte über politische Entwicklungen in der Bundesrepublik begrüße. Daß jedoch „eine so angesehene Zeitschrift wie *Paris Match* mit derart groben Fälschungen einen unwahren und tendenziösen Eindruck vermittelt" habe, „bedauert" die Bundesregierung.

Die Redaktion der französischen Illustrierten weist aufgrund der heftigen Reaktionen in Deutschland in einem Kommunique auf den thematischen Hintergrund des kritisierten Artikels hin: „Das Wesentliche der Debatte bleibt die Gefahr der Wiedergeburt des nazistischen Geistes in Deutschland." In der Tat richtet sich das Augenmerk ausländischer Medienorgane angesichts rechtsextremistischer Ausschreitungen und Wahlerfolge der rechtsradika-

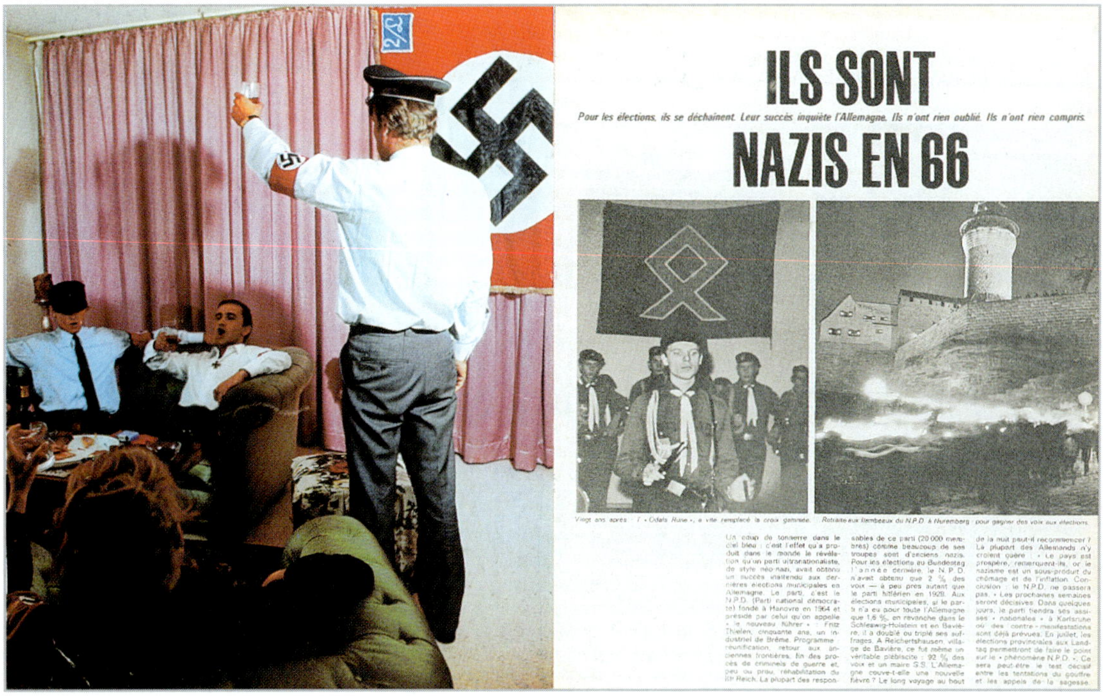

ILS SONT
Pour les élections, ils se déchaînent. Leur succès inquiète l'Allemagne. Ils n'ont rien oublié. Ils n'ont rien compris.
NAZIS EN 66

Erste Seite der Titelstory von *Paris Match*, 18. Juni 1966.

len NPD in den sechziger Jahren immer wieder auf die innenpolitische Lage in der Bundesrepublik Deutschland. Bereits im März 1966 stellt die Pariser Tageszeitung *Le Monde* vor dem Hintergrund des Erfolgs der NPD bei den Kommunalwahlen in Bayern die Frage, ob es sich um „erste Beulen einer braunen Pest in Deutschland“ handle. Die New Yorker *Herald Tribune* berichtet in ihrer Ausgabe vom 2. März 1966 über gestiegene „westdeutsche antisemitische, neonazistische Vorfälle“ des Jahres 1965.

Diese Beobachtungen decken sich mit den Erkenntnissen des Verfassungsschutzes, der für das Jahr 1965 ein „sprunghaftes Ansteigen nazistischer und antisemitischer Vorkommnisse“ konstatiert. Gleichzeitig sei die „jahrelange Tendenz des fortschreitenden Mitgliederschwundes im Gesamtbereich der extremen Rechten durchbrochen“. Die wirtschaftliche Rezession Mitte der sechziger Jahre ist ein Auslöser für die Erfolge der erst 1964 gegründeten NPD. Dieser Aufstieg der Rechtsextremisten gipfelt in den Landtagswahlergebnissen von Hessen und Bayern im Jahr 1966 sowie in Baden-Württemberg, wo die Partei im April 1968 mit 9,8 Prozent ihren größten Wahlerfolg erzielt.

Angesichts der wachsenden Besorgnis des Auslands vor neonazistischen Tendenzen in Deutschland plaziert *Paris Match* ihre Story der „Nazis '66“. Hierzu bemerkt die SPD in einer Pressemitteilung vom 29. Juni 1966, daß sich „Gruselgeschichten über das Wiederaufleben des Nationalsozialismus ... in klingende Münze“ umwandeln lassen: „Das Geschäft mit der jüngsten Vergangenheit Deutschlands blüht immer noch“, stellen die Sozialdemokraten mit Blick auf das Ausland fest. Jedoch auch in der Bundesrepublik Deutschland hat sich nach Kriegsende rasch ein florierendes Gewerbe mit Nazi-Devotionalien etabliert. Mit Kriegsmemorabilia, Feldpostkarten, Orden und Abzeichen aller Art lassen sich bis in die Gegenwart hohe Umsätze erzielen. So verlangt ein Münchner Auktionshaus im Herbst 1998 für einen Geschenkdolch mit der Inschrift „Reichsjägermeister Hermann Göring“ als Mindestgebot 15 000 DM, ein von Hitler gemaltes Aquarell der Alt-Wiener Bettlerstiege findet bei der selben Auktion für 26 000 DM einen Liebhaber. Im Graubereich von Militaria-Sammlern, soldatischen Traditionsverbänden und rechtsextremen Vereinigungen sind immer wieder auch Fälschungen und Reproduktionen im Angebot. *Se*

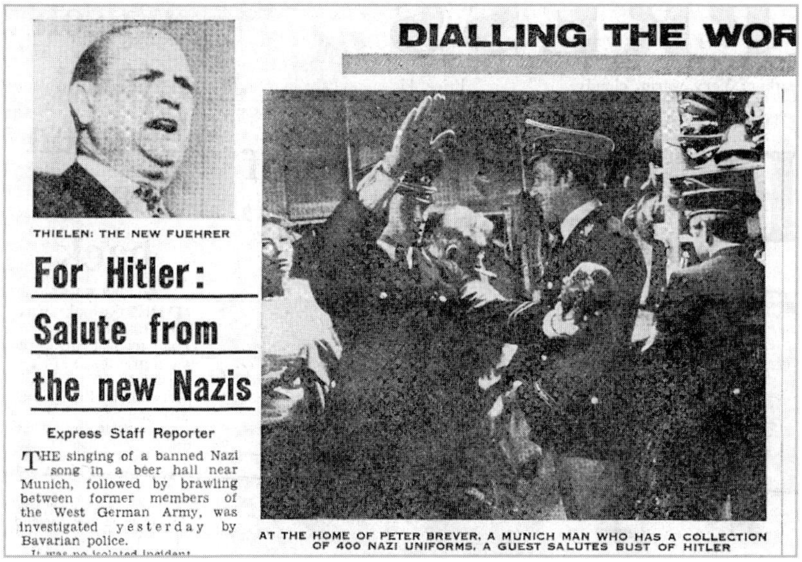
DIALLING THE WOR

THIELEN: THE NEW FUEHRER

For Hitler: Salute from the new Nazis

Express Staff Reporter

THE singing of a banned Nazi song in a beer hall near Munich, followed by brawling between former members of the West German Army, was investigated yesterday by Bavarian police.

AT THE HOME OF PETER BREVER, A MUNICH MAN WHO HAS A COLLECTION OF 400 NAZI UNIFORMS, A GUEST SALUTES BUST OF HITLER

Auch hier die Story über „Nazis '66“. *Daily Express*, 16. Juni 1966.

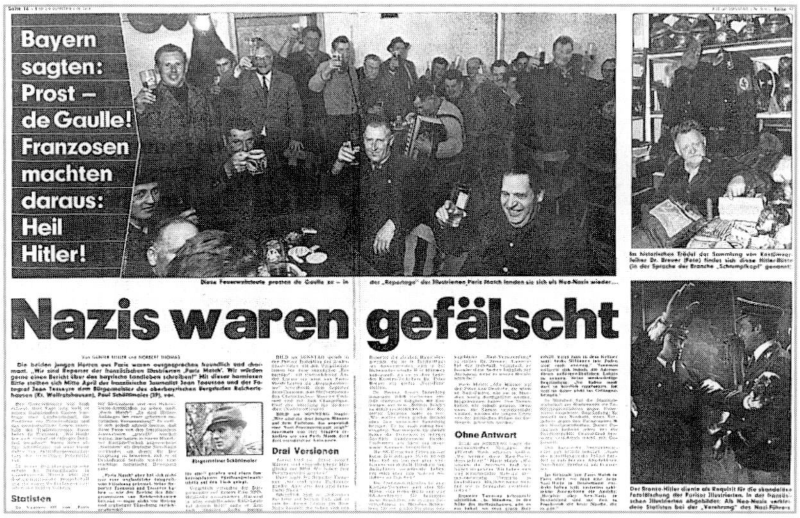
Bayern sagten: Prost – de Gaulle! Franzosen machten daraus: Heil Hitler!

Nazis waren gefälscht

Drei Versionen

Ohne Antwort

Statisten

Bild am Sonntag über die Fälschung von *Paris Match*, 26. Juni 1966.

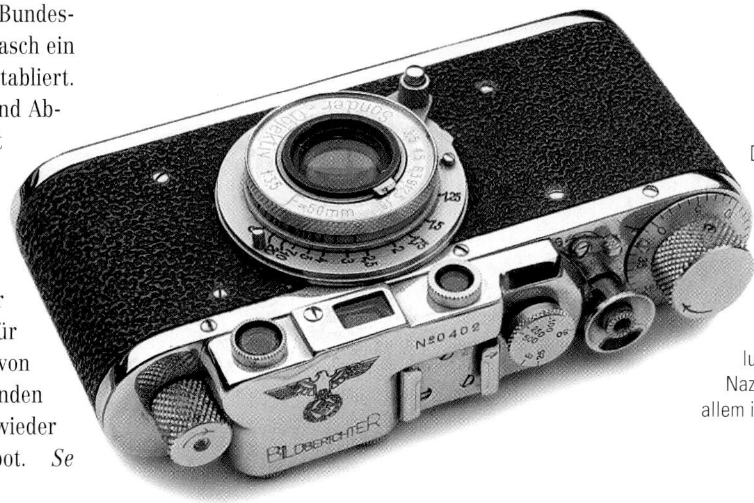

Der „Bildberichter“: Fälschung der in der nationalsozialistischen Kriegsberichterstattung eingesetzten Kamera, für den lukrativen Markt von Nazi-Devotionalien vor allem in Osteuropa häufig nachgebaut.

O wie Optische Täuschung

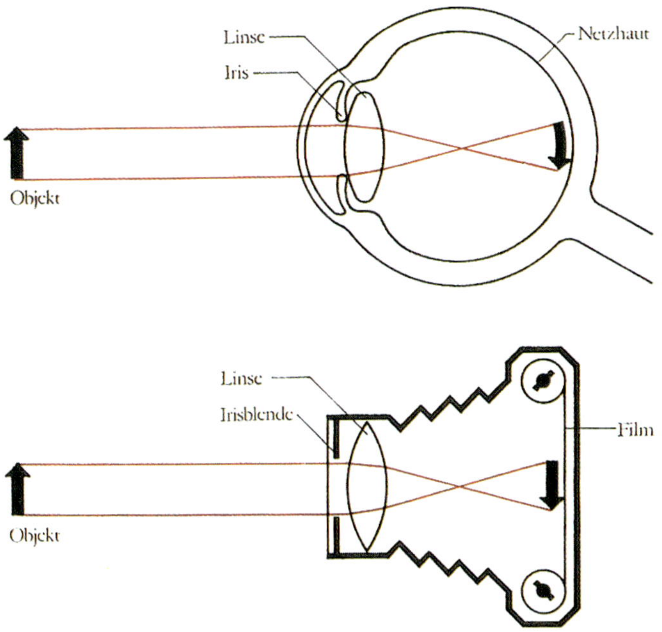

Ähnliches Prinzip bei menschlichem Auge und Kamera: Das durch ein Linsensystem einfallende Licht wird gebrochen, die Abbildung auf der Netzhaut respektive dem Film steht auf dem Kopf.

„Phänomene, die wir häufig als eine optische Täuschung bezeichnen, sind in einem engeren Sinne visuelle Illusionen", sagt Leo Peichl vom Max-Planck-Institut für Hirnforschung. Optische Täuschungen ergeben sich, wenn die objektiven Gegebenheiten nicht mit dem Bild übereinstimmen, das uns am Ende des Wahrnehmungsprozesses zur Verfügung steht. Um zu erklären, wie es zu diesen „Illusionen" kommt, wird zunächst die optische Wahrnehmung erläutert.

Das Prinzip der Kamera ist dem der menschlichen Optik sehr ähnlich. Gleich einer Blende reguliert die Pupille durch die Veränderung ihrer Größe den Lichteinfall auf ein Linsensystem, das wiederum für die notwendige Fokussierung sorgt. Die Netzhaut entspricht dem zu belichtenden Film, auf dem wie bei Großformatkameras das projizierte Bild auf dem Kopf steht. Dieser „Sehapparat" reicht jedoch nicht aus, um uns Bilder von der Qualität einer fotografischen Aufnahme zu liefern. Im Gegensatz zu jeder Fotografie kennt das Bild auf der Netzhaut keinen Fluchtpunkt. Es bleibt flächig. Zudem ergibt sich der für uns überschaubare Bereich erst aus den Netzhautprojektionen in beiden Augen, und zwar im wesentlichen aus der Schnittmenge dieser Abbilder. Das linke Auge sieht den Teil rechts von der Nase und umgekehrt. „Die Welt steht nicht nur kopf, wir sehen sie auch über Kreuz", schreibt Dirk Lehmann in einem *Geo-Extra*-Heft, das sich der Fotografie widmet.

Zu unserem visuellen System zählt ein kompliziertes Wechselspiel elektrochemischer Vorgänge, die im Auge erst ihren Anfang nehmen und nebenbei auch dafür sorgen, daß wir die Dinge wieder zurechtgerückt wahrnehmen. 120 Millionen Stäbchen und sechs Millionen Zapfen wandeln die optischen Sinneseindrücke in elektrische Impulse um, diese leiten die Ganglienzellen des Sehnervs weiter an das Gehirn. In der im Hinterkopf gelegenen primären Sehrinde durchlaufen diese „Bildinformationen" Filterungsmechanismen, die auf verschiedenen Ebenen die einzelnen Daten über die Netzhautprojektion weiterverarbeiten. Das Bild wird in seine Bestandteile zerlegt, bevor wir ein Objekt endgültig wahrnehmen.

Damit sich ein Gegenstand vollständig erschließt, findet im Verlauf dieser neuronalen Differenzierung ein Abgleich mit dem statt, was uns als Erfahrung vorliegt. Informationen zu Kontrasten, Farben und Konturen, Dynamik und Raumdimensionen sind in hochspezialisierten Nervenzellen abrufbar, Mechanismen, die auf den optischen Reiz gleichzeitig reagieren. Diese Angaben sind in unserem visuellen Gedächtnis als Teilinformationen enthalten; erst ihre synchrone Verarbeitung verhilft uns zu einem einheitlichen Wahrnehmungseindruck von Objekten, die sich in unserem Gesichtsfeld befinden. Die Gesamtwahrnehmung ist das Ergebnis aus Gesehenem und Erinnertem – Sehen bedeutet vor allem Wiedererkennen.

Ein Beispiel für eine optische Täuschung bietet der Blick in einen Raum, den ursprünglich Adalbert Ames jr. entwarf. Der Grundriß des Raums entspricht einem Trapez. Boden und Decke sind in verschiedene Richtungen geneigt, so daß ihr Abstand in der einen Ecke doppelt so groß sein kann wie in der anderen. Den Blick in das trapezförmige Rauminnere ermöglicht ein Guckloch, dessen Position beim Betrachter ein Netzhautbild hervorruft, das einem „normalen" rechteckigen Raum entspricht.

Wenn sich nun zwei Personen von gleicher Statur in die beiden hinteren Ecken des trapezförmigen Raumes begeben, tritt eine solche Wahrnehmungsanomalie auf: In dem Ames-Raum scheinen sich nun zwei unterschiedlich große Personen zu befinden. Da die Person in Ecke A vom

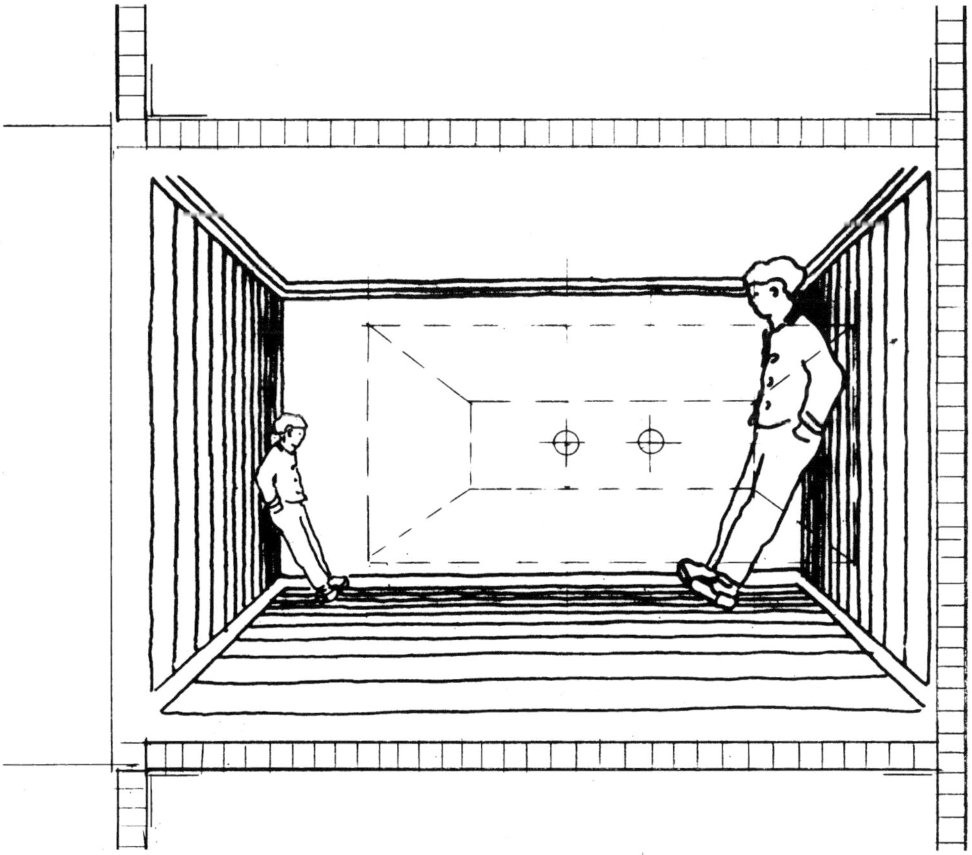

Der Blick in den Ames-Raum erweckt den Eindruck eines rechteckigen Raums, in dem sich zwei unterschiedlich große Personen aufhalten. Die Personen sind in Wirklichkeit gleich groß; der Grundriß zeigt, daß die Fläche ein Trapez ist.

Standpunkt des Beobachters viel weiter entfernt ist, als die Person in Ecke B, ist das Abbild der Person in Ecke A, das auf die Netzhaut des Betrachters projiziert wird, nur etwa halb so groß wie die Projektion der Person in Ecke B. Außerdem verlaufen die Schrägen des Fußbodens und der Decke so, daß Personen, die am Punkt A kaum mehr als die Hälfte zwischen Boden und Decke erreichen, in Ecke B nur noch mühsam Platz finden, sich aufzurichten.

Der Ames-Raum veranschaulicht somit, welchen Einschränkungen unser visuelles System bei verschiedenen Deutungsmöglichkeiten ausgesetzt ist. Das Wissen um den trapezförmigen Grundriß, die Neigungen von Decke und Fußboden kann nicht verhindern, daß wir von unserer eigenen Wahrnehmung getäuscht werden, die nur eine rechteckige Interpretation des Raums zuläßt. Roger N. Shepard hält dazu fest: „Diese Wahl einer einzigen Interpretationsalternative, die sich nur auf unsere verinnerlichte, unbewußte Einsicht in die Geometrie der Welt stützen kann, erfolgt nämlich so automatisch, daß unser Seherleben auch dann nicht beeinflußt wird, wenn wir die beiden Personen sogar persönlich kennen und wissen, daß sie in Wirklichkeit gleich groß sind.“ *Ch*

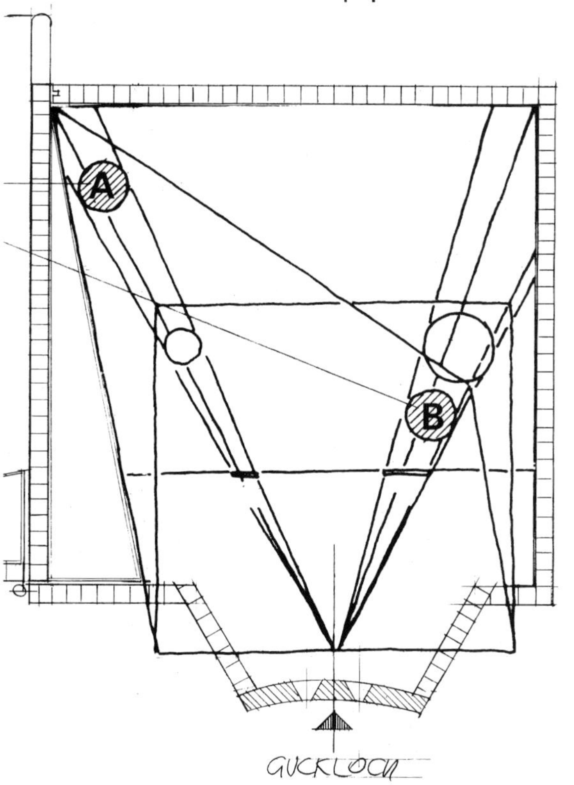

P wie Paragraph

Prinzessin Caroline von Monaco und die Zeitschrift *Bunte* – ein Verhältnis, das bereits mehrfach deutsche Gerichte beschäftigt hat. In einem Rechtsstreit vor dem Hanseatischen Oberlandesgericht 1997 geht es um wahrheitsgetreue Bildberichterstattung: Ein in der *Bunte* veröffentlichtes Foto erweckte den Eindruck, als habe sich die monegassische Prinzessin während ihres Urlaubs mit der Autorin des Artikels getroffen; es schien, als ob sie Informationen aus ihrer Privatsphäre dieser selbst mitgeteilt habe. Gegen diesen Eindruck verwehrt sich die Prinzessin. Sie gewinnt den Prozeß im November 1997. Die Hamburger Richter beurteilen hierbei das Recht auf Achtung der Privatsphäre höher als das durch die Verfassung geschützte Informationsrecht der Öffentlichkeit, sind in diesem Fall nach Ansicht des Gerichts doch höchstpersönliche Vorgänge und Umstände betroffen, an deren Kenntnis kein überwiegendes öffentliches Interesse bestehe. Einen Eingriff in den Kernbereich der Privatsphäre „allein im Hinblick auf ein reines Unterhaltungsinteresse der Allgemeinheit“ erklären die Richter für nicht gerechtfertigt, insbesondere da die Prinzessin selbst niemals Privates der Öffentlichkeit preisgibt.

Schutz der Privatsphäre, Informations- und Meinungsfreiheit, Definition einer „Person des öffentliches Interesses“ beziehungsweise einer „relativen und absoluten Person der Zeitgeschichte“, das Recht am eigenen Bild – wenige Stichworte für äußerst komplexe juristische Probleme. Bücher, wissenschaftliche Artikel, Gesetzeskommentare und Gerichtsurteile nehmen zu diesen Fragen vielfältig Stellung.

Ein neues Problemfeld ergibt sich durch die Möglichkeiten, mit Hilfe des Computers und entsprechender Software Fotos nach der Belichtung zu verändern. Zeitungsredakteure – aber nicht nur diese – können mittels digitaler Bildbearbeitung leicht Personen und Gegenstände entfernen und hinzufügen, Bilder oder verschiedene Bildelemente zu einem neuen Bild zusammenfügen und Relationen, Maßstäbe und Farben ändern. Verschiedene Verbände von Fotografen und Agenturen fordern daher eine Kennzeichnungspflicht von manipulierten Fotos unter Angabe des Fotografen und desjenigen, der die elektronische Manipulation vorgenommen hat, mit dem Zeichen [M]. Der Hamburger Pressefotograf Günter Zint versucht, mit Hilfe des von ihm gegründeten „DOK-Verbandes“ die Entwicklung zu beeinflussen: Die Mitglieder seines Verbandes dürfen nur solche Bilder veröffentlichen, die nicht computertechnisch verändert sind.

Wichtigste juristische Grundlage ist das Grundgesetz: Artikel 1 erklärt die Würde des Menschen für unantastbar. Artikel 2 garantiert jedem das Recht auf freie Entfaltung seiner Persönlichkeit. Von besonderer Bedeutung für die Praxis ist das aus diesen beiden Artikeln abgeleitete „allgemeine Persönlichkeitsrecht“. Über die Gewährung der Einzelgrundrechte hinaus schützt es das Individuum vor Eingriffen, die geeignet sind, seine engeren Persönlichkeitsrechte zu beeinträchtigen. Zu den Schutzgütern dieses allgemeinen Persönlichkeitsrechts gehören Privat- und Intimsphäre, die persönliche Ehre, die Verfügung über die Darstellung der eigenen Person, einschließlich des Rechts am eigenen Bild und am gesprochenen Wort.

Im Zeitalter der Medienvielfalt und der zahllosen Möglichkeiten der Bildmanipulation wird gerade das Recht am eigenen Bild immer brisanter. Gemäß dem noch heute gültigen Kunsturheberrechtsgesetz von 1907 dürfen Bildnisse nur mit Einwilligung des Abgebildeten verbreitet oder öffentlich zur Schau gestellt werden, ausgenommen „Bildnisse aus dem Bereich der Zeitgeschichte“. Gerade aber die Fragen, wer eine Person der Zeitgeschichte sei und wie weit die textliche, aber auch bildliche Berichterstattung über diese Person gehen dürfe, beurteilen Print-

und TV-Medien nicht selten im Interesse ihrer Auflagenstärken und Zuschauerquoten.

Die deutsche Rechtsprechung unterscheidet zwischen absoluten und relativen Personen der Zeitgeschichte. Bei einer absoluten Person der Zeitgeschichte darf das Bildnis grundsätzlich auch ohne ihre Zustimmung verbreitet werden. Eine Ausnahme besteht allerdings, wenn ein Informationsinteresse der Allgemeinheit – wie in dem eingangs genannten Gerichtsfall Caroline von Monaco – nicht anerkannt wird. Absolute Personen der Zeitgeschichte sind unter anderem Staatsmänner, Spitzensportler, bekannte Künstler und all jene, die durch außergewöhnliche Leistungen und Verdienste Gegenstand des öffentlichen Interesses geworden sind und an deren bildmäßiger Darstellung die Allgemeinheit interessiert ist. Unter relativen Personen der Zeitgeschichte versteht die Rechtsprechung Menschen, die – wie zum Beispiel Tatverdächtige und Straftäter – allein wegen des Zusammenhangs mit einem informationswürdigen Ereignis im Zentrum allgemeinen Interesses stehen. Wie weit hierbei die Medien gehen können und welche Wege ihre Bildreporter, insbesondere die berühmt-berüchtigten Paparazzi, auf der Jagd nach dem Sensationsfoto einschlagen dürfen, was schließlich Personen des öffentlichen Interesses zu erdulden haben und was nicht, sind Fragen, die nicht nur die Öffentlichkeit, sondern in immer stärkerem Maße auch die Gerichte beschäftigen – insbesondere nach dem Autounfall im August 1997, bei dem die Princess of Wales, Dodi al-Fayed und ein Begleiter, gehetzt von Journalisten und Fotoreportern, den Tod fanden.

Maßgeblich bei der Klärung dieser Problematik ist Artikel 5 des Grundgesetzes. Er sichert jedem das Recht zu, „seine Meinung in Wort, Schrift und Bild frei zu äußern und zu verbreiten und sich aus allgemein zugänglichen Quellen ungehindert zu unterrichten". Er verbürgt die Pressefreiheit und die Freiheit der Berichterstattung durch Rundfunk und Film. Dies schließt die Unabhängigkeit und Freiheit der Information, der Meinungsäußerung und der Kritik ein. Die Grenzen der Pressefreiheit ergeben sich aus den allgemeinen Gesetzen, den gesetzlichen Bestimmungen zum Schutz der Jugend und dem Recht der persönlichen Ehre. Im übrigen beschränkt sich der Schutz der Pressefreiheit auf die wahrheitsgemäße Berichterstattung, zu der die Presse bei Erfüllung ihrer Aufgabe verpflichtet ist. Das Bundesverfassungsgericht entschied des weiteren, daß die leichtfertige Weitergabe unwahrer Nachrichten, erst recht die bewußte Entstellung der Wahrheit, auch durch das Weglassen wesentlicher Sachverhalte, durch Artikel 5 nicht gedeckt, also strafbar ist.

Ausgangs- und Mittelpunkt der juristischen Problembewältigung von Bildmanipulationen sind also die Verfassungsnormen des Grundgesetzes. Darum kreisen wie Satelliten zivil- und strafrechtliche Normen. Mit Hilfe dieser kann beispielsweise einerseits das Opfer Unterlassungs- und Schadensersatzansprüche geltend machen, andererseits der Täter über die Beleidigungstatbestände des Strafgesetzbuches strafrechtlich verfolgt werden. Gerade durch die umfangreiche Rechtsprechung erfährt dieses Regelungssystem eine ständige Fortentwicklung und Anpassung an die sich ändernde Lebenswirklichkeit.

Die Presse selbst stellt in einem vom Deutschen Presserat zusammen mit den Presseverbänden beschlossenen Pressekodex Selbstverpflichtungen auf: „Zur Veröffentlichung bestimmte Nachrichten und Informationen in Wort und Bild sind mit der nach den Umständen gebotenen Sorgfalt auf ihren Wahrheitsgehalt zu prüfen. Ihr Sinn darf durch Bearbeitung, Überschrift oder Bildbeschriftung weder entstellt noch verfälscht werden." *Sc*

Q wie Querschläger

Samstag, 30. Juli 1966: Im Londoner Wembley-Stadion spielen England und die Bundesrepublik Deutschland um den Titel des Fußballweltmeisters. In der letzten Minute der regulären Spielzeit erzielt der Kölner Verteidiger Wolfgang Weber noch den Ausgleich. Neutrale Beobachter stimmen überein: Sie sehen ein gutes WM-Finale mit völlig offenem Ausgang, auch wenn eine leichte Überlegenheit des englischen Teams zu konstatieren ist.

Dann die 101. Minute in der Verlängerung: Das Tor, das nach den Worten des Fotografen Sven Simon „eine Fußballwelt aus den Angeln“ hebt. Ein Drehschuß des englischen Stürmers Geoff Hurst knallt an die Unterkante

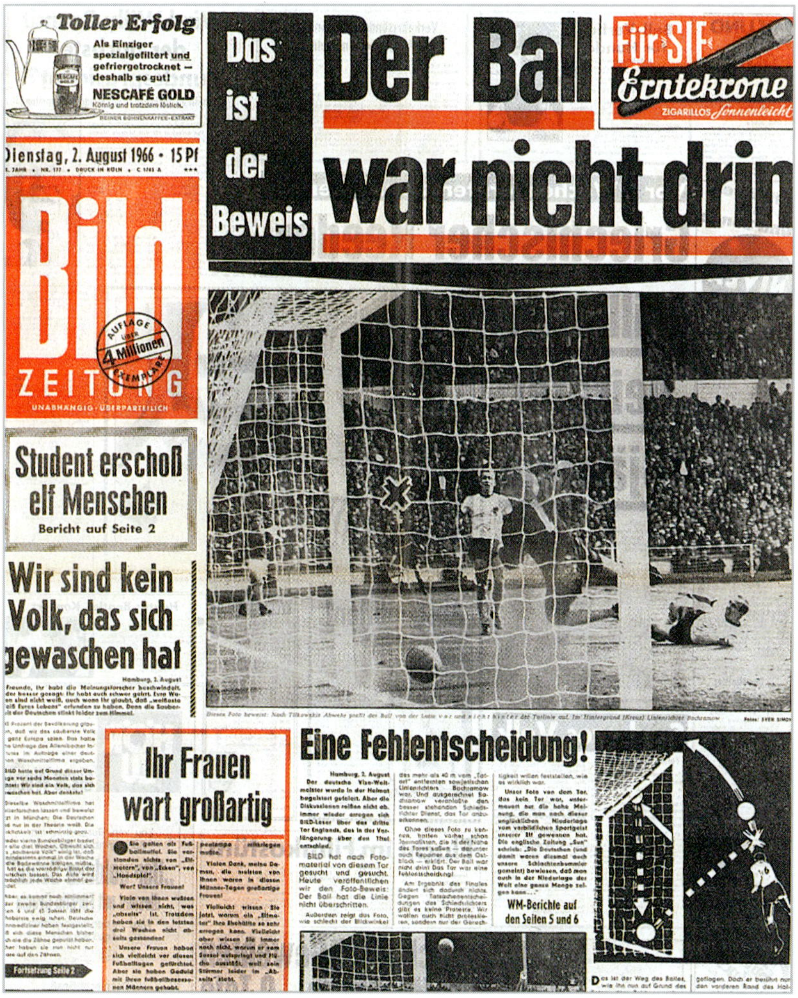
Toller Erfolg
Als Einziger spezialgefiltert und gefriergetrocknet – deshalb so gut!
NESCAFÉ GOLD

Dienstag, 2. August 1966 · 15 Pf

Bild Zeitung
Auflage 4 Millionen Exemplare
Unabhängig · Überparteilich

Das ist der Beweis

Der Ball war nicht drin

Für SIE Erntekrone Zigarillos Sonnenleicht

Student erschoß elf Menschen
Bericht auf Seite 2

Wir sind kein Volk, das sich gewaschen hat

Ihr Frauen wart großartig

Eine Fehlentscheidung!

WM-Berichte auf den Seiten 5 und 6

Fortsetzung Seite 2

„Beweis“ in *Bild*, daß der Ball die Linie nicht überschritten habe, der Treffer zum 3:2 für England also zu Unrecht gegeben worden sei.

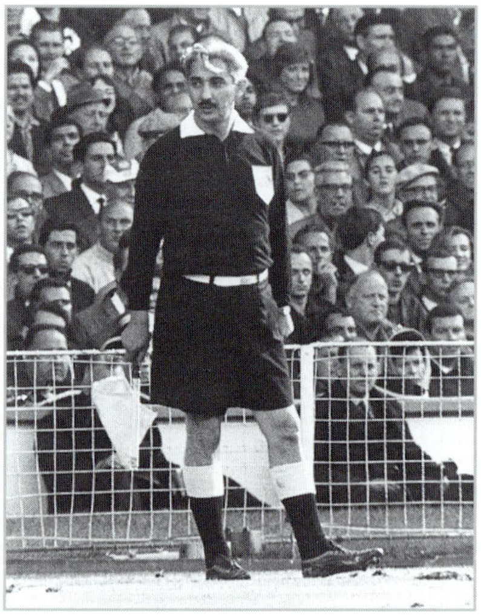
Viele deutsche Fußballfans machen ihn zum Sündenbock: Linienrichter Tofik Bachramow.

der Latte, berührt anschließend den Boden, springt ins Feld zurück und wird von Wolfgang Weber ins Aus geköpft. Der Fernsehkommentator Rudi Michel ist – wie alle Beteiligten – zunächst verwirrt: „Kein Tor, kein Tor! Oder doch? Was sagt der Linienrichter?“ Eine berechtigte Frage, der Schweizer Schiedsrichter Gottfried Dienst sieht sich nicht in der Lage, eine Entscheidung zu fällen; er konsultiert Linienrichter Tofik Bachramow aus dem aserbaidschanischen Baku. Der steht „kilometerweit vom Tatort entfernt“, wie der Journalist Thomas Kilchenstein noch 1995 in der *Frankfurter Rundschau* feststellt, zeigt jedoch ohne Zögern in Richtung Anstoßpunkt. „Oh, das wird wieder Diskussionen geben“, entfährt es Rudi Michel spontan – und er behält recht. Die deutschen Spieler fügen sich nach Abpfiff des Spiels frustriert-fair in ihr Schicksal; in der deutschen Presse hingegen bricht Empörung aus, insbesondere über das Schiedsrichtergespann.

Der Tageszeitung *Bild* dienen dabei die Bilder aus dem Endspielbericht der UFA-Wochenschau als Beweis, daß es sich um eine Fehlentscheidung Bachramows gehandelt habe. Bereits am 2. August veröffentlicht das Boulevardblatt ein wenig aussagekräftiges Foto unter der Überschrift „Der Ball war nicht drin“. Nur zwei Tage später präsentiert *Bild* die Wochenschau-Bilder und schlußfolgert: „Endgültig: Kein Tor!“, während sich die Leserschaft der Zeitung in aufgeregter Empörung übt: „Deutschland ist betrogen worden“ lautet der Tenor, wobei auffallend häu-

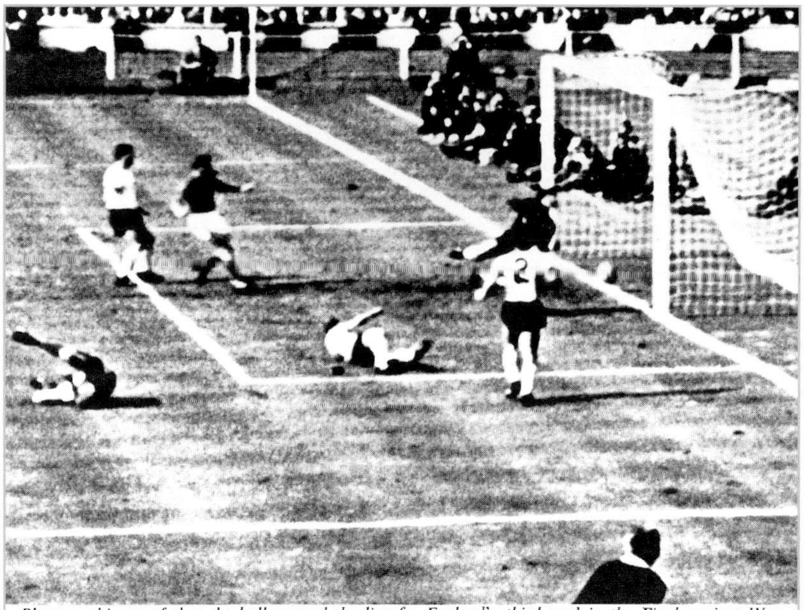

Photographic proof that the ball crossed the line for England's third goal in the Final against West Germany, from the film Goal! World Cup, 1966

„Beweis" der englischen Football Federation, daß der Treffer zum 3:2 zu Recht anerkannt worden sei.

fig der Verweis auf die Herkunft des Linienrichters bemüht wird. Auch die übrigen deutschen Zeitungen und Teile der internationalen Presse bezweifeln die Korrektheit des 3:2, ohne jedoch die *Bild*-Forderung nach Nichtanerkennung des dritten englischen Tors zu unterstützen.

Selbst Bundespräsident Heinrich Lübke greift in die Auseinandersetzung ein, nimmt aber eine bemerkenswerte Gegenposition zur allgemeinen Schiedsrichterschelte ein. Er habe „im Fernsehen genau gesehen, wie der Ball im Netz zappelte". Das Machtwort des Präsidenten beendet die Diskussion allerdings mitnichten. Sven Simon legt im Jahr nach dem Endspiel eine Bilddokumentation vor, um die Regelwidrigkeit des „Tores des Jahrhunderts" zu beweisen. Der Kapitän der deutschen Nationalmannschaft, Uwe Seeler, schreibt dazu ein prägnantes Vorwort: „Der Ball sprang von der Torlatte – und teilte eine Fußballwelt in zwei Lager: War der Ball drin? War der Ball nicht drin? Er war es nicht! Das jedenfalls beweisen meiner Meinung nach die Fotos in diesem Dokumentarband, in dem das erregende ‚Tor' für alle Fußball-Freunde noch einmal lebendig wird." Doch Seeler fügt in hanseatisch-sportlichem Geist hinzu: „Wir hatten Pech. Unser Gegner hatte Glück. Das Glück des Tüchtigen. England ist ein würdiger Weltmeister."

Für die englischen Medien ist die Rechtmäßigkeit des Wembley-Tors unmittelbar nach dem Ende der WM keine Frage. Erst als in Deutschland die Diskussionen kein Ende nehmen, zeigt das englische Buch *World Cup Report 1966* ein Standbild aus dem offiziellen FIFA-WM-Film *Goal*. Damit sei der „fotografische Beweis" erbracht, „daß der Ball die Linie zum dritten englischen Tor überschritten" habe.

Es gibt bis heute kein Bilddokument, das eindeutig belegt, ob das „dritte Tor" von Wembley zurecht anerkannt wurde. Sowohl die deutsche als auch die englische Seite interpretiert die vorliegenden Fotografien und Filmausschnitte aus subjektivem Blickwinkel. Die Bilder als solche lügen nicht; sie täuschen in diesem Fall im jeweiligen Kontext, in den sie gestellt werden. Sie sollen eine Beweiskraft entfalten, die sie bei näherer Betrachtung nicht einlösen. Selbst modernste Technik hat das Rätsel um das umstrittenste Tor der WM-Geschichte nicht entschlüsseln können: 1996 beweisen Wissenschaftler der Universität Oxford mittels mehrdimensionaler Auflösung der Fernsehbilder, daß der Ball die Linie nicht überschritten haben kann. Nicht einmal zwei Jahre später entwickelt eine israelische Firma eine Software, mit der sich auch das Gegenteil belegen läßt.

Die Rechtmäßigkeit des Wembley-Tors wird bis heute in Deutschland immer wieder in Frage gestellt. Wohltuend hebt sich dagegen das nüchterne Fazit von Günther Willen und Gerhard Henschel ab; sie schließen ihr Buch *Drin oder Linie? Alles übers dritte Tor* mit dem klaren Befund: „Das Endspiel zwischen England und Deutschland um die Fußballweltmeisterschaft 1966 endete 4:2 nach Verlängerung. Deutschland unterlag unverdient, England gewann verdient. Gönnen wir es den Jungens." *Se*

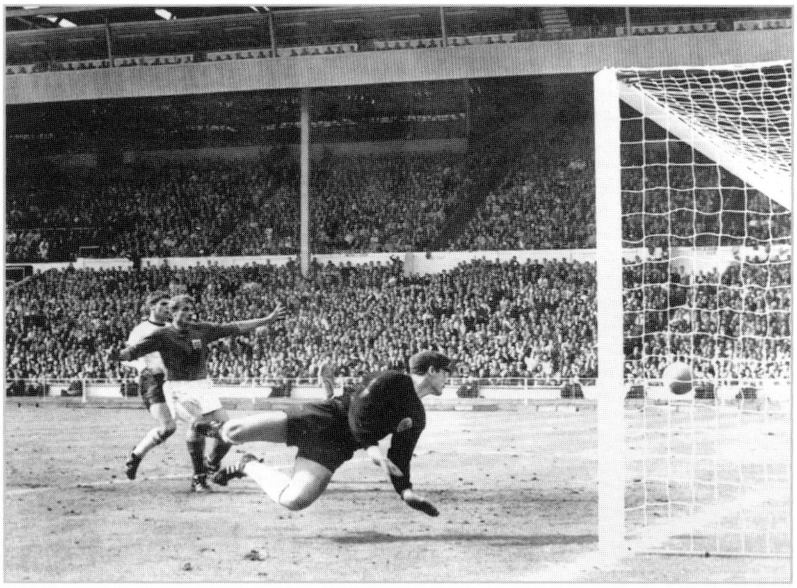

Der deutsche Torhüter Hans Tilkowski schaut dem Ball nach, der Richtung Torlinie fliegt.

R wie Rufmord

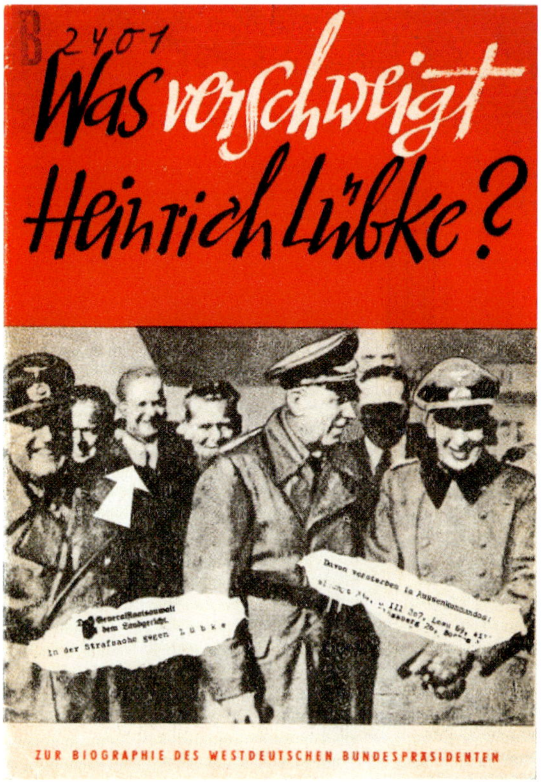

DDR-Propagandaschrift: auf dem Titel Heinrich Lübke als Mitglied der Baugruppe Schlempp.

„Bilder" – sofern nicht als reales Bild vorhanden – lassen sich auch evozieren. Rufmordkampagnen wirken auf diese Weise, sie erzeugen bei ihren Adressaten „Bilder im Kopf" mit dem Ziel, das Ansehen von Personen zu schädigen. Dies läßt sich am ehesten erreichen, wenn die Kampagnen bestehende Bilder nutzen und daran anknüpfen. Je glaubwürdiger die Vorwürfe erscheinen, um so erfolgreicher ist eine solche Kampagne. Zwei Beispiele für „erfolgreiche" Rufmordkampagnen sind jene, deren Opfer Heinrich Lübke und Willy Brandt wurden.

Heinrich Lübke steht im Sommer 1964 kurz vor der Wiederwahl als Bundespräsident. Seit seinem Amtsantritt im Jahre 1959 fordert er unentwegt das Selbstbestimmungsrecht für alle Deutschen, um auf diesem Weg die Wiedervereinigung zu erreichen. Bei seinen zahlreichen Auslandsbesuchen wird er nicht müde, den Alleinvertretungsanspruch der Bundesrepublik Deutschland zu unterstreichen. All dies macht ihn zu einem erklärten Gegner der DDR-Führung.

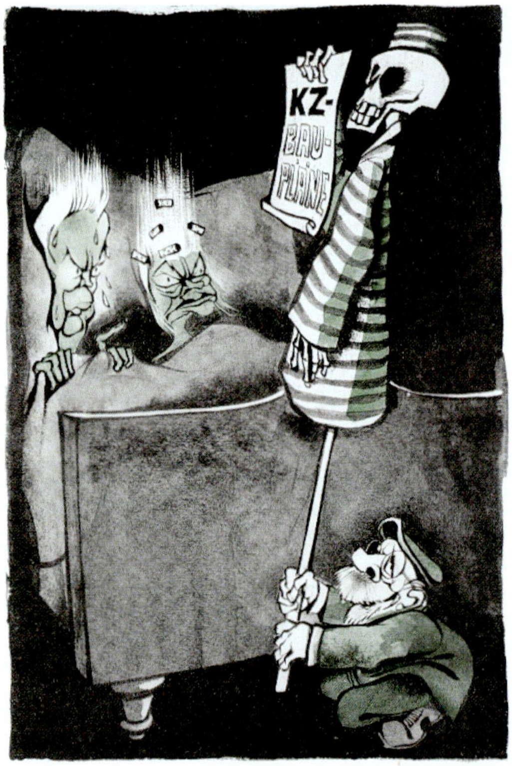

„Nachtgespenst – ‚Minchen! Da ist es wieder!'" Horst Haitzinger, *Simplicissimus* 1966.

Im Zuge ihrer „Kompromittierung führender politischer Persönlichkeiten" in der Bundesrepublik „untersucht" sie Lübkes Vergangenheit insbesondere während der Herrschaft der Nationalsozialisten. Unter Zustimmung des Politbüros des Zentralkomitees der SED bereitet ab Frühjahr 1964 der amtierende Sekretär des ZK der SED für Agitation und Propaganda, Albert Norden, eine Verleumdungskampagne gegen Heinrich Lübke vor. Die neu errichtete „Dokumentationsstelle" des Ministeriums des Innern bei der Staatlichen Archivverwaltung der DDR erhält den „Forschungsauftrag", systematisch nach Belastungsmaterial zu suchen.

Der Vermessungs- und Kulturingenieur Lübke war während des Zweiten Weltkriegs beim Berliner Architektenbüro Schlempp angestellt, das der „Generalinspektor für die Reichshauptstadt" und spätere Rüstungsminister Albert Speer kurz nach Kriegsausbruch als „Baugruppe Schlempp" dienstverpflichtete. Kriegswichtige Projekte wurden zum neuen Aufgabengebiet, unter anderem der Aufbau der V-Waffen-Versuchsstation in Peenemünde.

Die SED-Führung faßt einen Plan: Um den Ruf des mißliebigen Bundespräsidenten nachhaltig zu schädigen, will sie Lübkes damalige Tätigkeit in einen engen Zusammenhang mit KZ-Bauvorhaben bringen und somit das Bild des „KZ-Baumeisters" Lübke schaffen. Am 29. Juni 1964, einen Tag vor der Wiederwahl des Bundespräsidenten, startet die SED auf einer Pressekonferenz in Ost-Berlin ihre Kampagne – zunächst mit wenig Erfolg. Mit weiteren Pressekonferenzen Anfang 1965 und Anfang 1966 eröffnet sie die nächsten Runden. Sie behauptet, Lübke sei wegen seiner Tätigkeit in Peenemünde ein „Kriegsverbrecher", eine „Schlüsselfigur der faschistischen Regierung", der 1944 an der Errichtung eines Konzentrationslagers mitgewirkt habe. Als Beweis legt sie Bauzeichnungen vor, sämtlich von Lübke unterschrieben beziehungsweise paraphiert. Diese Material soll beweisen, daß Lübke als stellvertretender Leiter der Baugruppe Schlempp seit Mai 1944 das Konzentrationslager in Neu-Straßfurt entworfen, errichtet und 500 französische Häftlinge aus dem KZ-Buchenwald als Arbeiter für den Bau „angefordert" habe, von denen hundert dort umgekommen sind. „Beleg" sind zehn Blatt Bauzeichnungen, eingeheftet in Aktendeckel mit der Aufschrift „Vorentwurf zur Erstellung eines KZ-Lagers für 2000 Häftlinge der Fa. KALAG bei Schacht VI in Neu-Staßfurt. Mindestprogramm Nr. IV/XI b A 18 (M) Objekt 58". Das Bild des „KZ-Baumeisters Lübke" ist somit in der Welt. Zeitschriften und Kabarett greifen die Vorwürfe auf und verbreiten das Bild.

Auf Anraten von Innenminister Paul Lücke verzichtet der Bundespräsident darauf, gerichtlich gegen die Verleumdungen vorzugehen, da ihm Unterlagen über seine Tätigkeit im Krieg fehlen und er manche Ereignisse nicht mehr rekonstruieren kann. Lübke wendet sich jedoch wiederholt an die Öffentlichkeit, um den Vorwürfen zu begegnen. Aber das Bild des „KZ-Baumeisters" lebt fort. Erst 1992 – als es kaum jemanden mehr interessiert – fällt es in sich zusammen, als zwei frühere Mitarbeiter des Ministeriums für Staatssicherheit gestehen, daß die im Archiv „gefundenen" Akten Lübkes „mit großer Sorgfalt" gefälscht wurden. Lübkes Unterschriften beziehungsweise Paraphen auf den Barackenzeichnungen und Lichtpausen von Bauzeichnungen sind vermutlich echt, die Deck- und Titelblätter und damit die Zuordnung zum KZ-Bau jedoch gefälscht. Mehrere Gutachter haben die Unterschriften geprüft, die Deck- und Vorsatzblätter allerdings nicht.

Im Gegensatz zu Heinrich Lübke hat Willy Brandt versucht, sich mittels juristischer Schritte gegen Verleumdungen zu wehren. Er führt mehrere Prozesse, bekommt Recht zugesprochen, aber das von seinen politischen Gegnern entworfene Bild eines „Vaterlandsverräters" läßt sich nur schwer aus den Köpfen verbannen.

Immer wieder werfen ihm politische Gegner vor, er habe als norwegischer Soldat auf deutsche Soldaten geschossen. Als Willy Brandt 1957 zum Regierenden Bürgermeister von Berlin gewählt wird, besonders als die SPD ihn 1961 zum Kanzlerkandidaten nominiert, äußern seine Widersacher erneut diese Anschuldigung. Während seiner Kanzlerschaft 1969 bis 1974, auch noch nach seinem Rücktritt muß Brandt sich gegen die ehrverletzenden Vorwürfe immer wieder zur Wehr setzen.

In Wirklichkeit hat Brandt mit journalistischen Mitteln, nicht aber mit der Waffe in der Hand gegen Hitler-Deutschland gekämpft. Als das NS-Regime dem Flüchtling 1938 seine deutsche Staatsbürgerschaft aberkennt, strebt er die norwegische an und erhält sie. Um aber vor Verfolgungen durch die Nationalsozialisten sicherer zu sein, nimmt er einen neuen Namen an: Willy Brandt. Der sozialdemokratische Politiker veröffentlicht unter diesem Namen Bücher und Artikel und wird bekannt, sein Geburtsname Herbert Frahm tritt immer mehr in den Hintergrund. 1945 kehrt er als norwegischer Kriegskorrespondent nach Deutschland zurück; daher trägt er norwegische Uniform, was seine politischen Gegner als Beweis für seinen „Vaterlandsverrat" werten. Brandt arbeitet in Deutschland für verschiedene skandinavische Zeitungen. 1947 läßt er sich unter seinem Schriftstellernamen wieder in Deutschland einbürgern.

Gerichte verbieten zwar die Weiternutzung der Behauptung, Brandt hätte als norwegischer Soldat gegen Deutschland gekämpft und bezeichnen sie als sachlich falsch, ehrverletzend und üble Nachrede. Aber wie bei Heinrich Lübke verfehlt auch hier das durch die Rufmordkampagne geschaffene Bild nicht seine Wirkung. *Sc*

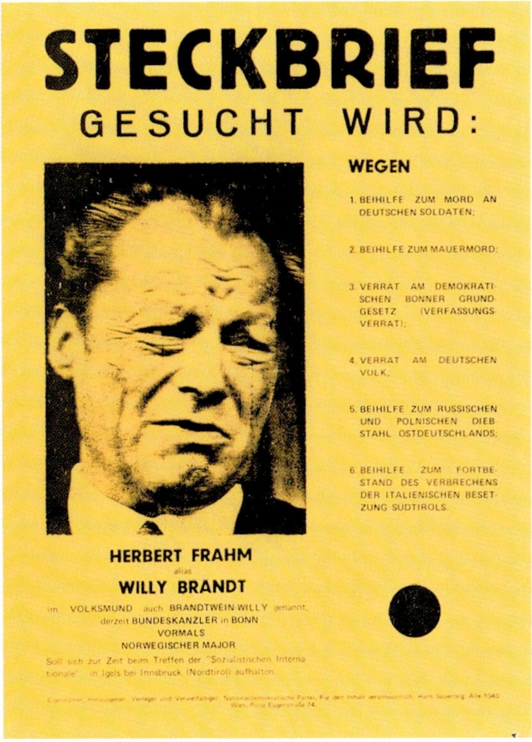

Plakat, herausgegeben von der österreichischen Nationaldemokratischen Partei, frühe siebziger Jahre.

S wie Satire

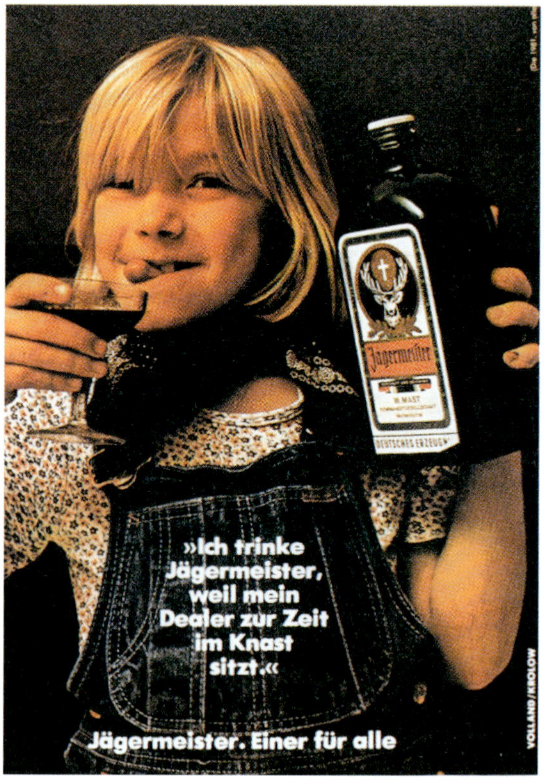

Werbepersiflage von Ernst Volland, *pardon*, Januar 1981.

„Ich trinke Jägermeister, weil ich zwar nicht den Numerus clausus, dafür aber die Nummer mit Klaus geschafft habe." Diese und weitere Anzüglichkeiten aus der Anzeigenkampagne des Braunschweiger Likörfabrikanten Günter Mast nimmt der Berliner Grafiker Ernst Volland zum Anlaß einer Bildsatire. Im Januar 1981 karikiert er im Satiremagazin *pardon* die Jägermeister-Kampagne. Die Werbepersiflage zeigt ein likörtrinkendes Kind; der Unternehmer Mast sieht darin eine geschäftsschädigende, zudem „grob sittenwidrige" Tat und reicht Klage ein. Der Streitwert beträgt eine Million DM, eine Summe, die für das Magazin das sichere Aus bedeuten würde. In der Revisionsverhandlung zieht Mast seine Klage überraschend zurück, Volland hat kurz zuvor mit einer weiteren Anzeige – „Ich trinke kein Jägermeister mehr, weil mein Dealer wieder ausm Knast raus is" – die Überspitzung seiner Fälschung betont. Ernst Volland folgert aus der zunächst heftigen Reaktion: „Die Realität, die sie parodieren wollte, hatte die Jägermeister-Satire nachgeahmt. Je moralisch heruntergekommener die Realität offensichtlich ist, desto eher kann die moralisch gemeinte Übertreibung mit dieser Realität selber verwechselt werden."

Die Übertreibung ist zentrales Merkmal jeder Satire; in den Worten von Kurt Tucholsky „bläst Satire die Wahrheit auf, damit sie deutlicher wird". In den letzten Jahrzehnten erreicht die Satire zunehmend auf dem Weg „subversiver Bildfälschung" den Betrachter. Vor allem die Technik der Fotomontage gehört seit langem zum Handwerkszeug der Satire. Aus dem Jahr 1971 stammen die satirischen Bearbeitungen historischer Bilddokumente von Gerhard Kromschröder. Er verfälscht dabei nicht nur das Fotomaterial, sondern versieht seine Montagen darüber hinaus mit Texten, die das originale Bildmaterial als Fälschung erscheinen lassen. Allgemein bekannte zeitgeschichtliche Abbildungen – von Churchill, Roosevelt und Stalin auf der Konferenz von Jalta 1945 über den 17. Juni 1953 bis hin zum Kniefall Willy Brandts in Warschau – erscheinen in einem völlig neuen Kontext.

Werbepersiflagen auf Helmut Kohl und Gerhard Schröder, *Max*, September 1998.

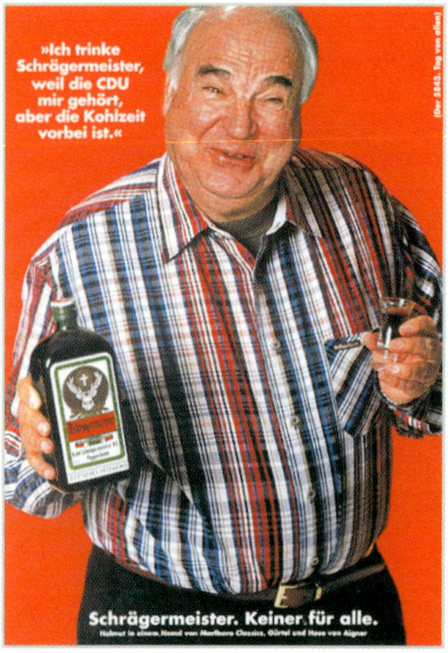

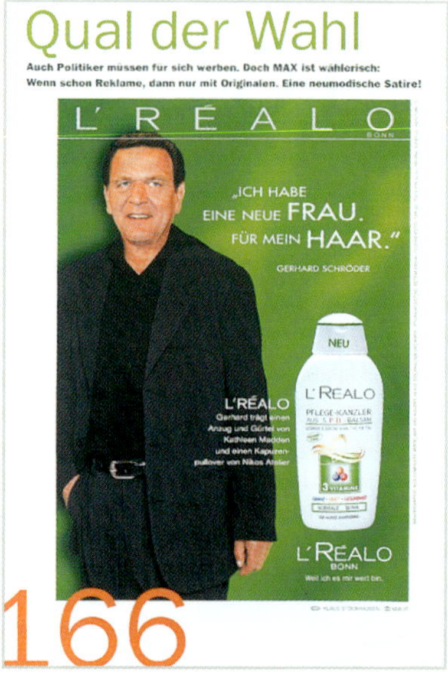

Nicht nur der manipulative Eingriff in das Original, auch die Verknüpfung dokumentarischer Aufnahmen mit ironisch eingesetzten Texten gehört zum Repertoire der Bildsatire: Eine Fotografie von angetrunkenen Obdachlosen in einem deutschen Bahnhof ergibt versehen mit der Textzeile „Im Bahnhof können Sie Menschen treffen, bummeln, sich informieren, einkaufen, essen, trinken, träumen" (*Titanic,* August 1996) einen sarkastischen Kommentar zur Imagewerbung der Deutschen Bahn AG.

Grundlage der Satire mit Bildern sind im kollektiven Bewußtsein verankerte, häufig durch die Massenmedien geprägte und verbreitete Bilder. Die durch satirische Verfremdung geschaffene unerwartete Situation erschüttert den verbreiteten Glauben an die Authentizität der Bilder.

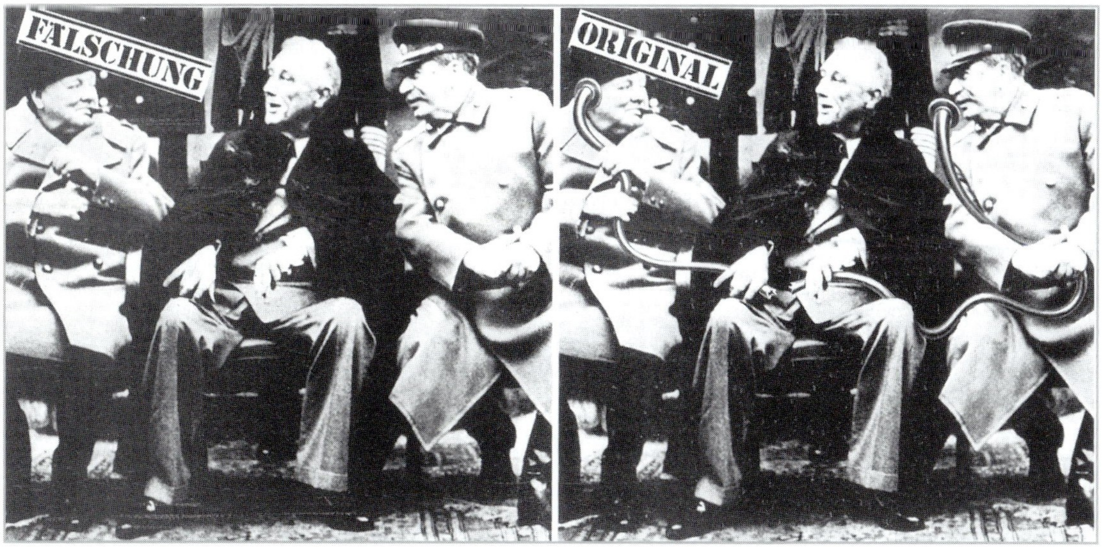

Das Original als Fälschung. Fotomontage von Gerhard Kromschröder, *pardon,* November 1971.

Der Heidelberger Grafiker Klaus Staeck, der vor allem in den siebziger und achtziger Jahren durch seine Fotomontagen bekannt wird, begründet seine Arbeitsmotivation insbesondere mit der ständig wachsenden Bedeutung von Bildern: „Wir werden täglich mit Bildern geradezu überflutet. Die Fotomontage ist für mich zu einer Selbstverteidigung gegen diese Bilderflut geworden."

Die Konzentration auf aktuelle Ereignisse, vor allem die Verspottung herausragender Persönlichkeiten des öffentlichen Lebens, bestimmt maßgeblich den Charakter der Satire im allgemeinen und der Bildsatire im besonderen. „Eine Satire soll den König ausziehen", behauptet der Schweizer Kabarettist Massimo Rocchi. Diese Tradition, die sich vom *Kladderadatsch* über den *Simplicissimus* bis hin zu den *Fliegenden Blättern* beobachten läßt, findet auch in der zeitgenössischen Satire der Bundesrepublik ihre Fortsetzung. So karikiert die *Titanic* in den letzten Jahren häufig Helmut Kohl, zum Beispiel im Oktober 1993 als „Oppositionsführer" mit Scharping-Bart. Der Spott aus der Redaktion des Satiremagazins trifft auch Kohls Amtsvorgänger Helmut Schmidt, den eine Fotomontageserie aus dem Januar 1982 als „mechanischen", „fremdgesteuerten" und „hilfsbedürftigen" Kanzler zeigt. Im Gegensatz zum ehemaligen SPD-Vorsitzenden Björn Engholm, der auf eine Satire der *Titanic* im April 1993 mit einer Klage antwortet, reagieren die meisten karikierten Politiker nicht auf die bissigen Bildfälschungen. Sie wissen: Ein Prozeß sorgt für mehr Aufsehen als eine satirische Veröffentlichung. *Se*

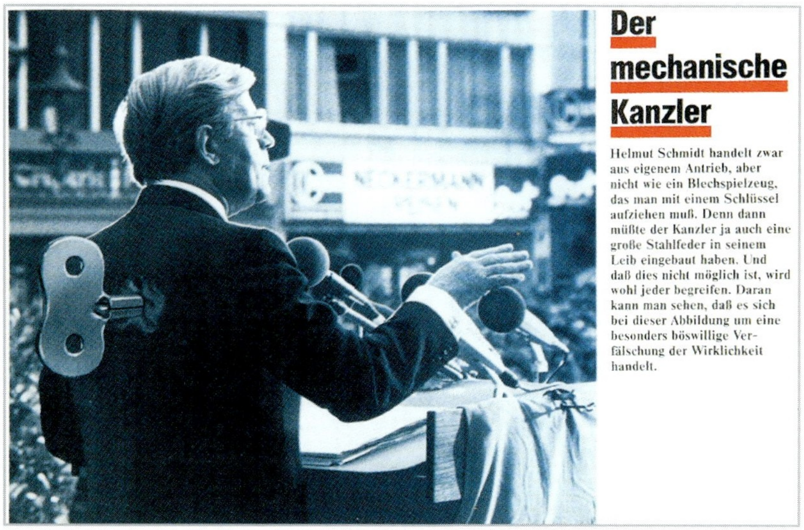
Der mechanische Kanzler

Helmut Schmidt handelt zwar aus eigenem Antrieb, aber nicht wie ein Blechspielzeug, das man mit einem Schlüssel aufziehen muß. Denn dann müßte der Kanzler ja auch eine große Stahlfeder in seinem Leib eingebaut haben. Und daß dies nicht möglich ist, wird wohl jeder begreifen. Daran kann man sehen, daß es sich bei dieser Abbildung um eine besonders böswillige Verfälschung der Wirklichkeit handelt.

Titanic, Januar 1982.

T wie Text und Bild

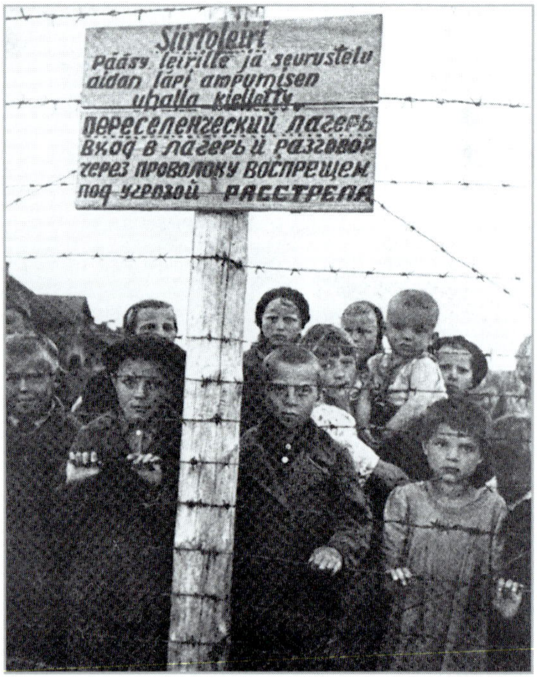

Gestellte Originalversion,
Petroskoi 1944.

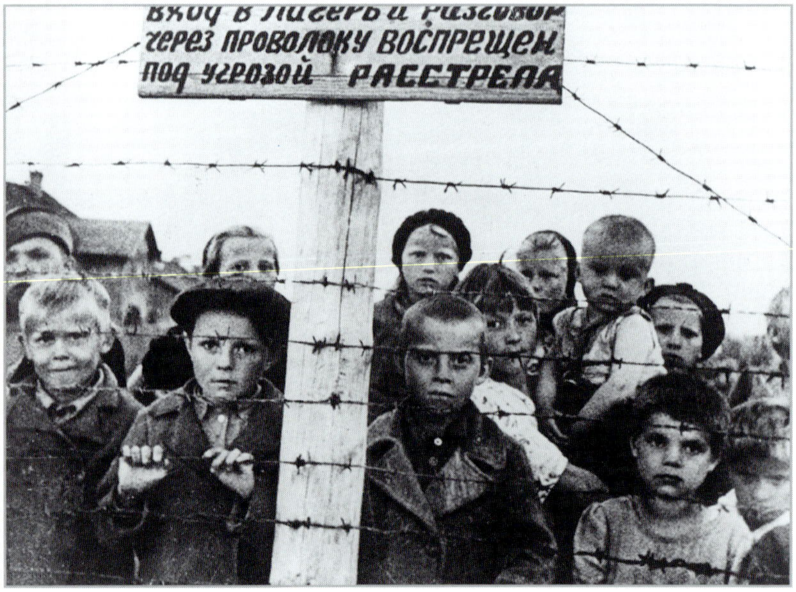

Nach dem Schnitt ist nur der kyrillische Schriftzug zu lesen. Das Foto zeigt nun Kinder in einem russischen Internierungslager.

„Die Macht des Bildes liegt in seiner Unmittelbarkeit, und darin liegt auch seine Gefahr", schreibt die Historikerin und Fotografin Gisèle Freund und erklärt damit das hohe Maß an Glaubwürdigkeit, welches das Lichtbild auf den Betrachter ausübt. Nur ein Foto kann einen Augenblick „einfrieren", eine Situation in ihrer Einmaligkeit festhalten. Seit den Anfängen der Fotografie verleitet diese Beweiskraft zum Eingriff in das Medium selbst. Ein Bild kann jedoch auch auf andere Weise lügen: Es genügt, die fotografische Momentaufnahme aus ihrem ursprünglichen Zusammenhang herauszulösen und einem anderen Sachverhalt zuzuordnen. Der Text zum Bild wird in diesem Fall wichtiges Kriterium für die Bildinterpretation, weil er dem abgebildeten Motiv eine „neue" Wahrheit verleiht.

In der Wochenzeitung *Die Zeit* erscheint am 21. November 1997 ein umfangreiches Dossier über eine aktuelle Kontroverse unter französischen Historikern. Thema ist das *Schwarzbuch des Kommunismus*, dessen Herausgeber Stéphan Courtois in einem Interview erklärt, daß es „im Osten, vor allem in der Sowjetunion und in China, vergleichbare Verbrechen gab wie im Nationalsozialismus". Illustriert ist das Geprääch durch ein Foto, auf dem Kinder mit ernsten Mienen den Betrachter durch einen Stacheldraht hindurch anschauen. Die Redaktion hat die Aufnahme von einem Archiv mit der Information erhalten, sie sei 1943 in der Sowjetunion entstanden und zeige Kinder in einem Internierungslager. *Die Zeit* versieht das Bild mit der Unterschrift „Kinder in einem sowjetischen Internierungslager 1943" – vorschnell, wie die verantwortlichen Redakteure bald nach der Veröffentlichung feststellen müssen.

Sie rekonstruieren die Geschichte der Aufnahme und kommen zu dem Ergebnis, daß das Foto gleich mehrfach manipuliert worden ist. Erstens stammt das Bild aus der Stadt Petroskoi aus dem Jahr 1944, nicht 1943. Bereits 1941 erobern finnische Truppen im Krieg gegen die Sowjetunion die ostkarelische Landeshauptstadt. Die russische Zivilbevölkerung wird anschließend aus frontnahen Dörfern nach Petroskoi umgesiedelt. Wegen einer Flecktyphus-Epidemie umzäunen die finnischen Besatzer 1943 die Viertel mit Stacheldraht, der auch später stehenbleibt, um Kontakte zwischen Zivilisten und russischen Partisanen zu verhindern. Zweitens ist die Aufnahme inszeniert. Die Moskauer Fotografin Galina Sanko stellt die Szene

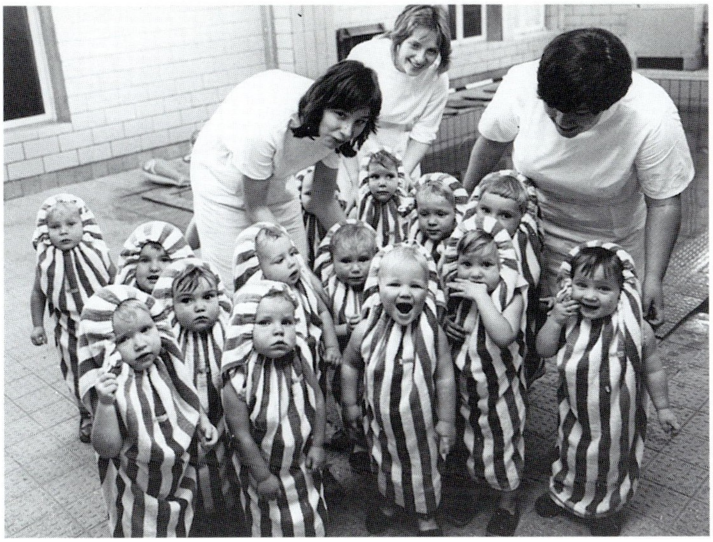

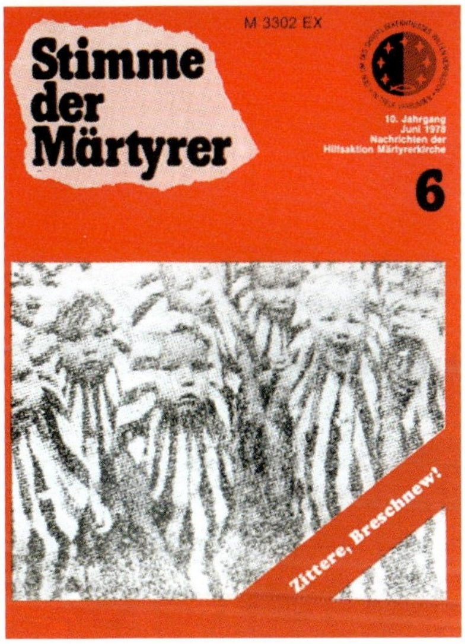

Aus der Kinderkrippe wird ein KZ. *Stimme der Märtyrer*, Juni 1978.

1944 nach dem Abzug des finnischen Militärs nach, um das angebliche Elend in den finnischen Konzentrationslagern zu „belegen". Der dritte Eingriff erfolgt am Motiv selbst: Ein Schnitt an der oberen Bildkante entfernt den finnischen Text auf der Hinweistafel, lesbar bleibt lediglich der kyrillische Schriftzug, der lautet: „Das Eintreten in das Lager und Gespräche durch den Draht werden unter Androhung des Schußwaffengebrauchs verboten." Der Text trägt maßgeblich dazu bei, daß aus den eingezäunten Kindern Insassen eines russischen Internierungslagers werden.

Die englische Tageszeitung *Financial Times* führt am 3. August 1998 vor, wie das redaktionelle Bemühen um Aktualität dazu führen kann, einen Textbeitrag mit einem falsch datierten Foto zu versehen: Einen Artikel über Schwierigkeiten der CDU im Bundestagswahlkampf illustriert die Redaktion mit einer Aufnahme, die Bundeskanzler Helmut Kohl angeblich während einer Kundgebung in Halle zeigt, nachdem ihn ein Eierwurf aus einer Gruppe von Gegendemonstranten getroffen hat. Die Bildunterschrift hält fest: „Ei auf seiner Schulter. Helmut Kohl in Halle, Ostdeutschland, am vergangenen Freitag". Eine Fälschung. Das Wurfgeschoß flog bereits im Mai 1991, während einer der ersten Reisen des Bundeskanzlers durch die neuen Bundesländer.

Der Glaube an die Objektivität der Fotografie veranlaßt immer wieder dazu, Bilder in einen anderen als den ursprünglichen Zusammenhang zu stellen. Aufnahmen von Kriegsopfern werden so zum „Dokument" für die Verbrechen des Gegners, Bilder von verletzten Passanten können entweder die Gewaltbereitschaft der Demonstranten verdeutlichen oder das brutale Vorgehen der Polizei. Das isolierte Bild läßt somit mehrere Interpretationsmöglichkeiten offen, die völlig entgegengesetzt sein können. Der Text bestimmt, welche Wirkung das Motiv auf den Betrachter ausübt.

Selbst Fotografien von Alltagssituationen lassen sich politisch instrumentalisieren. Jahrzehntelang schafft der Kalte Krieg Bedingungen, in denen auch wenig spektakuläre Bilder als Beweise für die Untaten des Gegners herhalten müssen. Im Herbst 1976 entsteht in der DDR im Bezirk Leipzig eine solche Aufnahme, die Kinder einer Kinderkrippe in Torgau nach dem gemeinsamen Bad in gestreiften Frotteeanzügen zeigt. Noch im gleichen Jahr erhält das Motiv auf der World-Press-Photo-Ausstellung einen zweiten Preis in der Kategorie „Das schöne Foto". Im Juni 1978 erscheint ein Ausschnitt der „Frottee-Zwerge" in Westdeutschland auf der Titelseite einer Broschüre, herausgegeben von einer christlichen Organisation, die ihre Arbeit der Unterstützung ihrer Glaubensgenossen in den kommunistischen Staaten widmet. Zu der Fotografie heißt es in dem Heft: „Kinder in Häftlingskleidung. Ein aus einem Sowjet-KZ in der UdSSR geschmuggeltes Bild. Die Kinder wurden in einem Häftlingslager geboren und wachsen dort auf, bis die Eltern einmal entlassen werden." *Ch*

Financial Times vom 3. August 1998, Foto 1991.

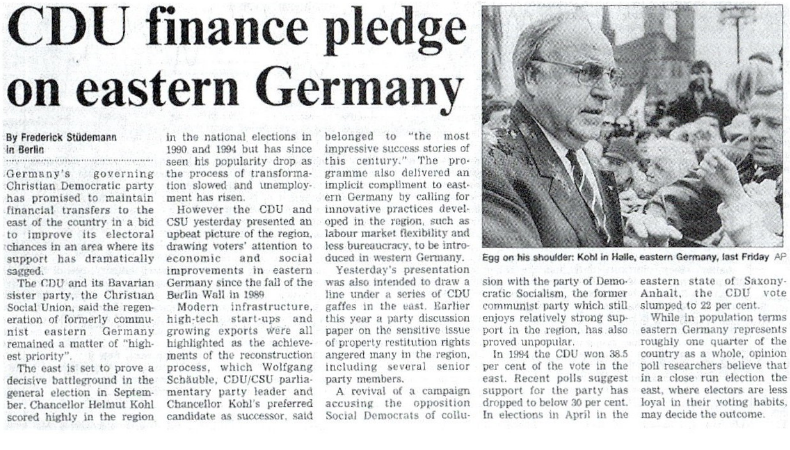

CDU finance pledge on eastern Germany

By Frederick Stüdemann in Berlin

Germany's governing Christian Democratic party has promised to maintain financial transfers to the east of the country in a bid to improve its electoral chances in an area where its support has dramatically sagged.

The CDU and its Bavarian sister party, the Christian Social Union, said the regeneration of formerly communist eastern Germany remained a matter of "highest priority".

The east is set to prove a decisive battleground in the general election in September. Chancellor Helmut Kohl scored highly in the region in the national elections in 1990 and 1994 but has since seen his popularity drop as the process of transformation slowed and unemployment has risen.

However the CDU and CSU yesterday presented an upbeat picture of the region, drawing voters' attention to economic and social improvements in eastern Germany since the fall of the Berlin Wall in 1989

Modern infrastructure, high-tech start-ups and growing exports were all highlighted as the achievements of the reconstruction process, which Wolfgang Schäuble, CDU/CSU parliamentary party leader and Chancellor Kohl's preferred candidate as successor, said belonged to "the most impressive success stories of this century." The programme also delivered an implicit compliment to eastern Germany by calling for innovative practices developed in the region, such as labour market flexibility and less bureaucracy, to be introduced in western Germany.

Yesterday's presentation was also intended to draw a line under a series of CDU gaffes in the east. Earlier this year a party discussion paper on the sensitive issue of property restitution rights angered many in the region, including several senior party members.

A revival of a campaign accusing the opposition Social Democrats of collusion with the party of Democratic Socialism, the former communist party which still enjoys relatively strong support in the region, has also proved unpopular.

In 1994 the CDU won 38.5 per cent of the vote in the east. Recent polls suggest support for the party has dropped to below 30 per cent. In elections in April in the eastern state of Saxony-Anhalt, the CDU vote slumped to 22 per cent.

While in population terms eastern Germany represents roughly one quarter of the country as a whole, opinion poll researchers believe that in a close run election the east, where electors are less loyal in their voting habits, may decide the outcome.

Egg on his shoulder: Kohl in Halle, eastern Germany, last Friday AP

U wie Ufologie

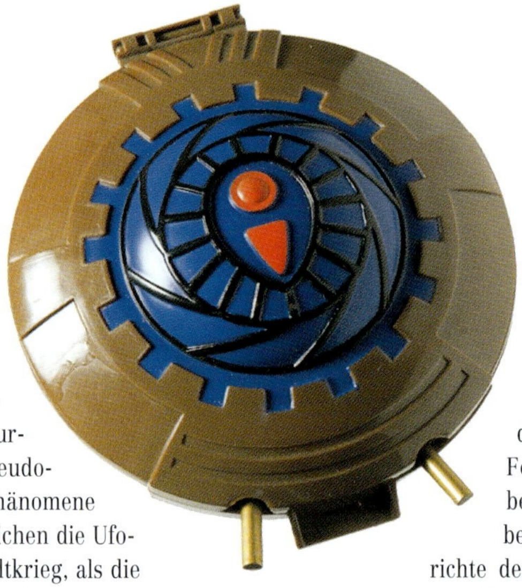

Das Phänomen „Ufo" gehört heute zur modernen Mythologie. Seit die ersten dieser unbekannten Flugobjekte – „unidentified flying objects" – gesichtet wurden, hat sich die „Ufologie" als eine Pseudowissenschaft zur Erklärung solcher Phänomene etabliert. Einen ersten Höhepunkt erreichen die Ufo-Sichtungen kurz nach dem Zweiten Weltkrieg, als die atomare Bedrohung real und eine globale Katastrophe denkbar ist. Eng verbunden mit der Sichtung von Ufos ist von Anfang an der fotografische Beweis, um deren Existenz zu belegen. Kaum sind diese „Beweise" aufgetaucht, untersuchen sie selbsternannte Experten mit den unterschiedlichsten Methoden.

Auch im sogenannten Fehrenbach-Fall gibt es einen solchen Fotobeweis. Am 17. Dezember 1994 behauptet eine Schlagzeile in der *B.Z.* „Ufos über Thüringen? Ja, es stimmt! Zwei Schüler lieferten den Foto-Beweis". Zwei Jungen haben mehrere Polaroids von einem angeblichen Ufo aufgenommen. Mitglieder von MUFON-CES, einer weltweit operierenden Gruppe zur Untersuchung von Ufos, beschäftigen sich mit der Begebenheit. In einem Fernsehinterview mit n-tv berichtet ein MUFON-Mitarbeiter, für ihn seien die Berichte der beiden „Zeugen" glaubwürdig. Weitere „Experten" beschäftigen sich mit dem Fall. Schließlich gesteht einer der Jungen, daß es sich bei dem Ufo um ein Spielzeug handle, das sie in die Luft geworfen und dabei fotografiert hätten. Die TV-Sendung *Ufos – es gibt sie doch* habe sie dazu angeregt. Sie hätten sich nach dem Presserummel nicht mehr getraut, ihren Streich zuzugeben. Sogar das Nachrichtenmagazin *Focus* berichtet am 26. Juni 1996 über die Geschehnisse und die Blamage für MUFON-CES. Dieser Fall ist symptomatisch. Jedes Jahr gibt es tausende angeblicher Ufosichtungen. Die Medien prägen oft die Art der Sichtung: Viele weisen Parallelen zu aktuellen Science-fiction-Filmen oder -Serien auf. Bekannte Vorstellungen und Fantasien bestimmen die Bilder. Die Gesellschaft zur Erforschung des Ufo-Phänomens (GEP) in Lüdenscheid erforscht systematisch solche Vorfälle. Bisher ließen sich alle von ihr untersuchten Fälle auf natürliche Erscheinungen zurückführen.

Polaroid-Aufnahme als „Beweis" für Ufos über Fehrenbach.

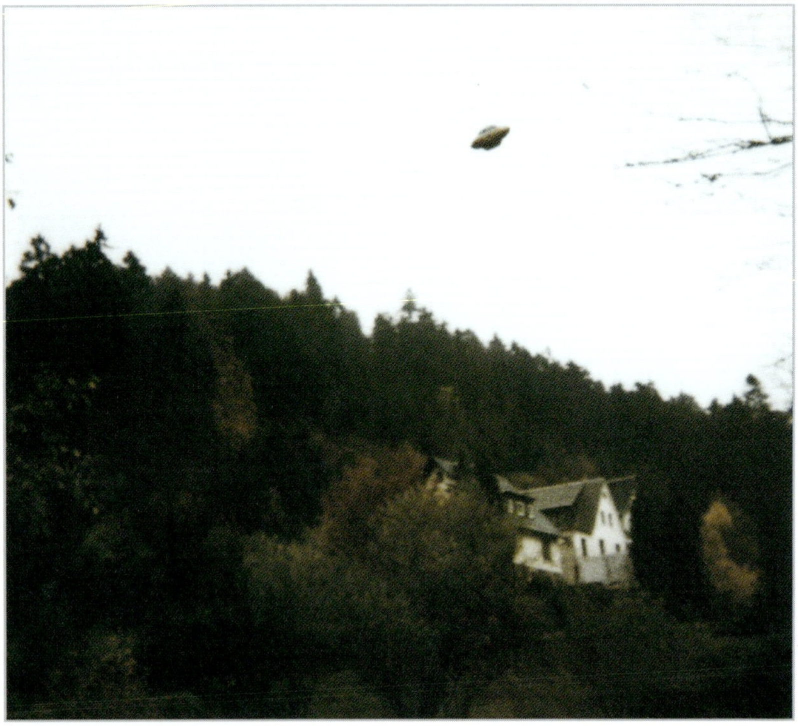

Eine angebliche Ufo-Erscheinung zu dokumentieren, ist relativ leicht. Schon das Foto einer in die Luft geworfenen Telefonkapsel liefert scheinbar den Beweis. Im Internet kursieren bereits Anleitungen zur Herstellung von gefälschten Ufo-Bildern aus Drachenfliegern und Wetterballons. In den neunziger Jahren ist ein regelrechter Boom zu unerklärlichen außerirdischen Phänomenen zu beobachten. Hollywood produziert immer mehr Fernsehserien und Spielfilme, die Ufo-Landungen, Aliens und unerklärliche Phänomene zum Thema haben. Publikationen dazu überschwemmen den Markt, Kongresse erfreuen sich lebhaften Zuspruchs, und Ufo-Kitsch findet reißenden Absatz. Im Internet tummeln sich Gegner und Befürworter obskurer Verschwörungstheorien. Letztere glauben fest daran, daß Außerirdische die Unterjochung kompletter Planeten planen, darunter auch der Erde.

Ein „Klassiker" ist ohne Zweifel der Roswell-Fall von 1947. In der Wüste von New Mexico fällt in der Nähe eines Luftwaffenstützpunkts, auf dem das erste US-Atombom-

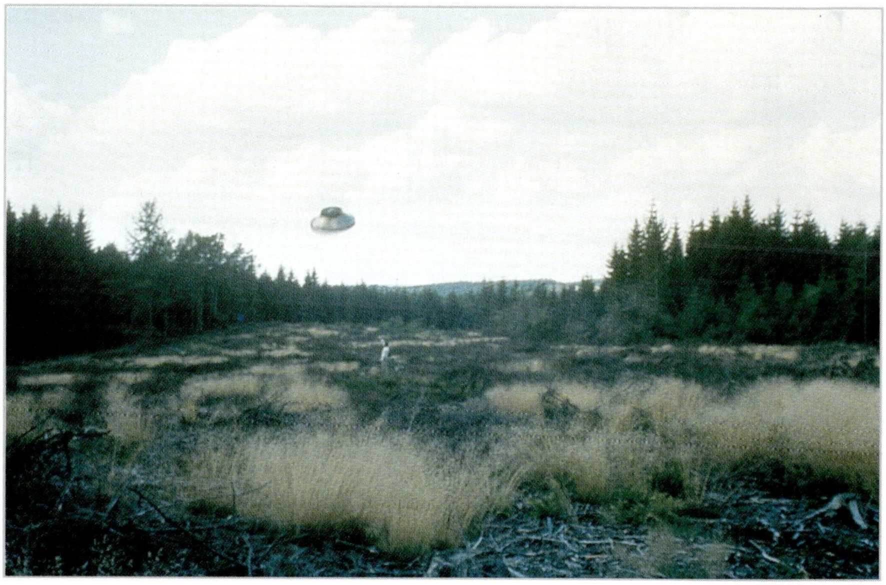

„Ufo"-Foto, aufgenommen in der Nähe von Lüdenscheid.

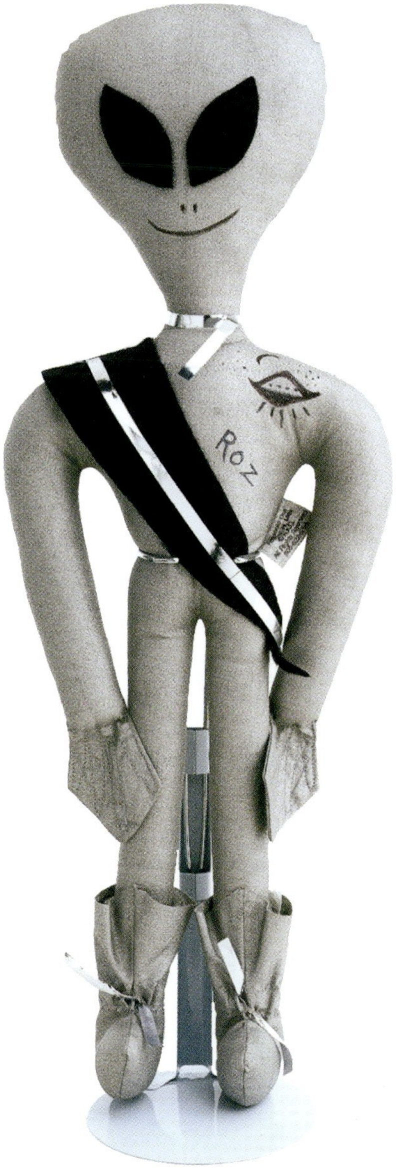

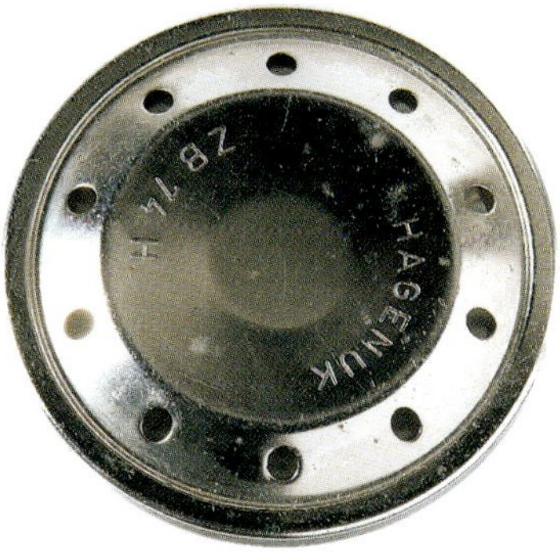

Telefonkapsel als Ufo.

bergeschwader stationiert ist, ein undefinierbares Objekt vom Himmel. Ein Presseoffzier der amerikanischen Luftwaffe meldet zunächst den Absturz einer Untertasse. Ein kurz darauf erscheinendes Dementi ändert nichts mehr an der Überzeugung vieler Menschen, daß es sich hier um ein Ufo handle. Laut offizieller Erklärung der US-Luftwaffe soll das unbekannte Flugobjekt zuerst ein Wetterballon sein, dann ein Spionageballon. Diese offiziellen Verlautbarungen stehen häufig im Verdacht, das Ereignis vertuschen zu wollen. Tatsächlich ist diese Luftwaffenbasis ein Stützpunkt, auf dem geheime Waffen entwickelt werden. Die Angehörigen der Luftwaffe sind zur Geheimhaltung verpflichtet. Noch heute, über fünfzig Jahre später, beflügelt dieser Fall die Fantasie. Unzählige Bücher erscheinen seit Jahren zum Thema. Halb Roswell lebt inzwischen von der Legende. Eine Devotionalien-Industrie ist entstanden, die viele Heimarbeiterinnen beschäftigt. Zwei Museen nehmen für sich in Anspruch, den Roswell-Zwischenfall genau zu erklären. Auch der 1996 gedrehte Film *Independence Day* nimmt Bezug auf den Fall: Auf einem Luftwaffenstützpunkt befindet sich ein höchst geheimes Forschungslabor – nicht einmal der Präsident der Vereinigten Staaten weiß von dessen Existenz –, in dem Wissenschaftler Insassen eines havarierten Raumschiffs untersuchen und den Flugkörper reparieren. Damit spricht der Film Vorstellungen an, die US-Bürger von Geheimdiensten und Militär haben.

Das Alien von Roswell, so wie es Zeugen gesehen haben wollen und wie es als Puppe in vielen Formen existiert, hat eine recht menschliche Form. Die Aliens unserer Vorstellung sind gewöhnlich menschenähnliche Kreaturen mit großen Augen und hoher Stirn. Wie Steven Spielbergs ET sprechen sie das Kindchenschema an und wirken dadurch nicht bedrohlich. Die Vorstellung, daß sich die Intelligenz eines außerirdischen Wesens in völlig unbekannten Formen manifestiert, ist für die meisten Menschen nicht nachzuvollziehen. In Spielfilmen und Romanen landen Aliens mit Raumschiffen auf der Erde – eine Art der Fortbewegung, die unserer Vorstellung vom Reisen im All entspricht.

Offizielle Alien-Puppe aus Roswell.

Das Geschäft mit dem Außerirdischen wird noch lange blühen. Aller astronomischen Forschung und Satellitenüberwachung zum Trotz wird es immer Ufo-Gläubige geben, die davon überzeugt sind, daß Außerirdische unerkannt auf unserem Planeten landen könnten. *Oe*

V wie Volksaufstand

Am 18. Juni 1953 meldet die Ost-Berliner Zeitung *Neues Deutschland. Organ des Zentralkomitees der Sozialistischen Einheitspartei Deutschlands* den „Zusammenbruch des Abenteuers ausländischer Agenten in Berlin“. Einen Tag später gibt die *Schweriner Volkszeitung. Organ der Bezirksleitung Schwerin der Sozialistischen Einheitspartei Deutschlands* die „Mitteilung der Regierung über den Zusammenbruch des von ausländischen Agenten angezettelten Abenteuers in Berlin“ kund. Und auch andere DDR-Zeitungen berichten über den „Zusammenbruch des faschistischen Abenteuers“.

Was ist geschehen? Am 16. Juni schließen sich die Arbeiter der Stalinallee den Protestaktionen anderer Ost-Berliner Großbaustellen an. Anlaß für die Streikwelle ist ein Beschluß des DDR-Ministerrats, die Arbeitsnormen um zehn Prozent zu erhöhen. Schon seit Tagen demonstrieren Arbeiter einiger Volkseigener Betriebe. Die mittlerweile 10 000 Demonstranten fordern nicht nur eine Rücknahme der Normerhöhung, sondern nun auch den Rücktritt der Regierung und freie Wahlen. Für den 17. Juni rufen die Arbeiter zum Generalstreik auf.

Der Aufstand erfaßt das gesamte Gebiet der DDR; in mehr als 400 Orten, darunter allen Industriezentren, und rund 600 Betrieben beteiligen sich mehr als eine halbe Million Menschen an Streiks und Demonstrationen. Nach Zusammenstößen mit der Volkspolizei verhängen die sowjetischen Stadtkommandanten in 167 Städten und Landkreisen den Ausnahmezustand. Besatzungstruppen und Volkspolizei schlagen den Aufstand blutig nieder und verhaften über tausend Demonstranten: Die meisten erhalten jahrelange Zuchthausstrafen; sowjetische Standgerichte und Bezirksgerichte verurteilen einzelne zum Tode.

Die Streiks sind zu Ende, der „Volksaufstand“ – so die Terminologie in der Bundesrepublik Deutschland – ist niedergeschlagen. Die DDR-Propaganda sieht ausländische Agenten als Urheber des fehlgeschlagenen „faschistischen Abenteuers“. Parteigelenkte Medien verbreiten diese SED-Sichtweise im ganzen Land.

Die *Junge Welt. Organ des Zentralrats der Freien Deutschen Jugend* druckt in ihrer Ausgabe vom 19. Juni 1953 eine der wenigen in der DDR veröffentlichten Fotografien des 17. Juni. Es ist das Bild des brennenden

Bilduntertitel dieses offiziellen DDR-Fotos: „Um zu verhindern, daß die faschistische Provokation durch eine Intervention westlicher Truppen zu einem Krieg führt, griff das Kommando der in der Republik stationierten sowjetischen Truppen nach Absprache mit der Regierung der DDR ein und drängte Provokateure und Agenten wie hier in der Leipziger Straße nach Westberlin ab.“

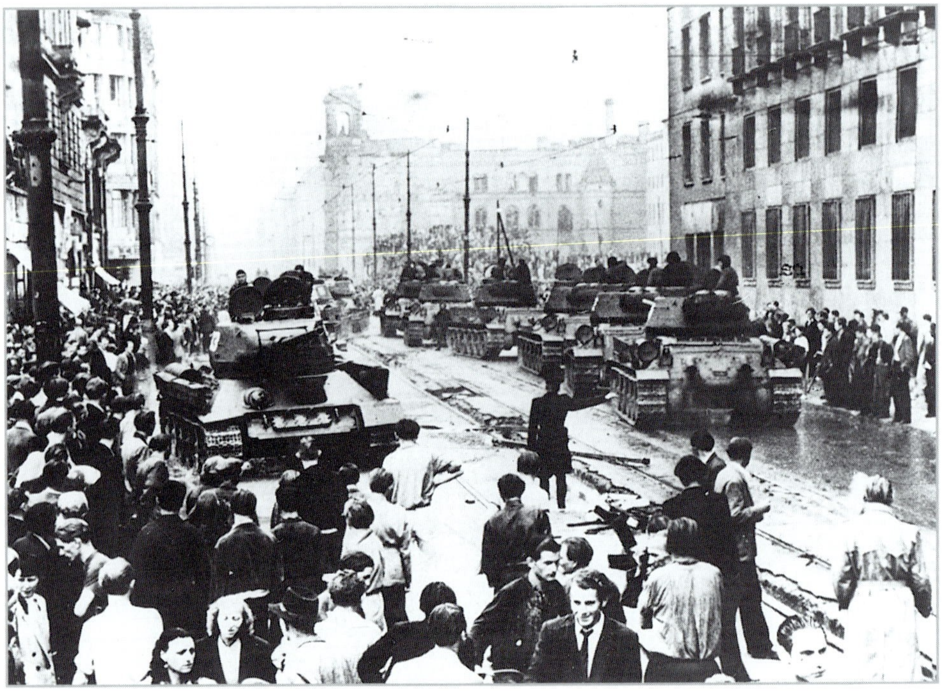

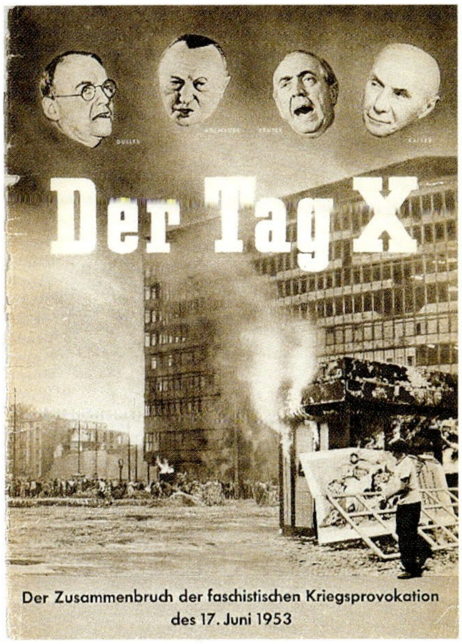

DDR-Plakat zum „Tag X", 1953.

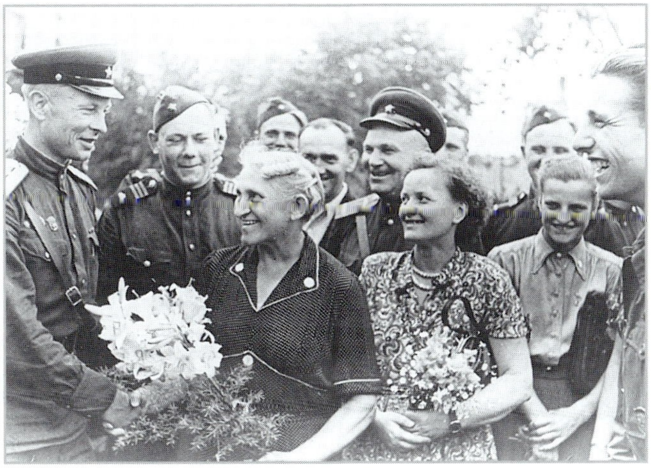

Bilduntertitel dieses offiziellen DDR Fotos (Auszug): „Immer wieder danken Werktätige und Jugendliche den Angehörigen der Sowjetarmee für das besonnene Eingreifen der sowjetischen Besatzungsmacht bei der faschistischen Provokation am 17. 6. 53."

Geschäftes der staatlichen Handelsorganisation HO im Columbus-Haus. Unter der Überschrift „So wüteten die Westberliner Faschisten im Auftrage Reuters" erläutern die Redakteure: „Wie hier auf dem Potsdamer Platz – unmittelbar an der Sektorengrenze – steckten die im Auftrage Reuters und ausländischer Terrororganisationen in den Demokratischen Sektor eingedrungenen faschistischen Banditen Kioske und Häuser in Brand. Die Bevölkerung protestierte energisch dagegen." Laut offizieller Berichterstattung sind westdeutsche Politiker, wie Bundeskanzler Konrad Adenauer und der Berliner Regierende Bürgermeister Ernst Reuter, sowie die amerikanische Regierung die „Brandstifter" und Akteure des „Tages X", wie von nun an der 17. Juni 1953 in der offiziellen Sprachregelung der DDR heißt.

Auch der Parteivorstand der DDR-gelenkten westdeutschen KPD beschäftigt sich mit den Vorkommnissen in Ost-Berlin. Die KPD-Broschüre *Die Wahrheit über den 17. und 18. Juni* zeigt das berühmte Bild des Demonstrationszugs durch das Brandenburger Tor. Darunter steht: „Unser Bild zeigt das Brandenburger Tor. Die hier demonstrierenden halbstarken Rowdies befinden sich bereits auf Westberliner Gebiet. Nachdem die Rowdies drüben im demokratischen Sektor Brände angelegt und Fahnen zerrissen haben, marschieren Sie wieder dahin, woher sie gekommen sind, zurück nach Westberlin. Hier stehen dann die Kameramänner bereit, um von den ‚Revoluzzern' Bilder zu machen, die dann in der Öffentlichkeit den Eindruck eines ‚Volksaufstandes' erwecken sollen."

In den folgenden Monaten setzen SED und DDR-Regierung einen neuen Akzent: die „offizielle Dankbarkeit" der ostdeutschen Bevölkerung gegenüber der sowjetischen Besatzungsmacht. Zahlreiche Fotos zeigen Frauen und Kinder mit sowjetischen Soldaten. Die regierungsamtlichen Bildtitel erwähnen die große Dankbarkeit gegenüber der Sowjetarmee, die durch ihr „besonnenes Eingreifen" verhindert habe, daß „faschistische Provokateure" das „Aufbauwerk" zerstören konnten. Ist die Bildaussage nicht eindeutig genug, rückt die Bildunterschrift das Ereignis und dessen Bewertung ins „offizielle" Licht.

Im Westen hingegen werden zahlreiche Fotos der Demonstrationszüge, verschiedenen Aktionen und der blutigen Niederschlagung veröffentlicht. Oftmals heimlich aufgenommen, dokumentieren sie den Aufstand. Die westdeutsche wie auch die internationale Presse berichten ausführlich über die Streiks und Demonstrationen. Vielfach sind Journalisten auf Augenzeugenberichte angewiesen. Zahlreiche Broschüren und Sondernummern von Zeitschriften feiern den 17. Juni als Tag der Freiheit. Die blutige Niederschlagung des Aufstands gilt als weiterer Beweis für das totalitäre Unrechtssystem der DDR. Das Bonner Parlament bestimmt den 17. Juni zum „Tag der deutschen Einheit". *Sc*

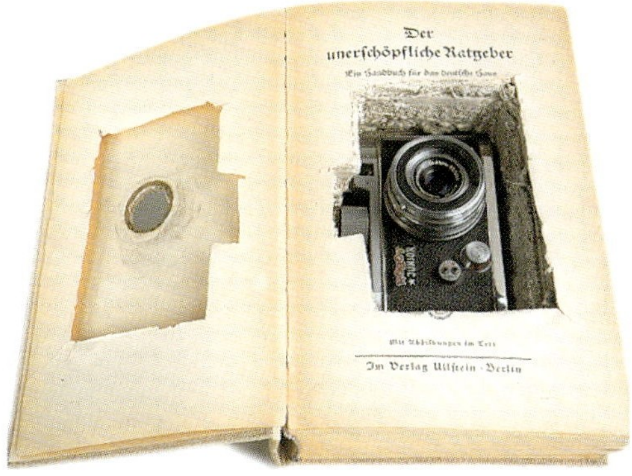

Mit dieser Geheimkamera entstehen dramatische Aufnahmen vom 17. Juni 1953. Die Bilder werden im Westen veröffentlicht.

W wie Werbung

Die Welt der Werbung ist in vieler Hinsicht eine Welt der Bilder. Werbung erzeugt Wunschbilder und bedient die Vorstellungswelten der Konsumenten, sie will ein spezifisches Produktimage schaffen und legt Wert auf hohe visuelle Attraktivität. Die Werbebotschaft soll Bedürfnisse wecken und den Betrachter zum Kauf eines Produkts veranlassen. Um dies zu erreichen, bedient sich ihre Sprache einprägsamer, oft bildhafter Formulierungen. Auch die Verwendung von Bildmotiven dient diesem Ziel. Bilder sind in der Werbung auch deshalb so wichtig, weil die Werbebotschaft innerhalb kürzester Zeit übermittelt werden muß. Der beiläufige Blick des Passanten oder Fernsehzuschauers ist das Höchstmaß an Aufmerksamkeit, das ein Werbeplakat oder -spot erwarten kann. 1,5 bis 2,5 Sekunden sind erforderlich, um ein Bild mittlerer Komplexität aufzunehmen, in der gleichen Zeit verarbeitet das menschliche Gehirn zehn Wörter.

Daher ist in der Werbung die bildliche Informationsvermittlung der sprachlichen überlegen. Bilder wirken emotionaler, prägen sich besser ein und sind weniger leicht zu durchschauen. Diese Faktoren machen sie zu wirksamen Mitteln der Verhaltenssteuerung. Wissenschaftliche Untersuchungen haben die Wirkung kompletter Anzeigen mit der Wirkung der gleichen Anzeige ohne Text verglichen. Selbst wenn der Textanteil überwiegt, dominiert in der Gesamtwirkung fast immer das Bild. Ob die Werbebotschaft eindringlich gestaltet ist und nachhaltig wirkt, hängt entscheidend davon ab, inwieweit es gelingt, sie in Bilder zu fassen, Texte durch Bilder zu ersetzen, mit ihnen zu ergänzen oder Texte visuell attraktiv, Bildern ähnlich zu gestalten. Bilder werden entsprechend kunstvoll arrangiert, heute häufig digital bearbeitet und mit Hilfe des Computers montiert. Auf diese Weise können Bildinhalt und -gestaltung optimal auf den jeweiligen Werbezweck ausgerichtet werden.

Die Vermittlung visueller Erlebnisse ist zentral für die emotionale Ansprache der Konsumenten. Farben, Bilder, Sprache, gegebenenfalls Musik werden mit dem jeweiligen Produkt zu einer Einheit verknüpft. Der Betrachter soll die darin vermittelten – in der Regel positiven – Stimmungen und Gefühle mit dem Produkt assoziieren.

Bilderwelten in der Werbung prägen Kaufentscheidungen, greifen Sehnsüchte auf und lenken sie auf die beworbenen Produkte. Es ist sinnvoll, sich hin und wieder zu vergegenwärtigen, welche Assoziationen Werbung erzeugt, welches Weltbild sie vermittelt. Ihre Themen sind Aspekte des Lebens, die auf den ersten Blick banal anmuten, wie Fragen nach der richtigen Zahnpasta, dem attraktivsten Duft oder dem schnittigsten Auto.

Wenn Werbung eindeutig der Zweck zugrunde liegt, ein Produkt begehrenswert zu machen, welcher Maßstab ist dann an die Verwendung von Bildern zu legen? Dokumentarische Authentizität kann in diesem Fall nicht das Kriterium sein. „Werbung verspricht, was sie nicht halten kann. Auf jeden Fall trägt sie zu dick auf!" resümiert der Kunsthistoriker Beat Wyss. Der Konsument ist sich in der Regel bewußt, daß die Welt der Werbung weniger eine Welt der wirklichkeitsnahen Bilder als vielmehr der kalkulierten Trugbilder ist. Ihre Verführungskraft zielt auf das Unbewußte. Wie wirksam Werbung ist, veranschaulichen eindrucksvoll die Erfolgszahlen geglückter Kampagnen und die Wachstumszahlen dieser Wirtschaftsbranche. Werbung lügt aber nur dann, wenn wir ihr glauben. *Br*

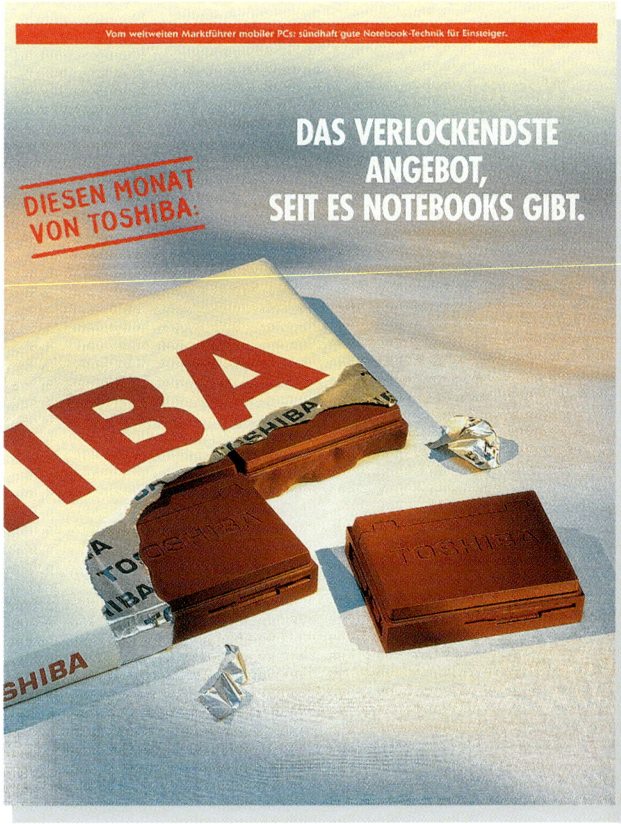

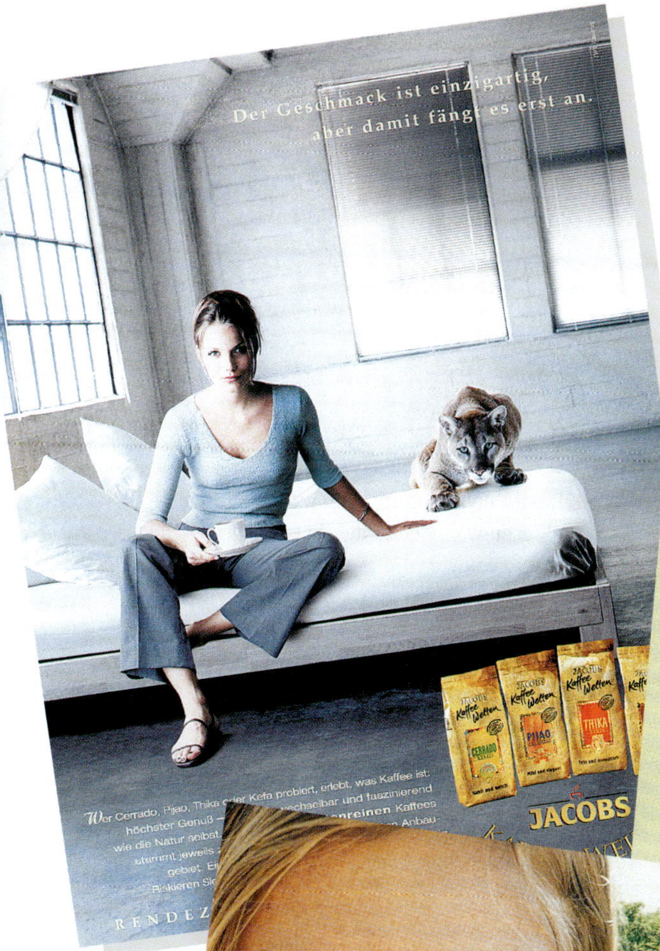
Der Geschmack ist einzigartig,
... aber damit fängt es erst an.
JACOBS

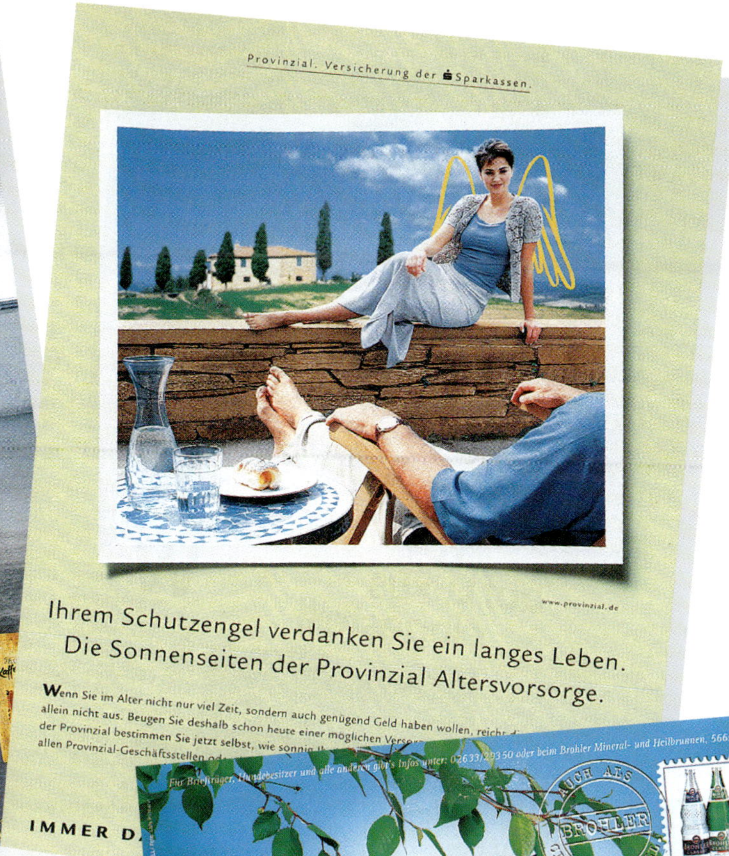
Provinzial. Versicherung der Sparkassen.
www.provinzial.de
Ihrem Schutzengel verdanken Sie ein langes Leben.
Die Sonnenseiten der Provinzial Altersvorsorge.

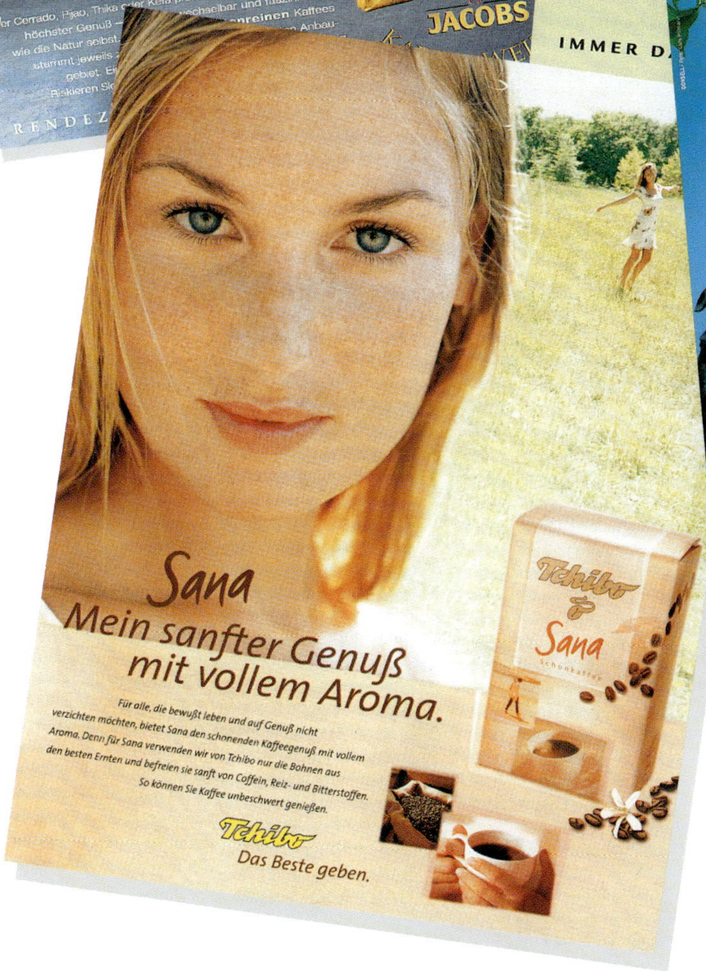
Sana
Mein sanfter Genuß mit vollem Aroma.
Für alle, die bewußt leben und auf Genuß nicht verzichten möchten, bietet Sana den schonenden Kaffeegenuß mit vollem Aroma. Denn für Sana verwenden wir von Tchibo nur die Bohnen aus den besten Ernten und befreien sie sanft von Coffein, Reiz- und Bitterstoffen. So können Sie Kaffee unbeschwert genießen.
Tchibo
Das Beste geben.

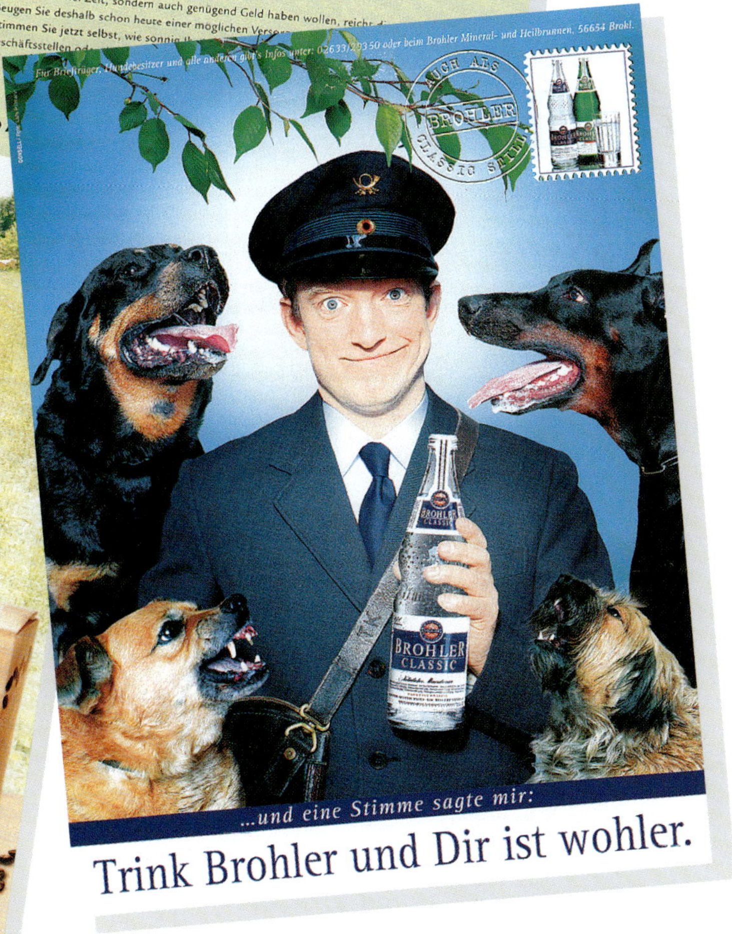
BROHLER
...und eine Stimme sagte mir:
Trink Brohler und Dir ist wohler.

X wie Xenophobie

Am 29. Mai 1993 verüben rechtsextreme Gewalttäter in Solingen einen Brandanschlag auf ein von einer türkischen Familie bewohntes Haus. Fünf Menschen sterben in den Flammen. Wie schon bei den vier schwersten Anschlägen der vorangegangenen eineinhalb Jahre drücken nicht nur hunderttausende Bürger mit Demonstrationen und Lichterketten ihren Abscheu aus; auch die Medien sind erschüttert und fragen nach den Ursachen der ausländerfeindlichen Gewalt. Bundesarbeitsminister Norbert Blüm kommentiert in der *Bild*-Zeitung die rassistische Propaganda der Partei Die Republikaner: „Sie sind die Schreibtischtäter der Gewalt. Jeder anständige Deutsche muß sich schämen, wenn er mit den Republikanern zu tun hat."

In der Tat erregt die Wahlwerbung der Republikaner schon bei den Kommunalwahlen in Berlin 1989 Anstoß durch ein Video, das im Sender Freies Berlin (SFB) am 2. Januar 1989 ausgestrahlt wird. Es zeigt – eingebettet in Szenen von Drogentod und Armut – Bilder von Ausländern in Berlin. Musikalisch untermalt mit der Filmmusik *Spiel mir das Lied vom Tod* ergibt sich ein besonders infames Beispiel verfilmter Fremdenfeindlichkeit. Durch die kühl geplante Zusammenstellung einzelner Bildsequenzen entsteht im Zusammenhang mit der Musik eine rassistische Aussage, die dem ursprünglichen Bildmaterial nicht zu entnehmen ist. Barbara John, die Ausländerbeauftragte des Berliner Senats reagiert umgehend; sie sieht im Werbespot der Republikaner den Straftatbestand der Volksverhetzung nach § 130 des Strafgesetzbuches erfüllt und bittet die zuständige Staatsanwaltschaft beim Berliner Landgericht schon am 3. Januar um Prüfung. Diese lehnt das Ersuchen am 23. Februar ab, da ein direkter „Angriff auf die Menschenwürde" und damit der Tatbestand der Volksverhetzung nicht zu erkennen sei. Gleichzeitig betont die Staatsanwaltschaft jedoch, daß es sich um einen „ausländerfeindlichen und den Integrationsbemühungen zuwiderlaufenden" Beitrag handle.

Neben der Ursachenforschung im Bereich des Rechtsextremismus taucht auch die Frage nach der Verantwortung der Medien auf. „Ist *Bild* schuld an Mölln?" fragt der Kommunikationswissenschaftler Klaus Schönbach im Juni 1993; er verweist dabei auf jenes Boulevardblatt, das aufgrund seiner Berichterstattung zu den Themen „Asyl" und „Ausländer" von Medienwissenschaftlern, Soziologen und Politologen besonders kritisiert wird. Mit Schlagzeilen

Plakat der Republikaner, 1991.

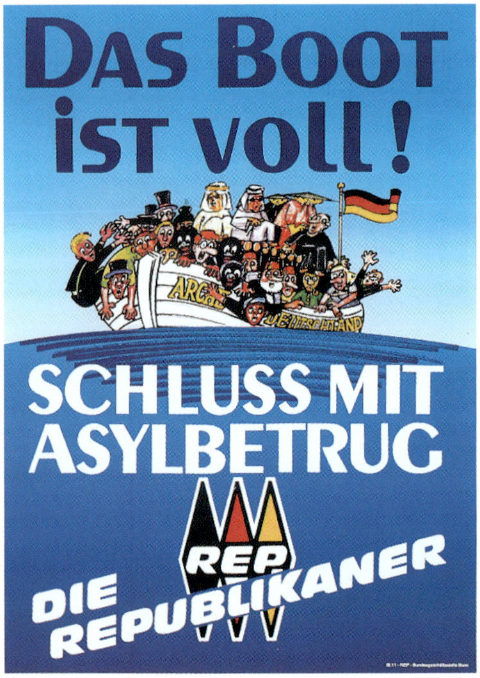

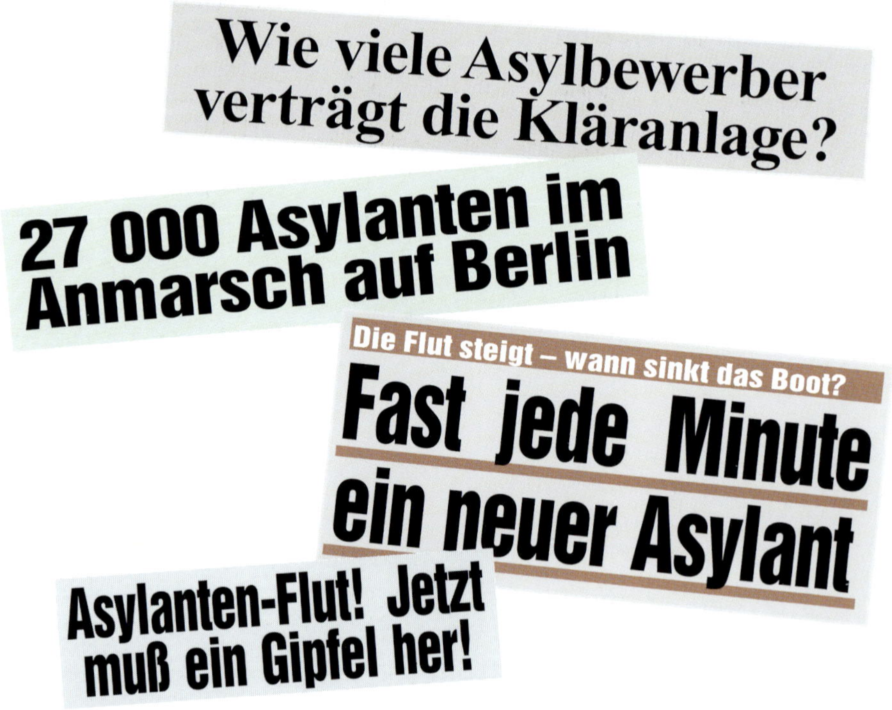

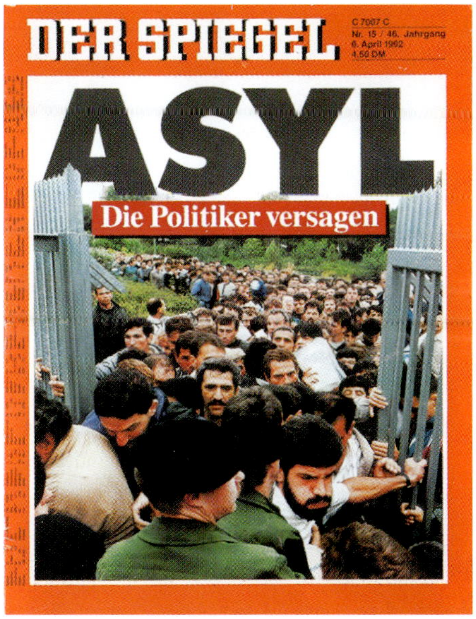

Manipuliertes Titelbild, 6. April 1992.

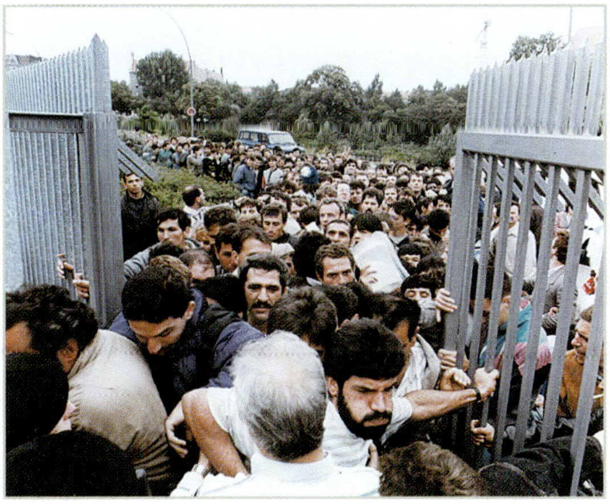

Originalfoto von Asylbewerbern vor einer Antragstelle in Berlin-Tiergarten.

wie „,Nix Suppe, Mark Mark!' – Asylanten entführen Amtmann", „Asyl-Betrüger und ihre miesen Tricks" oder „Asylbewerber zwang Deutsche zur Heirat" macht *Bild* vor allem in den Jahren 1991/92 Stimmung für eine Verschärfung des geltenden Asylrechts.

Auch anderen Presseorganen fehlt mitunter die nötige Sorgfalt bei der Behandlung des sensiblen Themas. Die *Frankfurter Neue Presse* betitelt einen Bericht über die Unterbringung von Asylsuchenden leichtfertig mit der Überschrift „Wie viele Asylbewerber verträgt die Kläranlage?". Die Zeitung wird daraufhin vom Deutschen Presserat gerügt.

Auffallend häufig treten in der Berichterstattung über Ausländer Bildsymbole in den Vordergrund, die Siegfried Jäger, der Leiter des Duisburger Instituts für Sprach- und Sozialforschung, mit dem Begriff der „Kollektivsymbole" belegt. Darunter versteht Jäger „Bilder, die gleichzeitig Träger eines bestimmbaren Sinns sind. Das können Bilder im Wortsinne sein, also Fotos und Karikaturen, es können aber auch Sprachbilder sein." Die „Flut- und Boot-Symbolik" ist ein von Rechtsextremisten besonders häufig gebrauchtes Bild in ihrer Propaganda. Mit der Überschrift „Das Boot ist voll!" – durch die Zeichnung eines überfüllten Boots unterstrichen – werben die Republikaner auf einem Plakat von 1991 für ihre ausländerfeindlichen Ziele. Die Nationaldemokratische Partei Deutschlands (NPD) spricht in ihren Flugblättern von „steigender Asylantenflut". Doch auch in der Berichterstattung der bundesdeutschen Presse finden sich bisweilen ähnliche Bilder. So verwendet *Der Spiegel* unter dem Titel „Ansturm der Armen" am 9. September 1991 das Bild des vollen Boots. *Bild* überschreibt einen Bericht im Juli 1986 mit „Asylanten-Flut! Jetzt muß ein Gipfel her!".

Ebenso problematisch wie die fortwährende Wiederholung dieser Bildsymbolik ist der direkte Eingriff in das Bildmaterial. *Der Spiegel* montiert in das Titelbild vom 6. April 1992, das ein Gedränge von Asylsuchenden vor der Antragstelle Berlin-Tiergarten zeigt, einen uniformierten Beamten des Bundesgrenzschutzes; ein halbes Jahr zuvor hat das Nachrichtenmagazin das originale Bild gedruckt. Nach Auffassung der Medienforscher Hans-Bernd Brosius und Frank Esser verschärft die später vorgenommene Fotomontage „den Eindruck eines Angriffes fremder Menschenmassen auf den deutschen Staat".

War nun „*Bild* schuld an Mölln"? Pauschal muß die Frage sicher verneint werden. Kritisch zu fragen ist jedoch, ob die nicht immer sorgfältige, oftmals negative Berichterstattung über Ausländer in der Bundesrepublik ein Klima geschaffen hat, das rassistische Anschläge begünstigt. Der Bericht der Ausländerbeauftragten der Bundesregierung vom Dezember 1997 beklagt in diesem Zusammenhang, daß die deutsche Presse „positive oder einfach ‚normale' Bilder, die der Alltagswirklichkeit [im Zusammenleben zwischen Ausländern und Deutschen] entsprechen" nur am Rande erwähnt.

Und Klaus Schönbach schließt seine Ausführungen zum Thema Rechtsradikalismus und Medienrealität mit einer „Bitte um mehr Skrupel: Weniger Übertreibung, mehr Augenmaß beim Erzeugen von Eindrücken über die Größe des Asylantenproblems. Vorsicht vor der Legitimierung rechter Ideen. Die tatsächliche Notwendigkeit von Gewaltdarstellungen prüfen. Und schließlich auch etwas häufiger der Versuchung widerstehen, die Dinge allzu schnell auf den Punkt zu bringen." *Se*

Y wie Yellow press

„Stephanie von Monaco ist schwanger." Diese Meldung entwickelt sich im Frühjahr 1992 zu einem Dauerthema in den unterhaltenden Wochenzeitungen. Bereits im Embryonalstadium sorgt der blaublütige Sproß für Ärger in dem ansonsten von der Sonne verwöhnten Fürstentum. „Vater, verzeih mir", zitiert *Die Aktuelle* die Schwangere, da Fürst Rainier nur schwer erträgt, daß seine Tochter unverheiratet ist und ein Leibwächter der Vater des Kindes sein soll. Der Haussegen hängt schief im Hause Grimaldi. *Das Neue Blatt* stimmt zwei Wochen darauf optimistischer und meldet, daß Stephanie zumindest ein neues Zuhause für sich und ihr Baby gefunden habe. Wiederum einige Wochen später trägt *Frau Aktuell* zur weiteren Beruhigung bei und läßt wissen, dank Linda de Mol werde die Fürstentochter noch vor ihrer Niederkunft zur *Traumhochzeit* antreten. Im November scheinen schließlich alle Sorgen vergessen, als *Das Neue* die Botschaft verkündet: „Hurra, mein Junge ist da."

Nicht nur diese vier Illustrierten überschlagen sich in ihrem Mitteilungsbedürfnis zu Umständen und Verlauf von Stephanies Schwangerschaft. Für die Yellow press sind die Geschichten über den adeligen Nachwuchs in erster Linie Garant für Auflagensteigerungen. Erst recht, wenn sich das Bild der jungen Mutter samt Kind auf der Titelseite plazieren läßt, steigen die Verkaufschancen gegenüber der Konkurrenz. Notfalls hilft die Sensationspresse der Wirklichkeit ein wenig nach: Zahlreiche Blätter illustrieren ihre Titelseiten mit einer Montage von Stephanie samt Kind, teils bereits Wochen oder gar Monate vor der Entbindung am 26. November 1992.

Rückblick in die Anfangsjahre der Bundesrepublik: Das Bedürfnis nach unpolitischer Unterhaltung ist stark ausgeprägt; der Illustriertenmarkt boomt. Die deutschstämmige Soraya Esfandiari wird 1951 nach der Heirat mit dem persischen Schah Reza Pahlewi zu einem Medienstar. Schnell gibt sie den bunten Blättern einen Namen – „Soraya-Presse". Soraya klingt exotisch, sie ist jung und schön. Als „Schabanu" am kaiserlichen Hof in Teheran erfüllt sie die Rolle, in der ein großes Publikum seine Wunschbilder wiederfindet. „Sonderberichterstatter" halten den Nachrichtenfluß aus dem Palast aufrecht; Woche für Woche verfassen sie Geschichten über die Pahlewi-Dynastie im Stil von Fortsetzungsromanen. Bei einem Deutschlandbesuch 1955 erlebt die junge Frau „die fast gewalttätige Zuneigung des deutschen Volkes", wie Eva Demski 1992 schreibt. Allmählich jedoch bekommt das Bild einen Riß: Da Soraya keinen Thronfolger gebärt, trennt sich das Paar 1958. Das öffentliche Interesse an ihrer Person bleibt dennoch groß.

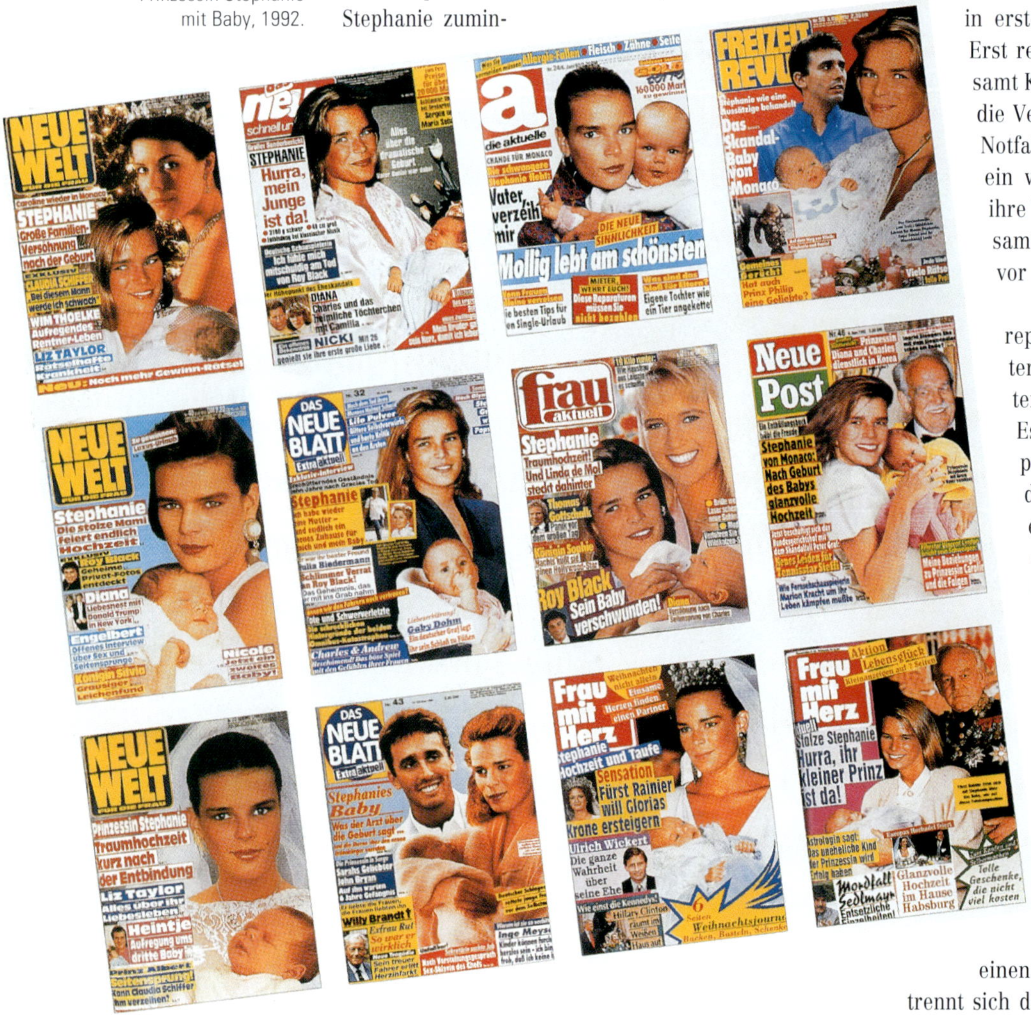

Fotomontagen von Prinzessin Stephanie mit Baby, 1992.

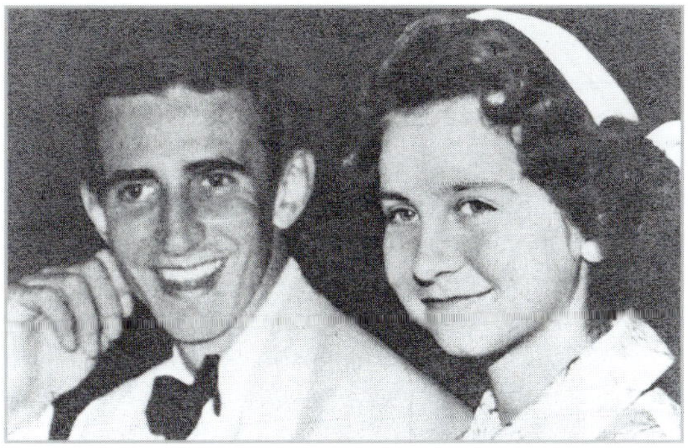

Fotomontage in der *Revue*, 14. Juni 1958.

1958 veröffentlicht der *Stern* unter dem Titel „Tausend und eine Macht" einen kritischen Artikel über die politische Lage in Persien. Schah Reza Pahlewi nimmt diesen Bericht zum Anlaß, offiziell bei der Bundesregierung gegen die anhaltende Berichterstattung über seine mittlerweile geschiedene Frau zu protestieren. Das Auswärtige Amt reagiert und erarbeitet einen Gesetzentwurf, der künftig ermöglichen soll, jede Äußerung unter Strafe zu stellen, „die das Privat- oder Familienleben eines ausländischen Staatsoberhauptes oder einer seiner Angehörigen betrifft und geeignet ist, die auswärtigen Beziehungen der Bundesrepublik Deutschland zu stören".

Mitten in die heftige Kontroverse um die „Lex Soraya" platzt die Meldung von einer Bildfälschung, die diplomatischen Schaden anzurichten droht. Ein Foto in der Illustrierten *Revue* vom 14. Juni 1958 zeigt neben der griechischen Prinzessin Sophie den Sohn des vermögenden Reeders Nomikos. Gerüchte über „unstandesgemäße" Heiratspläne der beiden erhalten durch die Montage neuen Auftrieb. Politiker in Athen machen unmißverständlich klar, daß derartige Veröffentlichungen geeignet seien, die deutsch-griechischen Beziehungen ernsthaft zu belasten. Erst als sich Mitarbeiter der *Revue* bei der griechischen Regierung in aller Form entschuldigen und dem Königshaus eine Richtigstellung in Aussicht stellen, glätten sich die Wogen. Drei Wochen später erklärt die *Revue* das „Mißgeschick": „Wie bei jeder Königstochter versucht die Weltpresse, die Königstochter schneller zu verheiraten, als sie und ihre Eltern es wünschen."

Bildmanipulationen sind bei den bunten Blättern der neunziger Jahren so weit verbreitet, daß einzelne Redaktionen bereits Abteilungen „Digitale Bildbearbeitung" haben. Die neue Technik ermöglicht, „daß im Computer zusammenwächst, was in der Welt nicht zusammengehört", so die *Süddeutsche Zeitung* vom 2. April 1998.

Der Hamburger Rechtsanwalt Matthias Prinz stellt im Fall Stephanie von Monaco „eine merkwürdig nachlässige Rechtsprechung" fest. Demnach müsse das Bild nicht echt sein, die Aufnahme könne auch einen symbolischen Wert haben. Voraussetzung sei, daß die Bildzeile nicht ehrverletzend ist. Prinz gelingt es als Rechtsvertreter zahlreicher Prominenter, vor Gericht hohe Geldentschädigungen für seine Mandanten zu erstreiten. In vielen Fällen kann er die Richter davon überzeugen, daß die Berichterstattung in den Illustrierten oftmals mit einer nicht zumutbaren Einschränkung des Persönlichkeitsrechts seiner Mandanten einhergeht. Dennoch bleiben auch den gerichtlichen Entscheidungen enge Grenzen gesetzt. Das Spannungsverhältnis zwischen dem Recht auf Privatleben und dem öffentlichen Interesse soll nicht juristisch reglementiert werden.

Im Sommer 1997 erregt eine digitale Bildfälschung die Gemüter in Großbritannien. Nach ihrer Entlarvung erörtert die Press Complaints Commission (PCC), die der freiwilligen Selbstkontrolle der Medien dient, eine Verschärfung ihrer Richtlinien. Der Anlaß: Auf der Titelseite des *Mirror* erscheint am 9. August eine Aufnahme, die Lady Diana mit ihrem Freund Dodi al-Fayed bei einer gemeinsamen Bootstour zeigt. Auf dem grobkörnigen und unscharfen Foto ist zu erkennen, daß die beiden sich küssen. Eine Manipulation, wie das Original belegt. Dodis Kopf erhält im Computer einen digitalen „Rechts-links-Schwenk", und fertig ist „The picture they all wanted". *Ch*

Urlaubsfoto, Sommer 1997.

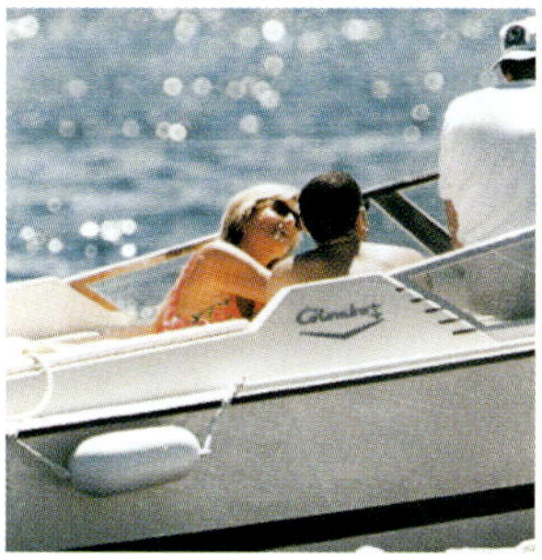

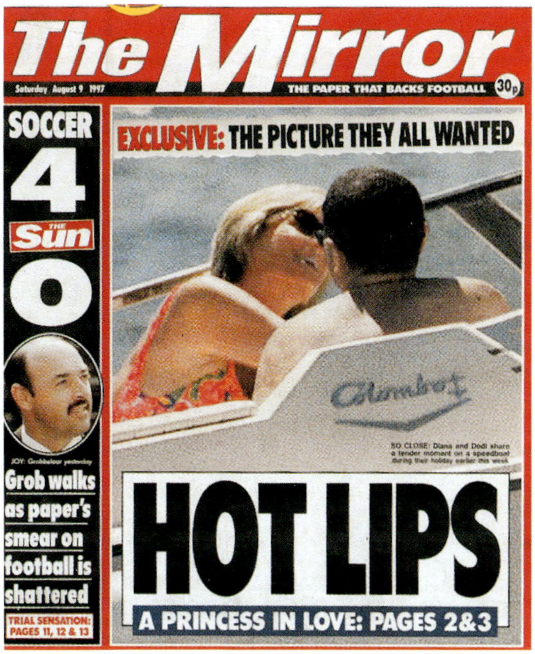

The Mirror

Saturday August 9 1997

THE PAPER THAT BACKS FOOTBALL 30p

SOCCER 4 THE Sun 0

JOY: Grobbelaar yesterday

Grob walks as paper's smear on football is shattered

TRIAL SENSATION: PAGES 11, 12 & 13

EXCLUSIVE: THE PICTURE THEY ALL WANTED

SO CLOSE: Diana and Dodi share a tender moment on a speedboat during their holiday earlier this week

HOT LIPS

A PRINCESS IN LOVE: PAGES 2&3

The Mirror liefert mit dem manipulierten Motiv „das Bild, das alle wollten".

Z wie Zukunft

Die Zukunft der Bilder hat bereits begonnen. An ihrem Anfang steht die Möglichkeit, Bilder mittels EDV zu verarbeiten und zu übermitteln. Dabei erlaubt die Digitalisierung eine nahezu unbegrenzte Manipulation des Materials. Aus verschiedenen Einzelkomponenten können völlig neue Bilder geschaffen werden, deren Entstehungsprozeß nicht mehr nachvollziehbar ist. Sie wirken wie ein authentisches Abbild der Realität und sind doch nur aus Versatzstücken derselben zusammengesetzt.

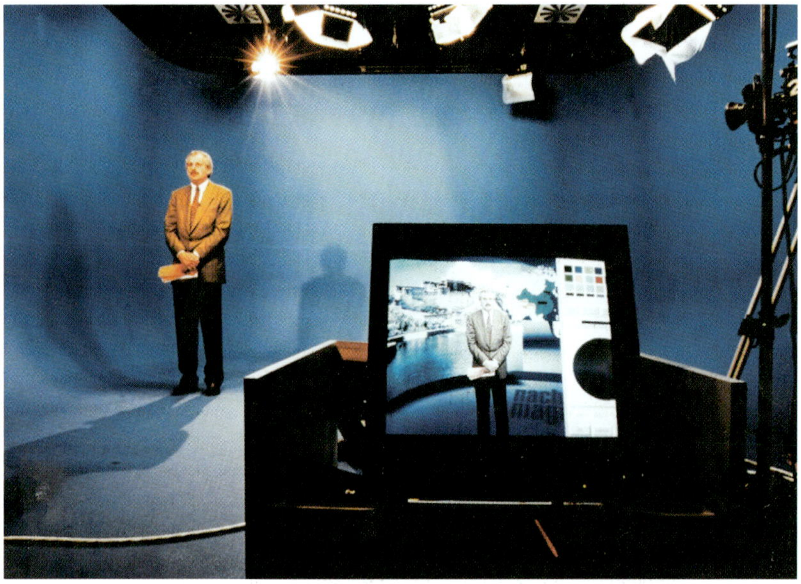

Virtuelles Fernsehen – Probesendung des ARD-*Nachtmagazins* mit Ulrich Deppendorf im NDR-Studio.

In Film und Fernsehen ist die Arbeit mit der Blue box bereits seit Jahrzehnten Alltag. Mit ihrer Hilfe werden aus verschiedenen Aufnahmen „reale" Bilder komponiert, ohne daß dies dem Zuschauer in allen Fällen bewußt ist. Um in eine vorgegebene Filmsequenz beispielsweise eine Person zu montieren, bearbeitet der Bildtechniker diese Szene, indem er auf die nicht zu ersetzenden Bereiche eine Maske legt und sie damit festschreibt. Anschließend wird die betreffende Person vor einem blauen Hintergrund gefilmt. Ein elektronischer Bildmischer montiert schließlich die Aufnahmen zusammen und schafft einen neuen Film.

Im Spielfilm ersetzt dieses Verfahren die früher üblichen Studioaufnahmen vor gefilmtem Hintergrund, deren Montagetechnik leicht zu durchschauen war. Im Fernsehen dient sie unter anderem der Belebung von Nachrichtensendungen, auch wenn die Aufnahme „ins Blaue hinein" für die gefilmten Personen zunächst gewöhnungsbedürftig ist. So deutet der Meteorologe bei der Wettervorhersage in Wirklichkeit auf eine blaue Fläche, nur der Zuschauer sieht die Karte.

Die Entwicklung konzentriert sich inzwischen auf die Einrichtung virtueller Studios. In ihnen sollen sich die Akteure frei im Raum bewegen können. Während das Blue-box-Verfahren mit einer starren Kameraeinstellung arbeitet, ist im virtuellen Studio ein variabler Kameraeinsatz möglich. Alle perspektivischen Veränderungen werden mit Hilfe enormer Rechnerkapazitäten in Echtzeit übersetzt. Die Illusion eines belebten dreidimensionalen Raums ist perfekt. Beim Einsatz virtueller Personen erreicht die Animation der Bewegungsabläufe, der Mimik und Gestik immer bessere Qualität, die Unterscheidung zu realen Personen wird immer schwieriger.

Die Perfektionierung der Technik ermöglicht auch folgende Täuschung: Ein Reporter berichtet scheinbar „live" von einer Kampfhandlung, ist in Wahrheit jedoch in vorhandenes Bildmaterial hineinmontiert. Nur die journalistische Ethik verhindert die Anwendung dieser Technik, die Unterhaltungssendungen bereits erfolgreich einsetzen.

Die in der Blue box verwendete Farbe ist kein normales Blau, sondern ein Blauton, der in der Natur nahezu nie vorkommt. Dies ist sehr wichtig, denn alles, was blau ist, wird vor dem blauen Hintergrund nicht aufgenommen oder ist, je nach Farbabweichung, nur schwer erkennbar.

Aber nicht nur in Film und Fernsehen wird die digitalisierte Bildverarbeitung immer wichtiger. Bildagenturen gehen zunehmend dazu über, ihren Kunden Bilder in digitalisierter Form on line anzubieten. Auf diese Weise können sie ihre Bestände in hoher technischer Qualität zur Verfügung stellen und Qualitätsminderungen durch die herkömmlichen Reproduktionsverfahren vermeiden. Für die weltweite Verbreitung von Bildern ebenfalls von hohem Interesse ist das Internet. Hier bleibt im Gegensatz zu den On-line-Diensten der Zugriff auf die jeweiligen Angebote allerdings weitgehend unkontrolliert.

Um so dringlicher werden Kennzeichnungen zum Schutz von digitalisierten Bildern, die den Mißbrauch einschränken sollen. So arbeitet das Forschungsinstitut GMD-IPSI in Darmstadt an einem Projekt digitaler „Wasserzeichen", die mit der Bildinformation untrennbar ver-

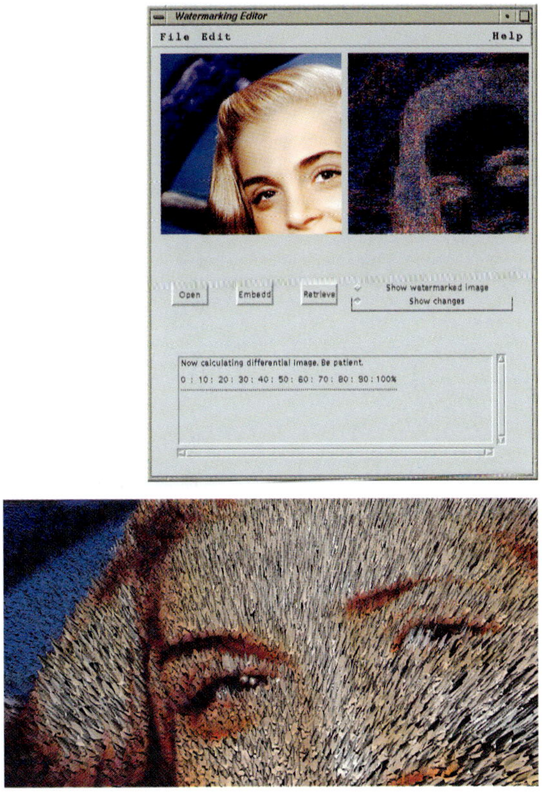

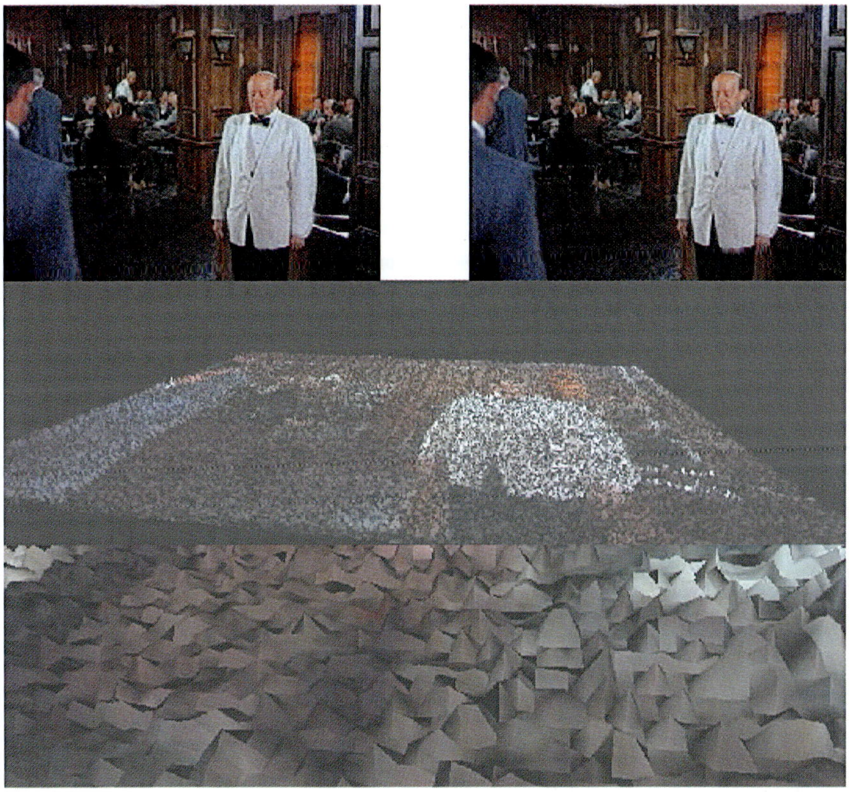

bunden abgespeichert werden. Die Entwickler unterscheiden dabei zwischen sichtbaren Wasserzeichen, unsichtbar-robusten Wasserzeichen und unsichtbar-zerbrechlichen Wasserzeichen. Die sichtbaren Wasserzeichen dienen beispielsweise dem Nachweis des Copyrights auf dem Bild und bieten dadurch einen gewissen Schutz vor widerrechtlichen Kopien. Die unsichtbar-robusten Wasserzeichen schützen die Bilder nach dem Kauf durch den Nutzer, der damit das Recht zur Entfernung des sichtbaren Copyright-Nachweises erworben hat. Bilder mit unsichtbar-robusten Wasserzeichen müssen dabei die Weiterverarbeitung, zum Beispiel bei der drucktechnisch bedingten Farbanpassung, zulassen, schützen aber vor einer illegalen Weiterverbreitung des Bildes. Unsichtbar-zerbrechliche Wasserzeichen weisen unerlaubte Bildmanipulationen nach. Auch wenn das Bild in seine ursprüngliche Fassung zurückgebracht wird, ist das Wasserzeichen nicht wiederherzustellen. Anhand dieser Information läßt sich eine Manipulation des Bildmaterials eindeutig nachweisen.

Die rasant wachsende Leistungsfähigkeit der Datenübermittlung und -verarbeitung gerade auch im Bildbereich wird die Arbeitswelt tiefgreifend verändern. Sie ermöglicht gemeinsames Arbeiten über beliebig große räumliche Entfernungen hinweg. Die Übermittlung einer Konstruktionszeichnung oder eines Bildes wird nicht mehr Zeit in Anspruch nehmen als die entsprechende Tätigkeit innerhalb eines Büros heute.

Simulationstechniken, derzeit bereits in der Ausbildung von Piloten erfolgreich eingesetzt, werden weiter perfektioniert. Sie dienen dazu, kosten- und oft auch gefahrenintensive Handlungsabläufe zu trainieren und auf reale Situationen vorzubereiten. Perfekte Echtzeitsimulationen können Realität auch in Bereichen ersetzen, die heute noch zur persönlichen Erlebnis- und Erfahrungswelt zählen. Die konkreten Anwendungen von Simulationstechniken werden darüber entscheiden, ob sie unsere Handlungsmöglichkeiten erweitern oder unsere sinnliche Erfahrung in einer manipulativen Weise verkümmern lassen.

Bildern jeder Art kommt in der Zukunft eine besondere Bedeutung zu. Die bereits heute zu beobachtenden Konzentrationsprozesse sind hierfür ein untrüglicher Beleg. Sie betreffen zum einen die Kommunikationswege, da die Einrichtung digitaler Übertragungsnetze mit hohen Investitionen verbunden ist. Mit Kooperationsvereinbarungen und Zusammenschlüssen rüsten sich die Unternehmen für den globalen Wettbewerb. Ein anderer Konzentrationsprozeß ist bei den Bildanbietern zu beobachten, denn die neuen Übertragungsmöglichkeiten, die ungeheure Zunahme elektronisch vermittelter Bilder und Informationen benötigen entsprechendes Material. *Br*

links:
Im linken Fenster das Originalmotiv, rechts das Differenzbild zwischen unmarkiertem und markiertem Bild; darunter 3D-Darstellung der Differenz.

rechts:
Einzelbild einer mit unsichtbarem Wasserzeichen versehenen Videosequenz aus Alfred Hitchcocks *North by Northwest*. Links oben das Original, rechts oben mit Wasserzeichen; darunter 3D-Darstellung der Differenz zwischen beiden Bildern – je höher die Hügel, desto stärker wurde das Bild durch die Markierung verändert; unten eine Ausschnittvergrößerung.

Bildpropaganda und Bildfälschung im Stalinismus

Hermann Weber

Totalitäre Systeme versuchten immer, die fehlende Legitimität ihrer Herrschaft mit vielfältigen Methoden zu vertuschen. Dazu zählte die Instrumentalisierung der Geschichte und in diesem Rahmen zugleich die Fälschungen nicht etwa nur von Fakten, sondern auch von Bildern. Insbesondere dienten Geschichtsmanipulationen dem pseudoreligiösen Führerkult – das gilt für Adolf Hitler in der NS-Diktatur ebenso wie für Benito Mussolini im faschistischen Italien oder für Stalin und die „kleinen" Stalins in den kommunistischen Regimen beziehungsweise den „großen Steuermann" Mao in China. Durch geschickte Inszenierung von Fotos sollte nicht nur eine „Einheit" von Führer und Volk suggeriert werden, die ausgewählten Bilder sollten die massenwirksame Propaganda des Systems unterstützen. In diesem Zusammenhang hielten alle Diktatoren Bildfälschungen für unerläßlich. Ähnlich wie in dem von George Orwell in seinem Roman *1984* visionär beschriebenen totalitären Zukunftsstaat betrieben die Machthaber durch Retuschen, Hervorhebungen, Ausschnitte, irreführende Unterschriften und andere Fälschungen mit Bildern Politik.

Alain Jaubert beschreibt in seinem Band *Fotos, die lügen* (Frankfurt/Main 1989) den Stalin-Kult anhand von Bildfälschungen ebenso wie die „maoistische Saga", stellt aber auch die „Regie des Dritten Reiches" oder „Mussolini, Herr der Bilder" vor. Er weist Fälschungen von Fotos im Stalinismus nach, die Wladimir Lenins Leben zur Legende machten oder die Oktoberrevolution umdeuteten. Jaubert bringt Beispiele vom Balkan, ebenso Manipulationen in der Nach-Stalinzeit. David Kings imposanter Band über *Stalins Retuschen* (Hamburg 1997) beschränkt sich auf deren Nachweise in der Sowjetunion.

In allen totalitären Diktaturen wurden die „Führer" durch Retuschen auf staatsmännischen Porträts mit glatten, jungen Gesichtern abgebildet, um – wie bei Hitler – „Ein Volk, ein Reich, ein Führer" proklamieren und einer gläubigen Gefolgschaft imponieren zu können. Dazu kam die „Abhebung", der Bildhintergrund verschwamm, um den „Helden" herauszuheben oder mit geschickter Montage besonders zu stilisieren. Unvorteilhafte Fotos vom Diktator wurden verboten. Dies passierte einer ganzen Serie des Hitler-Fotografen Heinrich Hoffmann, die das Einstudieren der Reden und der Gestik des „Führers" entlarvte. Und selbstverständlich erlaubten die Diktatoren nur, daß sie mit solchen Personen abgebildet werden durften, die ihnen gerade genehm waren. Die sich neben Stalin befindenden „Abweichler" – das heißt, aus der Partei ausgeschlossene oder ausgetretene Führer und Funktionäre – hatten aus sämtlichen Fotos zu verschwinden. Durch Manipulationen wurden Bilder so verändert, daß Stalin gleichrangig mit seinem „Vorbild" Lenin zu sehen war, womit die Linie „Lenin-Stalin" dokumentarisches Gewicht bekommen sollte. Hitler wiederum wurde durch Montage mit Erich Ludendorff oder Paul von Hindenburg „zusammengespannt".

Bildfälschungen gab es aber nicht nur bei Hitler und Mussolini, Stalin und Mao, auf dem Balkan oder im fernen Asien. Auch die DDR hat bis in die siebziger Jahre diese Geschichtsmanipulation eifrig und bewußt angewendet, was bei Jaubert und King nicht thematisiert wird, im folgenden aber gezeigt werden soll. Die heute üblichen und verbreiteten Fälschungen geschehen meist aus finanziellen Gründen, haben aber auch politische Motive. Der Umgang mit manipulierten Bildern in der stalinistischen Diktatur war hingegen systematisch angelegt, um deren „parteilich" vorgegebene Geschichtsanschauung zu „vermitteln".

„Die Partei hat immer recht"

Bildpropaganda und -fälschung hatten im Stalinismus einen besonderen Stellenwert, weil dem Traditionsbewußtsein eine überragende Bedeutung zugemessen wurde. Geschichtspropaganda war im Stalinismus ein Teil der Ideologie, zentrale Funktion sollte die Legitimierung der stalinistischen Diktatur sein. Nach den Verheißungen der stalinistischen Ideologie, dem „Marxismus-Leninismus",

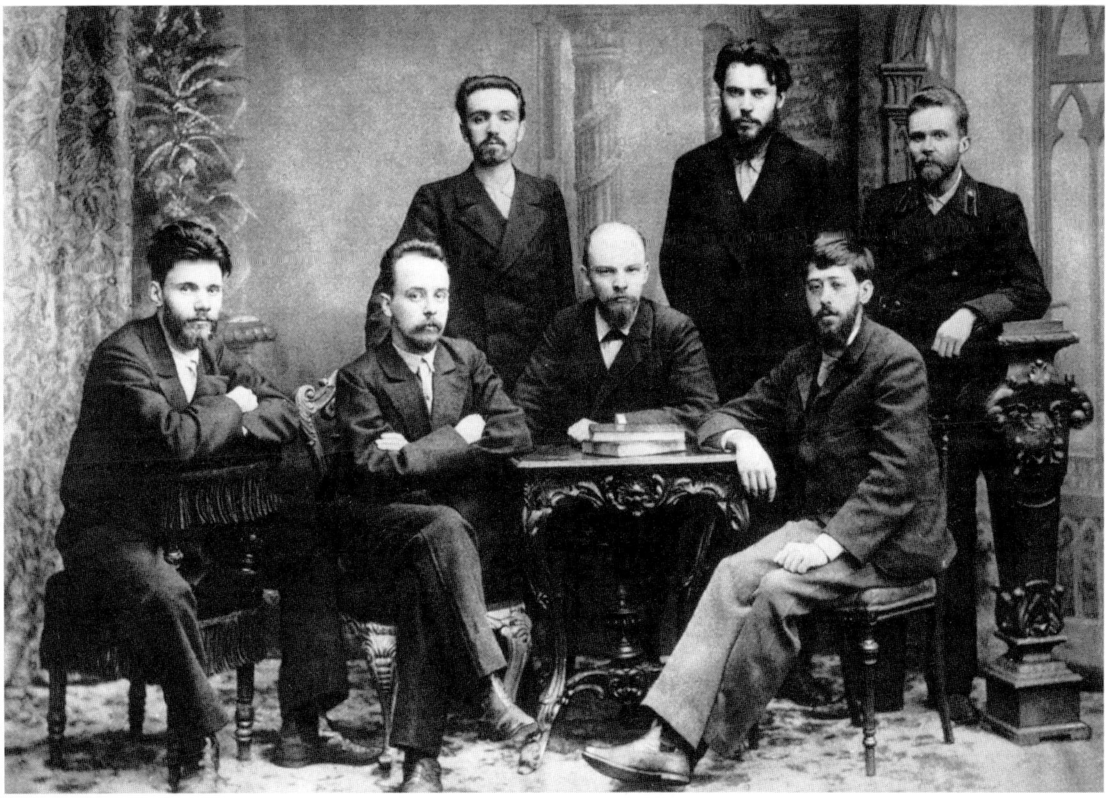

„Kampfbund zur Befreiung der Arbeiterklasse" mit Alexander Maltschenko links hinter Lenin, Sankt Petersburg, 1897.

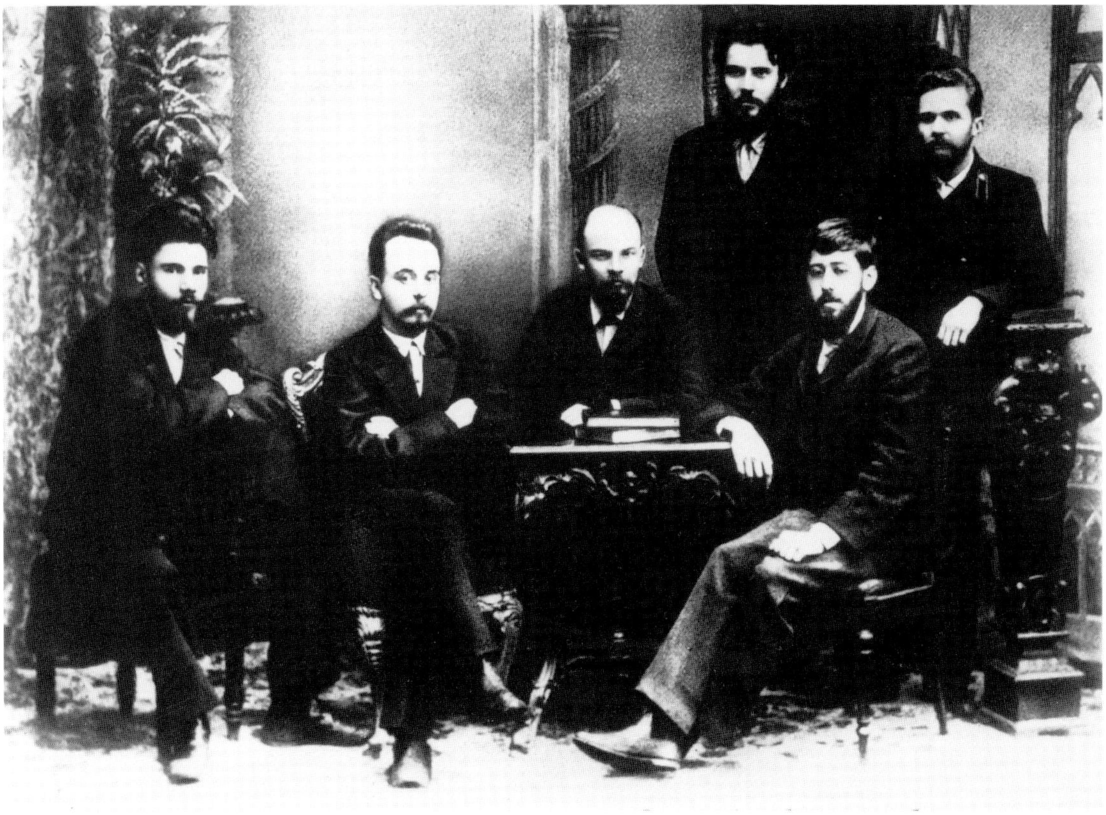

Der als Chefingenieur tätige Maltschenko wird 1929 der Sabotage bezichtigt und am 18. November 1930 hingerichtet. In einer 1939 veröffentlichten Version des Fotos ist er „verschwunden".

Stalin mit Woroschilow, Molotow und Jeshow am Ufer des Moskau-Wolgau-Kanals. 1938 wird Jeshow abgesetzt, ist kurzzeitig für das Wassertransportwesen verantwortlich. Am 4. Februar 1940 wird er erschossen.

war es allein die Kommunistische Partei, die das Volk in eine neue Gesellschaft, eine bessere Zukunft führen konnte. Gestützt auf ihre „wissenschaftliche" Ideologie kannte sie angeblich den Lauf der Geschichte, deshalb war Widerstand gegen ihre Politik zwecklos: Das „Rad der Geschichte" war nicht mehr zurückzudrehen. Die Historiker hatten nun zu belegen, daß „die Partei" in der Vergangenheit stets richtig gehandelt hatte, also ihre aktuelle Politik – ebenfalls „wissenschaftlich" abgesichert – nicht falsch sein konnte. Die Kernthese der Ideologie – „die Partei hat immer recht" – sollte ein Geschichtsbild untermauern, das diesen Anspruch „bewies". Historiker haben mit solchen

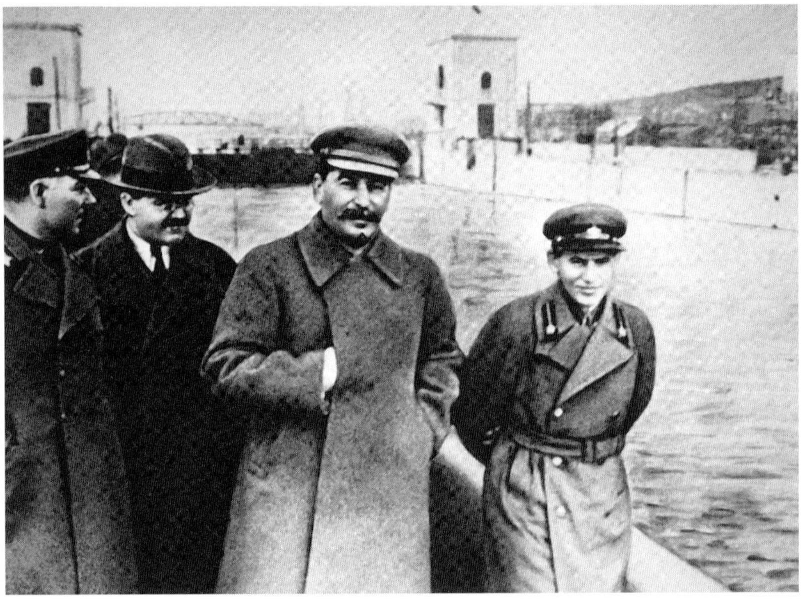

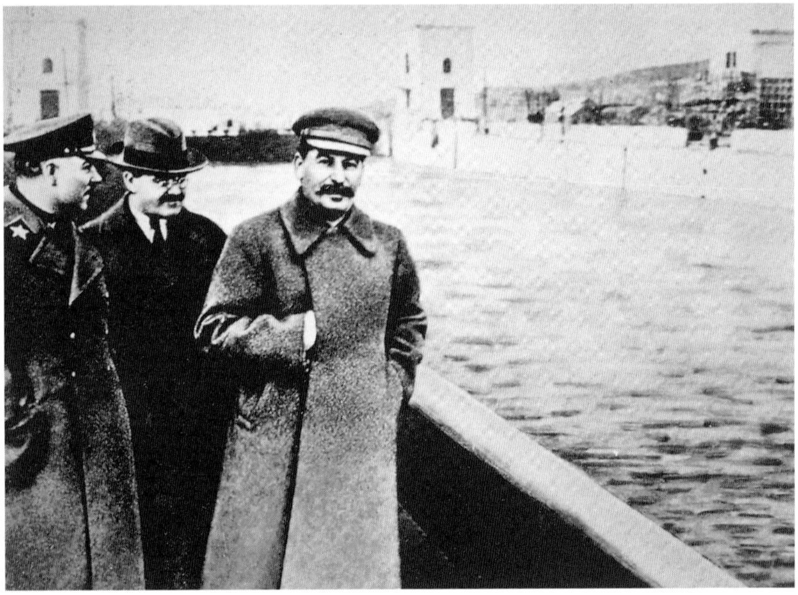

Vorspiegelungen als „Parteisoldaten" zur Indoktrination beigetragen, das „Wissen" vermittelt, daß die „Partei" wie in der Vergangenheit auch in Gegenwart und Zukunft „recht" habe und daher ihre Herrschaft historisch gerechtfertigt und somit unüberwindbar sei.

Seitdem Stalin 1929 alle seine inneren Gegner in der Sowjetunion ausgeschaltet hatte, galt das Prinzip, die aktuelle Politik in die Vergangenheit zu transferieren, Geschichte als rückprojizierte Gegenwart auszugeben. Dabei ging es weniger um die allgemeine Geschichte, als vielmehr um die der eigenen Bewegung. Die Fälschungen, auch die Bildmanipulationen, betrafen daher kaum den verbal verteufelten „Klassenfeind", dessen Werke und Bilder in den Geheimarchiven verschwanden, als vielmehr die Geschichte des Kommunismus selbst. Das ständige Umschreiben der Parteigeschichte, die dauernde Eliminierung von in „Ungnade" gefallenen Parteiführern, wurde zum Kennzeichen stalinistischer Historiographie. Dies wurde nach den blutigen „Säuberungen" der dreißiger Jahre, die ja auch die größte Kommunistenverfolgung in der Geschichte war, ins Extrem getrieben. Die Historiker hatten sich seitdem an der 1938 in Moskau erschienenen *Geschichte der KPdSU – Kurzer Lehrgang* zu orientieren, einem von Legenden, Lügen und Fälschungen strotzenden Machwerk. Wie weit die Auslöschung von „Unpersonen" ging, ist selbst anhand dieses stalinistischen Geschichtsfälschungs-Bandes zu sehen. In der ersten deutschsprachigen Moskauer Ausgabe von 1939 wurde beispielsweise noch Nikolai Jeshow genannt, der als Vertrauter Stalins 1937/38 die blutigen „Säuberungen" verantwortlich leitete. Doch in dem 1945 im KPD-Verlag Berlin erschienenen, angeblich „wörtlichen Nachdruck" des *Lehrgangs* fehlte Jeshow. Er war im April 1939 verhaftet und dann erschossen worden.

Entsprechend den politischen Vorgaben waren stets auch Fotos und Filme ins Geschichtsbild einzubeziehen. Alle „Feinde" Stalins mußten nun als „Unpersonen" aus der Geschichte getilgt, also auch in historischen Bildern „ausgelöscht" werden. Neben dem groteske Züge annehmenden Personenkult um Stalin bestand darin die zweite Täuschungsaufgabe der Bildfälschungen.

Diese erreichten einen immensen Umfang, weil fast alle bolschewistischen Führer der Lenin-Ära in den stalinistischen „Säuberungen" ermordet worden waren. Eine Besonderheit der kommunistischen Bewegung prägte deren Geschichte und erforderte damit zugleich Bildfälschungen in großem Stil: Der Kommunismus war die einzige Bewegung der jüngeren Geschichte, die mehr ihrer eigenen Führer, Funktionäre und Mitglieder selbst umgebracht hat, als das ihre Feinde taten. Schließlich fielen den stalinistischen Repressalien der dreißiger Jahre über eine

Million Kommunisten zum Opfer. Darunter befanden sich die meisten ehemals führenden Bolschewiki, nun als „Agenten" und „Feinde" gebrandmarkt: Für sie war kein Platz mehr in den Annalen der Geschichte. Sie verschwanden als „Unpersonen", waren in Bildern, Dokumentationen oder Filmen nicht mehr zu finden.

Ein Beispiel liefert eines der bekanntesten historischen Fotos, das Lenin zeigt, als er am 5. Mai 1920 von einem Holzpodest aus zu Soldaten sprach. Aus dem Original wurden die daneben stehenden Leo Davidowitsch Trotzki und Leo Borissowitsch Kamenew entfernt. Das verfälschte Foto wurde immer wieder verbreitet, es fand sogar Eingang in die Kunst: Isaak Brodski, ein Maler des „sozialistischen Realismus", schuf ein entsprechendes Gemälde.

Bildfälschungen dienten in der Sowjetunion Stalins als ein Mittel, die Geschichtslügen und -legenden durch „fotografische Beweise" zu untermauern. Historische Aufnahmen mit „Parteifeinden" wurden entweder in den Archiven verschlossen, oder aber – soweit sie für den Lenin- oder Stalin-Kult nötig erschienen – retuschiert, beschnitten oder auf andere Art verfälscht. Keine „Unperson" durfte mehr zu sehen sein.

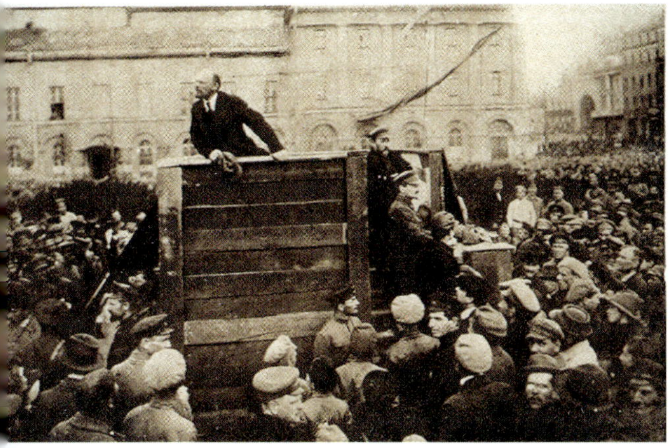

Postkarte mit dem Originalfoto von Lenin mit Kamenew und Trotzki auf dem Swerdlow-Platz in Moskau, bis etwa 1927 in der Sowjetunion weit verbreitet.

Stalinistische Geschichtsschreibung in der SBZ / DDR

Diese Legitimation durch Bildfälschungen wurde nach dem Zweiten Weltkrieg und der Errichtung kommunistischer Diktaturen in den Satellitenstaaten Ost- und Mitteleuropas zur gängigen Praxis, galt also auch in der SBZ/DDR. Dabei sind dort allerdings zwei unterschiedliche Phasen zu beachten. Bis Mitte der sechziger Jahre haben primitive Fälschungen der historischen Fakten zu einer völlig verzerrten, dogmatisch verlogenen Geschichtsdarstellung geführt. Die Merkmale stalinistischer Historiographie prägten auch die Forschung in der DDR:

- Die Geschichtsschreibung dort war strikt „parteilich", die Vergangenheit wurde mittels einseitiger Auswahl und voreingenommener Bewertung verzerrt.
- Die Historiker verschwiegen nicht nur unbequeme und die Partei kompromittierende Fakten, sie fälschten sogar Dokumente und unterschlugen wichtige Passagen. In Faksimiles beispielsweise machten sie durch Ätzungen Namen unkenntlich. Vor allem aber retuschierten und manipulierten sie Bilder.
- Besonders gravierend war die Eliminierung von Namen. Ehemalige Führer, die irgendwann mit der Partei in Konflikt geraten waren, galten als „Parteifeind" und „Agent" und wurden zur „Unperson", ihre wirkliche Rolle in der Geschichte wurde verschwiegen. Hier erhielten Bildfälschungen ihre brisante Bedeutung, wurde skrupellos retuschiert und Fotos beschnitten.

Diese stalinistischen Praktiken behielt die DDR-Historiographie zunächst auch bei, als sie ab 1960 die Erforschung des eigenen Staates intensivierte. Ein typisches Beispiel dieser SED-„Parteilichkeit" liefert Stefan Doernbergs *Kurze Geschichte der DDR*. In der Erstausgabe von 1964 war der amtierende sowjetische Parteichef Nikita Sergejewitsch Chruschtschow auf 27 Seiten genannt und außerdem auf zwei Fototafeln zu sehen, dem Präsidium des VI. Parteitags der SED und der Veranstaltung zum 70. Geburtstag Walter Ulbrichts 1963.

Als 1965 in Ost-Berlin die zweite Auflage des Buches erschien, fand Chruschtschow aber nur noch auf fünf Seiten Erwähnung, die beiden Bilder mit ihm waren durch andere ausgewechselt. Nach seiner Absetzung in Moskau im Oktober 1964 erfolgte also 1965 sofort die Verdrängung seiner Person und seines Wirkens auch aus Geschichtsdarstellungen der DDR.

Sogar aus Walter Ulbrichts Werken wurden Passagen, die mit der gerade gültigen Parteilinie nicht mehr übereinstimmten, ohne jede Kenntlichmachung herausgenommen. Ging der Parteiführer mit solchen Methoden selbst voran, so scheuten seine Historiker vor Fälschungen ebenfalls nicht zurück.

Die Bildfälschungen der SED folgten den Prinzipien der „parteilichen" DDR-Historiographie. Da die Kommunisten für sich beanspruchten, in der Geschichte „immer recht" zu haben, als „die Partei" aber nur das jeweilige Spitzengremium galt, sind wie in der Sowjetunion „Abweichler" im „Gedächtnisloch" versenkt worden. Dies war bei der starken Fluktuation im Führungskorps der KPD in der Weimarer Republik nicht so einfach. Bereits von den Gründungsmitgliedern, den Delegierten des Gründungsparteitags 1919, war die Mehrheit später nicht mehr in dieser Partei.

In allen Phasen der Weimarer Republik ist zu registrieren, daß ein Großteil der Parteiführung als „Abweichler“ aus der KPD ausgeschlossen wurde. Viele widersetzten sich in den zwanziger Jahren der Stalinisierung der Partei, die zur völligen Abhängigkeit von Moskau führte. Von den 16 Spitzenführern der KPD, dem Politbüro, damals „Polbüro“ genannt, aus der Zeit 1923/24 waren bis zum Jahr 1929 bereits elf aus der KPD ausgeschlossen worden, lediglich Ernst Thälmann und Hermann Remmele befanden sich noch auf diesem Posten. Von den 1924 zu den Reichstagswahlen aufgestellten 484 Kandidaten nominierte die KPD 1930 lediglich 42 – weniger als zehn Prozent – ein weiteres Mal. Auch die Führer der Partei – 1919/20 Paul Levi, 1922/23 Heinrich Brandler, 1924/25 Ruth Fischer – wurden ausgeschlossen und als „Agenten“ verfemt. Nur Ernst Thälmann, seit 1925 an der Parteispitze, 1944 von den Nationalsozialisten ermordet, konnte sich als treuer Anhänger Stalins halten und wurde mit der Gloriole des überragenden „Führers“ versehen.

KPD-Führer verschwinden

Keiner der innerparteilichen Gegner Stalins und Thälmanns existierte in den frühen DDR-Geschichtsbüchern. In dem 1954 (2. Auflage 1955) in Ost-Berlin erschienenen Band *Zur Geschichte der Kommunistischen Partei Deutschlands* wurden bei einer faksimilierten Wiedergabe einer Zeitungsseite der *Roten Fahne*, die über den Gründungsparteitag der KPD berichtet, kurzerhand drei Namen unleserlich gemacht. Die einstigen KPD-Gründer Jacob Walcher, Ernst Meyer und Otto Rühle galten der Ulbricht-SED inzwischen als „Parteifeinde“. Im gleichen Buch wurden auf einer Bildseite die Teilnehmer der Spartakuskonferenz von 1916 „ausgedünnt“. Dadurch sind von den – noch 1929 in einer KPD-Publikation abgebildeten – zehn Personen bei der SED lediglich sechs übriggeblieben. Eine Erwähnung der anderen vier erfolgt weder in Bild noch Text.

Ebenfalls 1955 publizierte die SED einen umfangreichen Bildband über Ernst Thälmann: Darin war ein Foto von der Tribüne mit den damaligen KPD-Führern, an denen am 25. Januar 1933 die letzte Demonstration der Parteimitglieder am ZK-Sitz in Berlin vorbeizog. Allerdings sind von den sieben Spitzenführern, die in der *Roten Fahne* im Januar 1933 noch zu sehen und genannt waren, im SED-Band von 1955 nur drei übriggeblieben: Ernst Thälmann, John Schehr und Walter Ulbricht. Wegretuschiert waren 20 Jahre später inzwischen als „Parteifeinde“ abgesetzte SED-Funktionäre wie Franz Dahlem oder der 1933 zu Hitler übergelaufene Funktionär Wilhelm Hein, ebenso der in den stalinistischen „Säuberungen“ 1936 verhaftete und umgekommene Thälmann-Freund Willy Leow. Diese Version, mit der sich Ulbricht selbst als Thälmann-Nachfolger aufwerten wollte (Schehr hatte die Gestapo schon 1934 ermordet), wurde bis in die sechziger Jahre verbreitet. Sie war unter anderem abgebildet in Ulbrichts *Zur Geschichte der deutschen Arbeiterbewegung (Band I)* von der ersten Auflage 1953 bis zur siebten Auflage von 1962 und in einem Jubelband für den SED-Führer von 1963, *Walter Ulbricht. Ein Leben für Deutschland*. Erst 1977 erschien das seinerzeit in der *Roten Fahne* abgedruckte Originalfoto ohne Veränderung in SED-„Anschauungsmaterial“ über Thälmann. Namentlich genannt wurden in der Unterschrift aber nur Thälmann, Schehr und Ulbricht sowie der inzwischen rehabilitierte Dahlem.

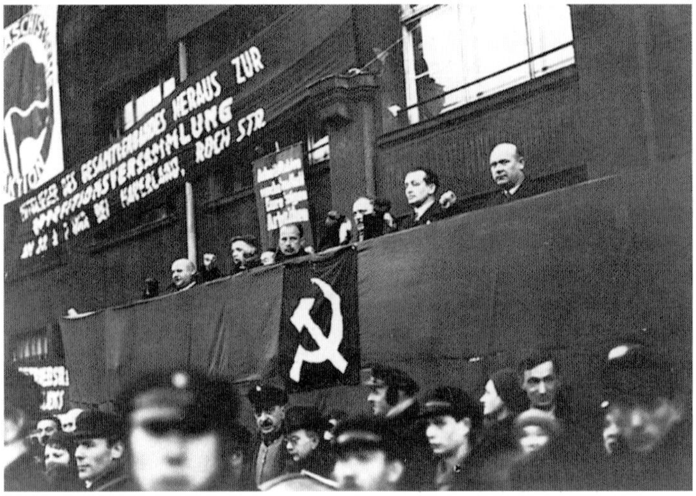

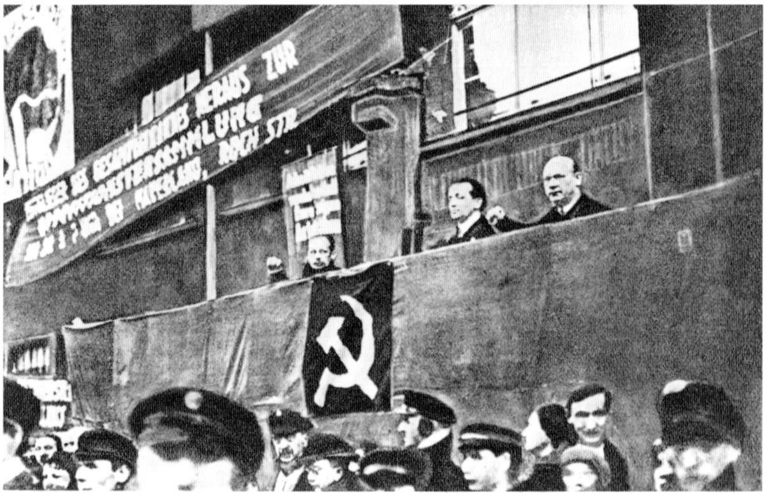

Bildunterschrift zum linken Foto, 1986: „Ernst Thälmann, John Schehr, Artur Golke, Walter Ulbricht (von rechts nach links) und andere Mitglieder des Zentralkomitees der KPD auf der Tribüne vor dem Karl-Liebknecht-Haus am 25. Januar 1933“.

Bildunterschrift: zum rechten Foto, 1955: „Die letzte große Kundgebung der KPD in Berlin am 25. Januar 1933 – die Antwort der revolutionären Berliner Arbeiterschaft auf die Naziprovokation vom 22. Januar 1933 vor dem Karl-Liebknecht-Haus (von rechts nach links: Ernst Thälmann, John Schehr, Walter Ulbricht)“.

Die nun zwar abgebildeten Leow oder Hein blieben – das war jetzt die neue Methode – ungenannt. Ein späterer Bildband über Thälmann von 1986 führte sie nur als „und andere" auf.

Das Verschweigen von Willy Leow, dem einstigen Stellvertreter Thälmanns im Roten Frontkämpferbund der KPD, verdeutlicht einen weiteren Grund für die Bildfälschungen der SED – immer den Methoden der KPdSU entsprechend: Die in den Stalinschen „Säuberungen" umgekommenen KPD-Führer durften in Fotos und Filmen nicht mehr auftauchen. Dies schien gemäß der „parteilichen" Geschichtsschreibung notwendig, erwies sich jedoch bei dem Umfang der „Säuberungen" auch unter deutschen Kommunisten in den dreißiger Jahren als schwierig. Die Mehrheit der in die Sowjetunion emigrierten deutschen KP-Führer wurde in den Stalinschen „Säuberungen" ermordet. Schließlich wurden zwei Drittel aller vor Hitler in die Sowjetunion geflüchteten deutschen Kommunisten dort zwischen 1935 und 1941 verhaftet, die meisten von ihnen kamen ums Leben.

Das katastrophale Ausmaß der „Säuberungen" deutscher Kommunisten wird daran sichtbar, daß von ihrer Spitzenführung, dem Politbüro, mehr Personen dem Terror Stalins zum Opfer fielen als dem Terror Hitlers. Von den 43 Mitgliedern und Kandidaten, die zu irgendeinem Zeitpunkt in der Weimarer Republik diesem Gremium angehörten, wurden in Deutschland fünf ermordet, in der Sowjetunion aber sieben. Deshalb gab es für diese KPD-Führer, nämlich Hugo Eberlein, Leo Flieg, Heinz Neumann, Hermann Remmele, Hermann Schubert, Fritz Schulte und Heinrich Süßkind, keinen objektiven oder gar positiven Platz im frühen SED-Geschichtsbild. Dies trifft ebenso zu für die in der Sowjetunion ermordeten Mitglieder des zahlenmäßig größeren Führungsstabs, des Zentralkomitees. Während der „Säuberung" kamen dort 15 ZK-Mitglieder der KPD um, unter ihnen Willy Leow.

An Leow, der auch Mitglied des Reichstags war, ist außerdem eine besonders „gekonnte" Bildfälschung zu enthüllen. Der schon erwähnte Thälmann-Band von 1955 bringt ein großes Foto mit Thälmann – einsam herausgestellt – an der Spitze eines Aufmarsches des Rot-Frontkämpferbundes während seines zweiten Reichstreffens 1926. Hinter ihm geht eine Schalmeienkapelle. Neben dieser sind sowohl Straßenbahnschienen als auch Kopfsteinpflaster deutlich zu erkennen, letzteres allerdings genau nachgezeichnet, denn im Originalfoto marschierte an der Spitze gemeinsam mit Ernst Thälmann auch Willy Leow. Er wurde 1955 fachgerecht wegretuschiert, Thälmann an seiner Stelle in die Bildmitte verschoben. Noch der 1965 vom Deutschen Militärverlag der DDR veröffentlichte Bildband über Berlin enthielt die Fälschung. Sie fand sogar Eingang in westliche Publikationen, etwa in einen bei Elefantenpress Berlin 1977 herausgegebenen Band über die Weimarer Republik. Da manche Bilder nur noch in der retuschierten Form bekannt waren oder Agenturen und Autoren zu leichtgläubig Fotos aus Stalins Archiven übernahmen, sind etliche Personen nicht nur im „Gedächtnisloch" der Sowjetunion oder der DDR, sondern weltweit verschwunden. Ein vom Museum für Deutsche Geschichte der DDR verbreiteter Katalog veröffentlichte 1986 zwar das Original, der auf dem Foto abgebildete Leow blieb in der Unterschrift jedoch weiterhin ungenannt. Die Broschüre *Rot Front* des gleichen Museums hatte das richtige Foto zwei Jahre zuvor sogar als Titelbild verwendet. Zu verschiedenen Zeiten wurde also mit Fotos unterschiedlich umgegangen.

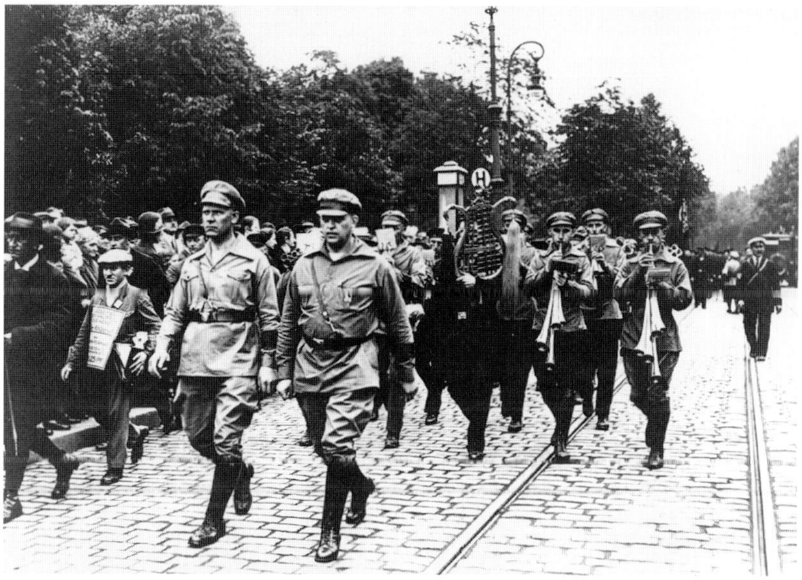

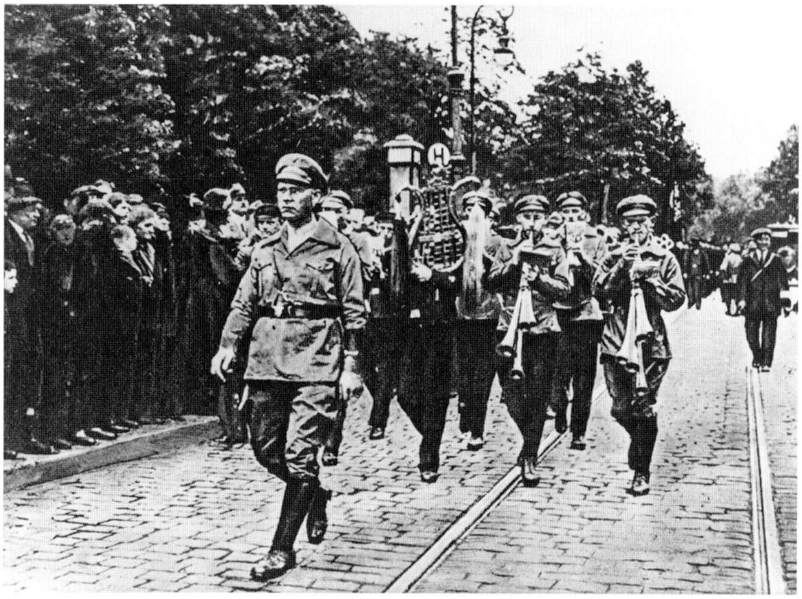

oben:
Originalfoto mit Thälmann und Leow an der Spitze des Rot-Frontkämpfer-Aufmarschs in Berlin-Treptow, 1926.

unten:
Retuschiertes Foto ohne Leow, 1955.

Über das „Wegschneiden" von Teilnehmern des II. Weltkongresses der Kommunistischen Internationale (Komintern) 1920 haben sowohl Jaubert als auch King berichtet: Von über einem Dutzend abgebildeter Personen blieben nur Lenin und Maxim Gorki. Das gefälschte Foto wurde vielfach – auch in der DDR – verbreitet, so 1971 in der deutschen Ausgabe der Lenin-Biographie, und es ist selbst in einem West-Berliner Band *Sowjetische Fotografen* 1983 erschienen. Aber die zweite Auflage von Horst Schumachers Komintern-Buch von 1989 zeigte das Original und nannte sogar die Namen der Stalin-Opfer Nikolaj Iwanowitsch Bucharin, Karl Bernhardowitsch Radek und Grigorij Jewsejewitsch Sinowjew in der Unterschrift – in der Erstausgabe von 1979 hatte das Bild freilich noch gefehlt.

Ein anderes Komintern-Foto wurde gefälscht durch das Wegschneiden von zwei „Parteifeinden": dem Franzosen André Marty und dem Stalin-Opfer Mickhail Moskwin. Diese manipulierte Version mit den acht übriggebliebenen, darunter dem KPD-Führer Wilhelm Pieck, ist sehr oft reproduziert worden. Allerdings war in einem Bildheft zum 75. Geburtstag Piecks 1951 auch noch Marty abgebildet gewesen, er verschwand erst nach seinem Ausschluß aus der Kommunistischen Partei Frankreichs 1953. Von nun an galt das „Achter-Bild", beispielsweise 1955 in einem Buch über Pieck, aber ebenso noch 1972 in Piecks *Gesammelte Reden und Schriften*. Die längst nachgewiesene Fälschung kursierte sogar im Westen, als Ullstein-Foto veröffentlichte es erst kürzlich unkommentiert die *Frankfurter Allgemeine Zeitung* – am 15. Mai 1998! Das Original druckte die SED erstmals 1984 in ihrer Publikation *Bilder und Dokumente* über die Kommunistische Internationale.

Natürlich erfolgten Bildfälschungen nicht nur in Fotos mit unerwünschten Personen. Auch inzwischen als „falsch" geltende Parolen wurden „ausradiert". Beispielsweise fehlte im bereits erwähnten Thälmann-Band von 1955 das bei einer Demonstration vor Thälmann mitgeführte Transparent mit der Aufschrift „Sowjet-Deutschland statt Young-Deutschland". Diese Losung paßte 1955 offensichtlich nicht ins Geschichtsbild der SED und wurde wegretuschiert.

Diese Auswahl von Bildfälschungen belegt, daß die SED in den fünfziger und sechziger Jahren Schwierigkeiten bei der Darstellung ihrer KPD-Tradition hatte, weil „Abweichler" und Stalin-Opfer in historischen Veröffentlichungen nicht gezeigt oder genannt werden durften. Indes gab es auch in der SED ab 1948 wiederum Parteisäuberungen. Auf diese folgte dann ebenfalls die Täuschung mit den üblichen stalinistischen Bildmanipulationen.

SED-„Säuberungen"

Vor allem die fünfziger Jahre standen im Zeichen stalinistischer „Säuberungen" der SED. Diese betrafen den Ausschluß und die Verfolgung von Parteimitgliedern, insbesondere aber von Funktionären, sowie die Auswechselung innerhalb der Führungsspitze. Von den 80 Mitgliedern des ersten Parteivorstandes 1946, also den SED-Gründern, wurden über ein Viertel, nämlich 22 Personen, in der Folgezeit aller Funktionen enthoben. Von diesen hat das DDR-Regime acht sogar inhaftiert: Max Fechner, Max Fank, Willy Jesse, Paul Merker, Kurt Müller, Fritz Sperling, Paul Szillat und Stanislaus Trabalski. Auch das erste „gewählte" Politbüro von 1950 wurde später fast zur Hälfte von „Parteifeinden" gesäubert, nämlich sieben von 15 Mitgliedern: Anton Ackermann, Franz Dahlem, Rudolf Herrnstadt, Hans Jendretzky, Fred Oelßner, Elli Schmidt und Wilhelm Zaisser. Obwohl die meisten nach 1956 „re-

links:
Otto Grotewohl und Wilhelm Pieck bekräftigen 1946 per Handschlag die Gründung der SED, im Hintergrund zwischen ihnen: Kurt Müller.

rechts:
1964/65 veröffentlichtes Foto ohne Müller.

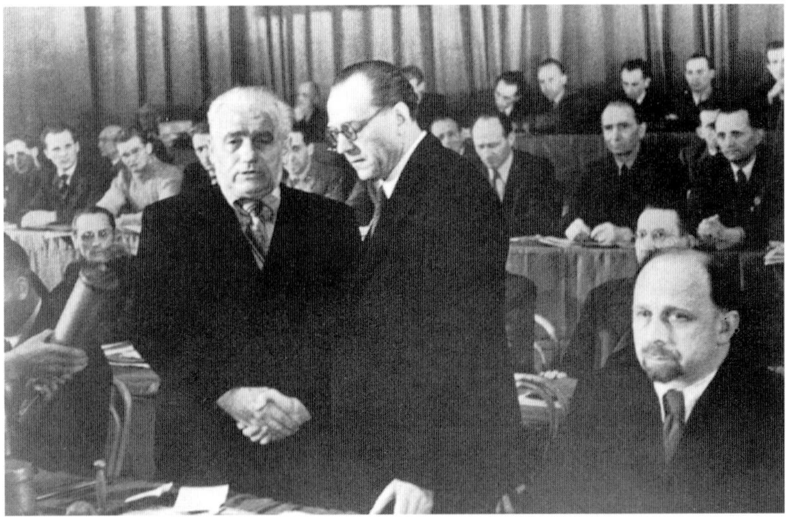

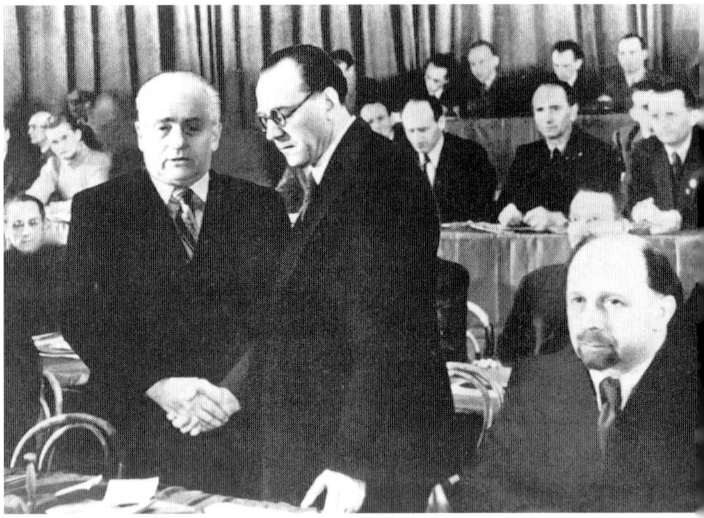

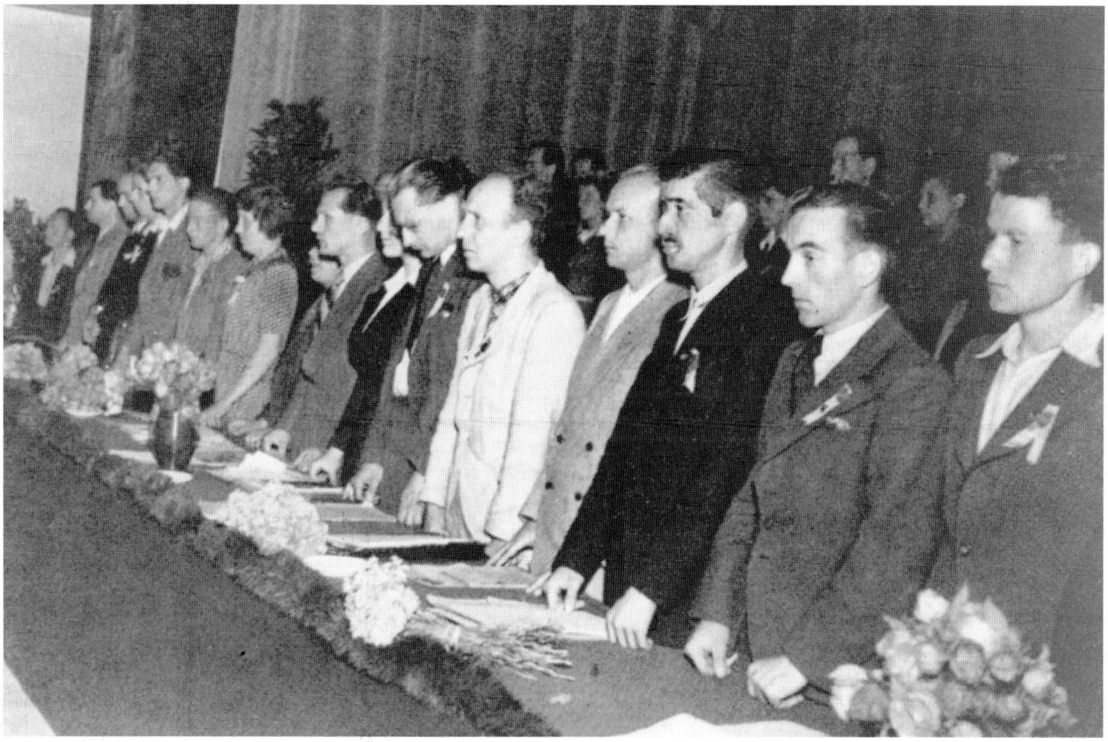

oben:
1971 veröffentlichtes Foto des FDJ-Gründungsparlaments, Robert Bialek mit hineinretuschiertem Bart und Haarteil.

unten:
Originalfoto des FDJ-Gründungsparlaments, 1946.

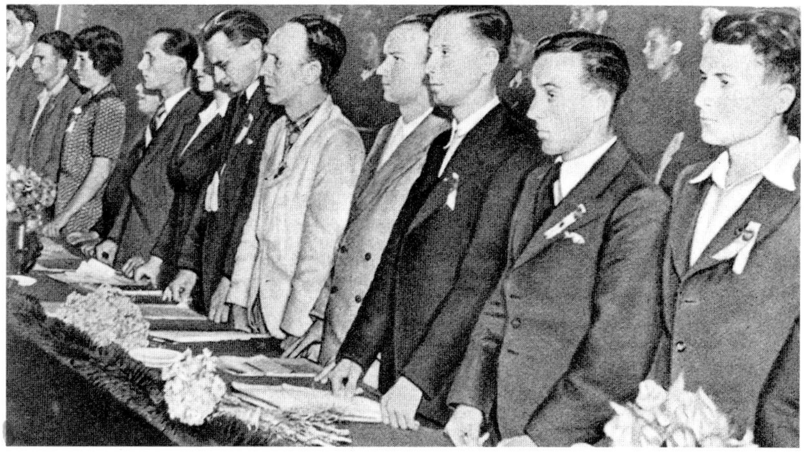

habilitiert" wurden, nahm keiner dieser Ulbricht-Gegner wieder seine vorherige Funktion ein, sie blieben noch jahrelang für die DDR-Geschichtsschreibung „Unpersonen". Und um deren Rolle zu verschleiern, wurden auch Bilder gefälscht.

In dem 1964 (2. Auflage 1965) erschienenen Werk *120 Jahre deutsche Arbeiterbewegung* wurde der Kopf des ehemaligen 2. Vorsitzenden der KPD, Kurt Müller, der seit 1950 als „Parteifeind" galt, aus einem Bild des Präsidiums des Gründungsparteitags der SED wegretuschiert. Müller war 1950 als erster führender Kommunist vom Ministerium für Staatssicherheit verhaftet worden, er sollte für einen Schauprozeß in der DDR „präpariert", das heißt, zu einem „Geständnis" gepreßt werden. Aus sowjetischer Haft konnte er erst im Oktober 1955 in die Bundesrepublik Deutschland zurückkehren. Doch 1976 brachte dann das Ost-Berliner Buch *Die Vereinigung von KPD und SPD zur SED* das gleiche Bild ohne Manipulation.

Eine Publikation der FDJ von 1951 mit dem Titel *5 Jahre Freie Deutsche Jugend* zeigt ein Foto mit dem Präsidium des Gründungsparlaments der FDJ vom Juni 1946. Dieses Bild wurde dann 1961 im von der FDJ herausgegebenen Band *Freie Jugend – Neues Leben* gefälscht. Das retuschierte Foto veröffentlichte die FDJ nochmals 1971 in ihrem Buch *Wir sind die junge Garde*. Diesmal hatten sich die Fälscher etwas besonderes ausgedacht: Ein FDJ-Funktionär sollte durch Hineinretuschieren eines Bartes und veränderte Frisur nicht zu identifizieren sein. Bei diesem „Jugendfreund" handelte es sich um Robert Bialek, der 1953 aus der DDR geflüchtet war, 1956 von der Staatssicherheit aus West-Berlin entführt wurde, wobei er wohl ums Leben kam. Andererseits hatten die Herausgeber in diesem Buch eine Fälschung des FDJ-Gründungsbeschlusses „teilweise" wieder korrigiert. 1956 waren nämlich im Band *Zur Geschichte der Arbeiterjugendbewegung in Deutschland* aus dem Gründungsbeschluß die Namen von drei Gründungsmitgliedern weggeätzt, aber 1971 wurde dieses Dokument mit „nur" noch einer fehlenden Unterschrift faksimiliert. Erst die *Geschichte der*

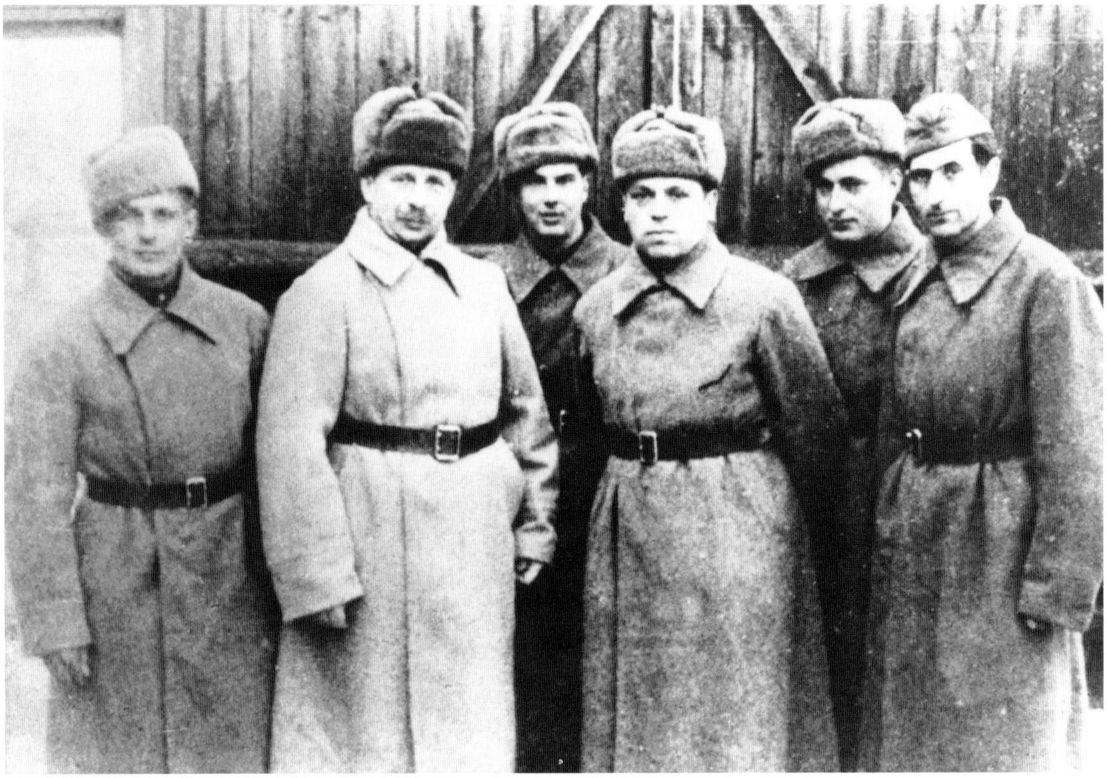

oben:
Beratung an der
1. Belorussischen Front
im Dezember 1943:
Christoph Seitz, Walter
Ulbricht, Leo Aigner, Max
Emendörfer, Heinz Keßler
und Karl Benedikt
(von links).

unten:
Offizielles ADN-Foto
anläßlich Ulbrichts
70. Geburtstags 1963.
Aigner und Emendörfer
sind wegretuschiert.

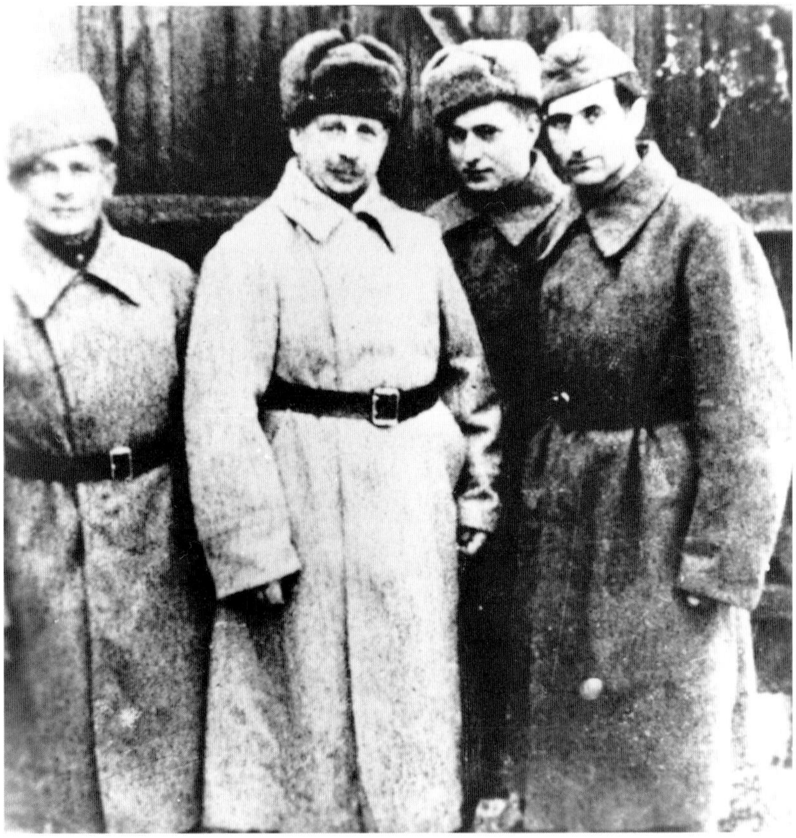

Freien Deutschen Jugend von 1982 führte in der nun unverändert wiedergegebenen Gründungsurkunde dann alle 14 Unterzeichner auf.

Jan Emendörfer hat in der 1997 erschienenen Biographie *Verfemt* über seinen Vater Max ebenfalls eine Bildfälschung nachgewiesen. Das zeitgenössische Original zeigt Emendörfer, der als Altkommunist in der Sowjetunion das Nationalkomitee Freies Deutschland mitgegründet hatte, neben Ulbricht und anderen Personen in der UdSSR. Als Emendörfer im August 1945 nach Berlin heimkam, verhaftete ihn noch im gleichen Monat das sowjetische NKWD, das Volkskommissariat für Innere Angelegenheiten; erst 1956 konnte er aus Sibirien zurückkehren. Zum 70. Geburtstag Ulbrichts 1963 wurde das erwähnte historische Foto wieder verbreitet, doch Emendörfer sowie eine weitere Person waren nun herausretuschiert.

Die verschiedenen Beispiele zeigen, wie die Geschichtspropaganda der SED vor allem in den fünfziger Jahren, aber auch in den sechziger, vereinzelt noch in den siebziger Jahren zu den plumpen Bildfälschungen stalinistischer Machart griff. Nach und nach wurde darauf verzichtet, ja – insbesondere in den achtziger Jahren – wurden früher retuschierte Bilder wieder im Original veröffentlicht.

Dies spiegelte das Vorgehen in der Sowjetunion wider, wo Bildfälschungen unter Nikita Sergejewitsch Chruschtschow seltener wurden, später während der Perestrojka Michail Sergejewitsch Gorbatschows solche Manipulationen sogar vielfach enthüllt wurden.

Außerdem war die Parteigeschichtsschreibung der DDR seit den sechziger Jahren zunehmend bestrebt, internationales Renommee zu erwerben. Wenn sie daher beim Fälschen ertappt wurden, war dies für die Geschichtspropagandisten mehr als mißlich. Beispielsweise erfuhr ich, daß nach der Veröffentlichung meines Bandes *Ulbricht fälscht Geschichte* (Köln 1964), der auch SED-Bildfälschungen entlarvt hatte, das damalige Museum für Deutsche Geschichte in Ost-Berlin retuschierte Fotos abhängte. Retusche wurde – weil leichter nachzuweisen – immer weniger „zeitgemäß“.

Nicht nur Retusche

Viele Bilder wurden auch ganz anders manipuliert, nämlich beschnitten. Es geschah ja nicht etwa aus Platzmangel, wenn zum Beispiel im erwähnten Foto des Gründungsparteitags der SED 1946 der Blick auf das Präsidium immer bei Walter Ulbricht endete. Neben diesem befand sich im Original aber Erich Gniffke. Da Gniffke 1948 in die Bundesrepublik geflüchtet war, mußte die Schere her. Und auf der anderen Seite dieses Fotos war lange Zeit bei Wilhelm Pieck „Schluß“. Der zeitgenössische Bildbericht über den Parteitag dokumentiert, warum weggeschnitten wurde: Neben Pieck befanden sich noch der 1953 verhaftete Max Fechner sowie der 1953 abgesetzte Franz Dahlem.

Eine andere Methode lag darin, aussagekräftige Fotos gegen andere auszutauschen. Sowohl beim III. Parteitag der SED 1950, deren 2. Parteikonferenz 1952 und beim IV. Parteitag 1954 hingen hinter dem Präsidium große Porträts der „Klassiker“ Karl Marx, Friedrich Engels, Lenin und Stalin. Bei späteren Bildwiedergaben dieser Kongresse fehlt aber der Hintergrund mit den „Köpfen“, lediglich Ausschnitte, Fotos von Delegierten, die dekorierten Seitenwände sind zu sehen. Auf diese Weise umgingen es die Herausgeber, den inzwischen verpönten Stalin und seine Bedeutung für die SED und ihren Personenkult um ihn zu dokumentieren.

Während über die Weimarer Republik und die ersten Jahre nach 1945 das Bildmaterial für die Kommunisten eher knapp war, gab es seit den fünfziger Jahren überreichlich Fotos und Filme von allen relevanten Ereignissen. Direkte Fälschungen waren auch deswegen nicht nötig, weil aus umfangreichem Material „bedenkliche Bilder“ aussortiert werden konnten, und jede „neue Linie“ mit wechselnden Fotos leicht zu dokumentieren war.

Kein Ende der Fälschungen – die siebziger und achtziger Jahre

Allerdings war die stalinistische Grundeinstellung, Geschichte im Interesse der Politik zu instrumentalisieren und zu verfälschen, auch in den siebziger und achtziger Jahren keineswegs überwunden. Inzwischen ist den Archiven zu entnehmen, wie die politische Leitung den Historikern direkt „empfahl“, welche Personen sie nennen durften oder aber nicht (mehr) sollten. Am 20. Oktober 1970 schrieb der Leiter der Kaderabteilung im ZK der SED, Fritz Müller, an das Institut für Marxismus-Leninismus, in einer Broschüre über die letzte Sitzung der KPD-Führung 1933 könne Hans Kippenberger nunmehr erwähnt werden, da er „in der Sowjetunion rehabilitiert wurde“. Kippenberger, einst Mitglied des ZK und Leiter des Geheimapparats der KPD am Ende der Weimarer Republik, war 1936 in Moskau erschossen worden und galt daher zuvor für die SED-Geschichtsschreibung als „Unperson“. Im gleichen Brief verlangte Müller, nicht zu erwähnen, „unter welchen Umständen H. K. verstorben ist“. Außerdem „schlagen wir vor“ – so die feine Umschreibung des „Parteibefehls“ –, auch „Hans Pfeiffer nicht zu erwähnen“, einen anderen Teilnehmer der KPD-Sitzung 1933.

Entsprechend war dann in der dritten Auflage der Broschüre *Die illegale Tagung des ZK der KPD 7.2.1933*, die allerdings erst 1981 erschien, in Abänderung der zweiten Auflage Kippenberger mit einem Foto vertreten. Und wie von der Parteiführung angeordnet, verschwieg die Publikation seine Hinrichtung in der UdSSR, es hieß lapidar: „Von 1934 an war er in Moskau tätig." Und Pfeiffer – obwohl ebenfalls auf der Konferenz zugegen – fehlte in dieser Ausgabe. Solche Methoden beweisen, daß das Ende der retuschierten Bildfälschungen nicht das Ende der Fälschungen bedeutete.

Wie die SED-Geschichtsschreibung auch nach dem Ende der Bildretuschen skrupellos mit der historischen Wahrheit umging, zeigt ein fast makabres Beispiel aus der 1971 begonnenen Honecker-Ära. Nach seinem Tod 1973 verschwand Ulbricht, der diese Methoden in der SED ja durchgesetzt hatte, selbst für einige Zeit als „Unperson" aus den Annalen der Partei. Bewußt wurde die Ulbricht-Periode zurückgedrängt, alle Veränderungen seit dessen Absetzung 1971 stark betont und dadurch die Politik Erich Honeckers überpointiert und demonstrativ als etwas Neues herausgestellt. Ulbricht tauchte nun in der Geschichte kaum mehr auf. Wurde sein Name in der ersten Auflage des ideologischen Standardwerks *Politisches Grundwissen* 1970 noch rund hundertmal aufgeführt, ist er schon in der zweiten Auflage von 1972 nicht mehr zu finden. In der Bildpropaganda verschwanden seine Fotos ebenfalls. In dem 1971 erschienenen Buch über die SED *Seht welche Kraft* war sein Konterfei einige Dutzend Male abgebildet, im Bildband über die Vereinigung zur SED von 1976 war er hingegen kaum noch präsent, jetzt waren sogar die früher als „Parteifeinde" aus Veröffentlichungen verbannten Max Fechner oder Franz Dahlem öfter zu sehen als Ulbricht. Erst in den achtziger Jahren hörte diese Verdrängung des wichtigsten stalinistischen Führers der DDR aus der Geschichte auf.

Inzwischen war auch die Zeit über die einst verfemten „Abweichler" hinweggegangen. Sie waren kaum noch bekannt, ihre Abbildung daher „ungefährlich". Aus den achtziger Jahren gibt es Fotos mit Namensnennungen früherer „Unpersonen". Der Bildband über Thälmann von 1986 brachte Fotos, die ihn gemeinsam mit den unter Stalin ermordeten Leo Flieg oder Heinz Neumann zeigten, deren Namen – wer kannte sie überhaupt noch? – nun zu lesen waren.

Kurz vor dem Zusammenbruch des Kommunismus erübrigten sich die stalinistischen Bildfälschungen sowohl in der Sowjetunion als auch in der DDR. Die Grundzüge der Geschichtsschreibung in der DDR blieben allerdings die gleichen, lediglich ihre Methoden änderten sich. Anstelle der plumpen Fälschungen, des Retuschierens von Fotos, waren nun geschicktere Manipulationen getreten. Doch wie immer hatte die Historiographie den Auftrag der SED-Geschichtsinterpretation zu erfüllen. Viele historische Gegebenheiten wurden durch eine ideologische Brille betrachtet und damit verzerrt wiedergegeben; weiterhin diente die Geschichtswissenschaft der Untermauerung parteipolitischer Anliegen, indem sie vorgegebene politische Einschätzungen zu bestätigen hatte. Dies wurde mit dem Begriff „Parteilichkeit" umschrieben. Seit den siebziger und achtziger Jahren galt auch der Respekt vor den Fakten als notwendig. Daher sind in den siebziger Jahren nur noch vereinzelt direkte, plumpe Bildfälschungen nachzuweisen, in den achtziger Jahren kamen DDR-Publikationen fast ohne sie aus. Die Bildpropaganda behielt jedoch die Instrumentalisierung der Geschichte zur Legitimierung der Herrschaft sowie den Führerkult bei. Sie war nicht etwa grundsätzlich anders, sondern inzwischen nur „moderner" geworden.

Anhang

Autoren

Dr. Thomas Brehm,
Jahrgang 1957, Historiker, Wissenschaftlicher Mitarbeiter im Haus der Geschichte der Bundesrepublik Deutschland, Projektleiter der Ausstellung „Bilder, die lügen“,
Autorenkürzel: Br, Beiträge M, W, Z.

Tarek Chafik,
Jahrgang 1966, Politologe, Projektmitarbeiter der Ausstellung „Bilder, die lügen“.
Autorenkürzel: Ch, Beiträge B, D, G, O, T, Y.

Bettina Oesl,
Jahrgang 1960, Historikerin, Projektmitarbeiterin der Ausstellung „Bilder, die lügen“.
Autorenkürzel: Oe, Beiträge E, F, H, L, U.

Dr. Jürgen Reiche,
Jahrgang 1954, Kunsthistoriker/Historiker, Ausstellungsleiter im Haus der Geschichte der Bundesrepublik Deutschland.

Dr. Hermann Schäfer,
Jahrgang 1942, Historiker, Professor, Direktor der Stiftung Haus der Geschichte der Bundesrepublik Deutschland.

Dr. Renate Schlief-Ehrismann,
Jahrgang 1960, Historikerin, Projektmitarbeiterin der Ausstellung „Bilder, die lügen“.
Autorenkürzel: Sc, Beiträge I, K, P, R, V.

Dr. Andreas von Seggern,
Jahrgang 1967, Historiker, Projektmitarbeiter der Ausstellung „Bilder, die lügen“.
Autorenkürzel: Se, Beiträge A, C, J, N, Q, S, X.

Dr. Hermann Weber,
Jahrgang 1928, em. ord. Professor für Politische Wissenschaft und Zeitgeschichte an der Universität Mannheim, Mitglied des Wissenschaftlichen Beirates der Stiftung Haus der Geschichte der Bundesrepublik Deutschland.

Literaturhinweise

Beham, Mira, *Kriegstrommeln. Medienkrieg und Politik*, München 1996.

Berlin, 17. Juni 1953, Ausstellung des Landesarchivs Berlin, Katalogbeitrag von Wolfgang Ribbe, Berlin 1993.

Bohnsack, Günter / Brehmer Herbert, *Auftrag: Irreführung. Wie die Stasi Politik im Westen machte*, Hamburg 1992.

Brosius, Hans-Bernd / Esser, Frank, *Eskalation durch Berichterstattung? Massenmedien und fremdenfeindliche Gewalt*, Opladen 1995.

Dencker, Klaus Peter (Hg.), *Weltbilder – Bilderwelten. Computergestützte Visionen*, Hamburg 1995.

Denton, Robert E. Jr., *The Media and the Persian Gulf War*, London 1993.

Doelcker, Christian, *Kulturtechnik Fernsehen. Analyse eines Mediums*, Stuttgart 1991.

Emendörfer, Jan, *Verfemt. Mein Vater Max Emendörfer*, Frankfurt / Oder 1997.

Fabian, Rainer, *Die Fotografie als Dokument und Fälschung*, München 1976.

Freund, Gisèle, *Photographie und Gesellschaft*, München 1976.

Frisby, John P., *Sehen. Optische Täuschung, Gehirnfunktion, Bildgedächtnis*, München 1983.

Geschichte der Kommunistischen Partei der Sowjetunion (Bolschewiki). Kurzer Lehrgang, Moskau 1939 (dass. Berlin 1945).

Henschel, Gerhard / Willen, Günther, *Drin oder Linie? Alles übers dritte Tor*, Leipzig 1996.

Heller, Georg, *Lügen wie gedruckt. Über den ganz alltäglichen Journalismus*, Tübingen 1997.

Herz, Rudolf, *Hoffmann & Hitler. Fotografie als Medium des Führer-Mythos*, München 1994.

Institut für den Wissenschaftlichen Film (Hg.), *Film-, Foto- und Tonquellen zum 7. Juni 1953 in Berlin*, Göttingen 1992.

Institut für Marxismus-Leninismus beim ZK der SED (Hg.), *Die Kommunistische Internationale 1919–1943. Bilder und Dokumente*, Berlin (Ost) 1984.

Institut für Marxismus-Leninismus beim ZK der SED (Hg.), *Ernst Thälmann. Bilder, Dokumente, Texte*, Berlin (Ost) 1986.

Jäger, Ludwig, *Seitenwechsel. Der Fall Schneider / Schwerte und die Diskretion der Germanistik*, München 1998.

Jäger, Siegfried / Link, Jürgen (Hg.), *Die vierte Gewalt. Rassismus und die Medien*, Duisburg 1993.

Jaubert, Alain, *Fotos, die lügen. Politik mit gefälschten Bildern*, Frankfurt/Main 1989 (französische Ausgabe Paris 1986).

Jungk, Sabine (Hg.), *Zwischen Skandal und Routine? Rechtsextremismus in Film und Fernsehen*, Marburg 1996.

Kalt, Gero / Hanfeld, Michael (Hg.), *Schlecht informiert 2. Wie Medien die Wirklichkeit verzerren. Fallbeispiele aus den Jahren 1993–1995*, Frankfurt / Main 1995.

King, David, *Stalins Retuschen. Foto- und Kunstmanipulationen in der Sowjetunion*, Hamburg 1997.

Knopp, Guido, *Bilder, die Geschichte machten*, München 1992.

Koch, Joachim, *Abschied von der Realität. Das illusionistische Zeitalter*, Reinbek 1988.

Kroeber-Riel, Werner, *Strategie und Technik der Werbung. Verhaltenswissenschaftliche Ansätze*, Stuttgart 1993.

Leggewie, Claus, *Von Schneider zu Schwerte. Das ungewöhnliche Leben eines Mannes, der aus der Geschichte lernen wollte*, München 1998.

Leister, Wolfgang / Müller, Heinrich / Stößer, Achim, *Fotorealistische Computeranimation*, Berlin u.a. 1991.

Löffelholz, Martin (Hg.), *Krieg als Medienereignis. Grundlagen und Perspektiven der Krisenkommunikation*, Opladen 1993.

Loiperdinger, Martin / Herz, Rudolf / Pohlmann, Ulrich (Hg.), *Führerbilder. Hitler, Mussolini, Roosevelt, Stalin in Fotografie und Film*, München / Zürich 1995.

MacArthur, John R., *Die Schlacht der Lügen. Wie die USA den Golfkrieg verkauften*, München 1993.

Morsey, Rudolf, *Heinrich Lübke. Eine politische Biographie*, Paderborn u.a. 1996.

Münkler, Herfried, *Politische Bilder, Politik der Metaphern*, Frankfurt / Main 1994.

Museum für deutsche Geschichte (Hg.), *120 Jahre deutsche Arbeiterbewegung in Bildern und Dokumenten*, Berlin (Ost) 1964, 2. Auflage 1965.

Olschewski, Malte, *Krieg als Show. Die neue Weltinformationsordnung*, Wien 1992, 2. Auflage 1993.

Reichel, Peter, *Der schöne Schein des Dritten Reiches. Faszination und Gewalt des Faschismus*, München / Wien 1991.

Schneider, Wolf (Hg.), *Unsere tägliche Desinformation. Wie die Massenmedien uns in die Irre führen*, Hamburg 1984.

Schnitzler, Karl-Eduard von, *Der Rote Kanal. Armes Deutschland*, Hamburg 1992.

Schnurrer, Achim (Hg.), *Comic: zensiert*, Sonneberg 1996.

Schuster, Martin, *Wodurch Bilder wirken*, 3. Auflage Köln 1997.

Seim, Roland, *Zwischen Medienfreiheit und Zensureingriffen. Eine medien- und rechtssoziologische Untersuchung zensorischer Einflußnahmen auf bundesdeutsche Populärkultur*, Münster 1997.

Seim, Roland / Spiegel, Josef (Hg.), *„Ab 18". Zensiert, diskutiert, unterschlagen: Beispiele aus der Kulturgeschichte der Bundesrepublik Deutschland*, 3. Auflage Münster 1998.

Sonntag, Susan, *Über Fotografie*, Frankfurt / Main 1980.

Stölken-Fitschen, Ilona, *Atombombe und Geistesgeschichte. Eine Studie der fünfziger Jahre aus deutscher Sicht*, Baden-Baden 1995.

Volland, Ernst / Krimmer, Heinz (Hg.), *Von Moskau nach Berlin. Bilder des russischen Fotografen Jewgeni Chaldej*, Berlin 1994.

Wähner, Matthias, *Mann ohne Eigenschaften. Man without Qualities*, München 1994.

Weber, Hermann, *Ulbricht fälscht Geschichte*, Köln 1964.

Weber, Hermann / Mählert, Ulrich (Hg.), *Terror. Stalinistische Parteisäuberungen 1936–1953*, Paderborn 1998.

Winter, James, *Common Cents. Media Portrayal of the Gulf War and Other Events*, Montreal / New York 1994.

Wyss, Beat, *Die Welt als T-Shirt. Zur Ästhetik und Geschichte der Medien*, Köln 1997.

Leih- und Lizenzgeber

Aachener Zeitung, Aachen

Agon-Sport-Archiv, Kassel

Archiv für Kunst und Geschichte (AKG), Berlin

ARD-aktuell beim NDR-Fernsehen, Hamburg

arte, Straßburg

Associated Press (AP), Frankfurt / Main

Ausländerbeauftragte des Senats von Berlin, Berlin

Bank für Gemeinwirtschaft, Frankfurt / Main

Bayerische Staatsbibliothek, München

BBC, London

Berlinische Galerie, Landesmuseum für Moderne Kunst, Photographie und Architektur, Berlin

Bibliothek der Sportwissenschaften, Köln

Bilderdienst Süddeutscher Verlag, München

Bonner Kinemathek e.V., Bonn

Michael Born, Lahnstein

Bouvier, Bonn

BP Oil Deutschland GmbH, Hamburg

Buena Vista

Buf-Compagnie, Paris

Bulls Press, Frankfurt / Main

Bundesarchiv Berlin

Bundesarchiv Koblenz

Central Order, Köln

Citibank, Düsseldorf

Columbia

company b, Potsdam

Contact Press Images, New York

Creative Colour, Hamburg

Das Fotoarchiv, Essen

Der Bundesbeauftragte für die Unterlagen des Staatssicherheitsdienstes der ehemaligen Deutschen Demokratischen Republik, Abteilung Forschung / Politische Bildung, Berlin

Der Spiegel, Hamburg

Deutsche Presseagentur (dpa), Düsseldorf

Deutscher Sparkassenverlag, Stuttgart

Deutsches Hygiene-Museum, Dresden

Deutsches Rundfunkarchiv, Berlin

Cordelia Dilg, Köln

FIAT Automobil AG, Heilbronn

Fotoagentur Sven Simon, Essen

Foto- und Presseagentur Focus, Hamburg

Foto- und Presseagentur Joker, Hamburg

Fratelli Alinari, Istituto di edizioni artistiche, Florenz

Free Lens, Hamburg

Friedrich-Ebert-Stiftung, Archiv der sozialen Demokratie, Bonn

FWU Institut für Film und Bild in Wissenschaft und Unterricht gemeinnützige GmbH, Grünwald

Haus der Geschichte Baden-Württemberg, Sammlung Metz, Stuttgart

Gerhard Henschel, Hamburg

Gesellschaft zur Erforschung des Ufo-Phänomens, Lüdenscheid

GMD-IPSI, Forschungszentrum Informationstechnik GmbH, Institut für integrierte Publikations- und Informationssysteme, Darmstadt

Honda Deutschland, Offenbach

Horst Müller Pressebilderdienst, Düsseldorf

Michael Jänecke, Düsseldorf

Frank Jörres, Bonn

Diethart Kerbs, c/o Agentur für Zeitgeschichte, Berlin

Keystone Pressedienst, Hamburg

Winfried Kretschmer, Wörth

Landesbibliothek Berlin

Landesbildstelle Berlin

Landesdenkmalamt Freiburg

Leica Kamera AG, Museum, Solms

Stefan Leonards, Köln

Marian Goodman Gallery, New York

Ulrich Metz, Tübingen

Gerald Mosbleck, Lüdenscheid

National Archives at College Park, Still Picture Branch, Maryland

Bettina Oesl, Königswinter

Malte Olschewski, Wien

Otto von Bismarck Stiftung, Friedrichsruh

Pan Foto, Hamburg

Ellen Petry, Köln

Pressedienst Paul Glaser, Berlin

Presse- und Informationsamt der Bundesregierung, Bonn

Matthias Prinz, Hamburg

Reuters, Bonn

Rheinisch-Westfälische Technische Hochschule Aachen

Hans-Martin Schindler, Augsburg

Achim Schnurrer, Heroldsbach

Andreas von Seggern, Bonn

Roland Seim, Münster

Sender Freies Berlin Werbung GmbH, Berlin

Irmgard Senoner, Vico Morcote

SIPA Press, Paris

Josef Spiegel, Schöppingen

Sport- & Kulturbüro, Kassel

Staatliches Historisches Museum, Moskau

Stadtarchiv Biberach

Stadtarchiv Freiburg

Karl Stehle, München

Stern, Gruner + Jahr AG & Co., Hamburg

Enrico Sturani, Rom

Südwestrundfunk (SWR), Media GmbH, Baden-Baden

Time Life Syndication, New York

Universal International Pictures (UIP)

Ullstein Bilderdienst, Berlin

unit, creative management, Amsterdam

Universitätsbibliothek Duisburg

Ernst Volland, Berlin

Matthias Wähner, München

Warner Bros. Film GmbH

Werbeagentur DMB & B, Frankfurt / Main

Westdeutscher Rundfunk (WDR), Köln

Ulrich Wickert, Hamburg

Günther Willen, Oldenburg

Young & Rubicam GmbH, Werbeagentur GWA, Frankfurt / Main

Zweites Deutsches Fernsehen (ZDF), Mainz

M. Zucht / Der Spiegel, Hamburg

Fotonachweis

Agentur Voller Ernst / Ernst Volland 66 oben

Antti Laine, Suur-Suomen Kahdet Kasvor, Otava 68 oben

Associated Press (AP), Frankfurt / Main 8 links, 10 oben, 22 oben links, 25, 44, 46 oben, 63 unten, 68 unten

Archiv für Kunst und Geschichte, Berlin 52 unten, 68 unten

Bayerische Staatsbibliothek München 11 unten

Bilderdienst Süddeutscher Verlag 49 unten

Bundesarchiv Koblenz 69 oben links, 72, 73 oben rechts, 88 unten

Das Fotoarchiv, Essen 41 unten

Der Spiegel 17 oben, 78

Deutsche Presseagentur (dpa) 39 oben, 43 oben

Jan Emendörfer 88 oben

Fotoagentur Sven Simon 62 oben

Foto- und Presseagentur Focus 17 unten

Foto- und Presseagentur Joker 80

Fratelli Alinari I.D.E.A. S.p.A. 11 oben

Jürgen Gebhardt / Stern 42

Gesellschaft zur Erforschung des Ufo-Phänomens, Lüdenscheid 70 oben

GMD-IPSI, Darmstadt 81

Götz, Schulz, Haas, Büro für Architektur, mit Franz Lamprecht 18/19, 21, 59

Haus der Geschichte (Michael Jensch, Stephan Klein, Axel Thünker) 8 rechts, 12 unten rechts, 13, 24, 26, 27, 31 oben, 35, 38, 39 unten, 40, 43 Mitte, 45, 48, 49 Mitte, 50, 51, 52 oben, 53, 54, 55, 56, 57, 62 links, 63 oben, 64, 65, 66 unten, 67, 69 oben rechts, 69 unten rechts, 70 rechts, 71 Mitte rechts, 73 oben links, 76, 77 oben links, 79 oben, 79 unten, 83

Landesregierung Thüringen 23 unten rechts

Peter Leibing 10 unten

Gerald Mosbleck 71 oben

National Archives, Washington 46 unten

Pressedienst Paul Glaser 77 oben rechts

Reuters 23 oben rechts

Ringier Verlag 22 unten links

Petra Rösgen 9

Sammlung David King / Agentur Voller Ernst 14, 15, 31 unten, 81, 82

Irmgard Senoner, Schweiz 16

SIPA Press 41 oben, 79 rechts

Josef Spiegel 28, 29, 49 oben

Staatliches Historisches Museum Moskau 30, 32, 33, 37 unten, 47

Stadtarchiv Freiburg 34

Karl Stehle, München 12 unten links, 36

Enrico Sturani, Rom 37 oben

Ullstein Bilderdienst 85

Matthias Wähner 11 oben

Reproduktionen aus Publikationen:

Ernst Thälmann, Bilder, Dokumente, Texte, Dietz Verlag Berlin (1986) 84 unten links

Ernst Thälmann, Bilder und Dokumente aus seinem Leben, Dietz Verlag Berlin (1955) 84 rechts

Die Vereinigung von KPD und SPD zur SED, Dietz Verlag Berlin (1976) 86 links

Wir sind die junge Garde, Neues Leben (1971) 87 oben

5 Jahre FDJ, hg. vom Zentralrat FDJ (1951) 87 unten

120 Jahre deutsche Arbeiterbewegung, Dietz Verlag Berlin (1964) 86 rechts